杭州全书编纂指导委员会

杭州全书编辑委员会

总主编：王国平

编　委：（以姓氏笔画为序）

王国平　总主编

南宋临安城
皇家建筑研究

陈易　韩冰焱　殷莲娜　著

杭州出版社

杭州全书总序

　　城市是有生命的。每座城市，都有自己的成长史，有自己的个性和记忆。人类历史上，出现过不计其数的城市，大大小小，各具姿态。其中许多名城极一时之辉煌，但随着世易时移，渐入衰微，不复当年雄姿；有的甚至早已结束生命，只留下一片废墟供人凭吊。但有些名城，长盛不衰，有如千年古树，在古老的根系与树干上，生长的是一轮又一轮茂盛的枝叶和花果，绽放着恒久的美丽。杭州，无疑就是这样一座保持着恒久美丽的文化名城。

　　这是一座古老而常新的城市。杭州有8000年文化史、5000年文明史。在几千年历史长河中，杭州文化始终延绵不绝，光芒四射。8000年前，跨湖桥人凭着一叶小木舟、一双勤劳手，创造了辉煌的"跨湖桥文化"，浙江文明史因此上推了1000年；5000年前，良渚人在"美丽洲"繁衍生息，耕耘治玉，修建了"中华第一城"，创造了灿烂的"良渚文化"，被誉为"东方文明的曙光"。而隋开皇年间置杭州、依凤凰山建造州城，为杭州的繁荣奠定了基础。此后，从唐代"灯火家家市，笙歌处处楼"的东南名郡，吴越国时期"富庶盛于东南"的国都，北宋时即被誉为"上有天堂，下有苏杭"的"东南第一州"，南宋时全国的政治、经济、科教、文化中心，元代马可·波罗眼中的"世界上最美丽华贵之天城"，明代产品"备极精工"的全国纺织业中心，清代接待康熙、乾隆几度"南巡"的旅游胜地、人文渊薮，民国时期文化名人的集中诞生地，直到新中国成立后的湖山新貌，尤其是近年来为世人称羡不已的"最具幸福感城市"——杭州，不管在哪个历史阶段，都让世人感受到她的分量和魅力。

这是一座勾留人心的风景之城。"淡妆浓抹总相宜"的"西湖天下景"，"壮观天下无"的钱江潮，"至今千里赖通波"的京杭大运河（杭州段），蕴涵着"梵、隐、俗、闲、野"的西溪烟水，三秋桂子，十里荷花，杭州的一山一水、一草一木，都美不胜收，令人惊艳。今天的杭州，西湖成功申遗，中国最佳旅游城市、东方休闲之都、国际花园城市等一顶顶"桂冠"相继获得，杭州正成为世人向往之"人间天堂""品质之城"。

这是一座积淀深厚的人文之城。8000年来，杭州"代有才人出"，文化名人灿若繁星，让每一段杭州历史都不缺少光华，而且辉映了整个华夏文明的星空；星罗棋布的文物古迹，为杭州文化添彩，也为中华文明增重。今天的杭州，文化春风扑面而来，经济"硬实力"与文化"软实力"相得益彰，文化事业与文化产业齐头并进，传统文化与现代文明完美融合，杭州不仅是"投资者的天堂"，更是"文化人的天堂"。

杭州，有太多的故事值得叙说，有太多的人物值得追忆，有太多的思考需要沉淀，有太多的梦想需要延续。面对这样一座历久弥新的城市，我们有传承文化基因、保护文化遗产、弘扬人文精神、探索发展路径的责任。今天，我们组织开展杭州学研究，其目的和意义也在于此。

杭州学是研究、发掘、整理和保护杭州传统文化和本土特色文化的综合性学科，包括西湖学、西溪学、运河（河道）学、钱塘江学、良渚学、湘湖（白马湖）学等重点分支学科。开展杭州学研究必须坚持"八个结合"：一是坚持规划、建设、管理、经营、研究相结合，研究先行；二是坚持理事会、研究院、研究会、博物馆、出版社、全书、专业相结合，形成"1+6"的研究框架；三是坚持城市学、杭州学、西湖学、西溪学、运河（河道）学、钱塘江学、良渚学、湘湖（白马湖）学相结合，形成"1+1+6"的研究格局；四是坚持全书、丛书、文献集成、研究报告、通史、辞典相结合，形成"1+5"的研究体系；五是坚持党政、企业、专家、媒体、市民相结合，形成"五位一体"的研究主体；六是坚持打好杭州牌、浙江牌、中华牌、国际牌相结合，形成"四牌共打"的运作方式；七是坚持权威性、学术性、普及性相结合，形成"专家叫好、百姓叫座"的研究效果；八是坚持有章办事、有人办事、有钱办事、有房办事相结合，形成良好的研究保障体系。

《杭州全书》是杭州学研究成果的载体，包括丛书、文献集成、研究报告、通史、辞典五大组成部分，定位各有侧重：丛书定位为通俗读物，突出"俗"字，做到有特色、有卖点、有市场；文献集成定位为史料集，突出"全"字，做到应收尽收；研究报告定位为论文集，突出"专"字，围绕重大工程实施、通史编纂、世界遗产申报等收集相关论文；通史定位为史书，突出"信"字，体现系统性、学术性、规律性、权威性；辞典定位为工具书，突出"简"字，做到简明扼要、准确权威、便于查询。我们希望通过编纂出版《杭州全书》，全方位、多角度地展示杭州的前世今生，发挥其"存史、释义、资政、育人"作用；希望人们能从《杭州全书》中各取所需，追寻、印证、借鉴、取资，让杭州不仅拥有辉煌的过去、璀璨的今天，还将拥有更加美好的明天！

是为序。

王国平

2012年10月

西湖全书序

　　古老而时尚的杭州，早已以"天堂"的盛誉闻名于世。而天堂里的阆苑仙葩，则毫无悬念地非西湖莫属。作为杭州一张响当当的金名片，经过近两千年的辛勤开发，西湖秀美的湖光山色，悠远深厚的文化内涵，丰富延续的文化传承，真实厚重的文化史迹，多彩包容的人文价值，雅俗共赏的文化品位，早已使其成为具有杰出精神栖居功能的文化名湖，并以独特的文化景观被世人认同、称道、仿效和熟知。她成了唐宋以降中国文化精英和包括东亚地区众多文化交流学者魂牵梦绕的文化圣地。如果说一个城市历史文化品格的延续，决定于其文化传承的完整和深广的话，那么历史对杭州西湖简直是太垂青了。世世代代灿若繁星的文化名人和活跃于巷尾街头的说唱艺人，在西湖文化的浸淫和抚慰中，将西湖的文化基因安排得传承有序、载籍丰衍、研究深入、考辨有据。2011年，幸运之神再次降临杭州西湖。西湖以无与伦比的千姿百态，赢得了世界文化遗产委员会全体委员的青睐，获全票通过，成为了中国乃至世界上第一个以"文化名湖"申遗成功的世界文化景观遗产。

　　西湖的申遗成功，将西湖的知名度、美誉度推向一个新的高度。作为西湖文化最前沿和最直接的守望者、捍卫者和传承者，我们西湖学研究院全体同人，义不容辞地承担起更庄重的责任，作出更严肃的承诺，立誓要有更多的贡献。记得本世纪初，当西湖申遗工作正式展开的号角，刚吹彻西湖碧水蓝天一色的空衰中，向世界庄严宣示杭州人民申遗决心的时候，我们就在市委、市政府的领导下，积极开展和推动了西湖学的研究，并取得了不少成果。陆续编辑出版了《西湖文献集成》30册，在得到领导、社会和专家首肯和好评的同时，并为西湖申遗文本的撰写工作提供了众多实证和资料，助了申遗专家的一臂之力。同时，我们还将有鲜明特色、雅俗共赏的54种《西湖丛书》呈现在广大读者面前，它们有卖点、有市场，获得颇佳的社会口碑。更值得我们欣慰的是，经过十余年孜孜不倦的努力，我们在推出众多研究成果的同时，还在西湖学研究院周围，集聚了一批高水准的专业人才，并将西湖学的研究推向了社会，推向了境内外，使西湖学这门既充溢着浓烈杭州乡土特色又具有广阔视野、研究价值的学科，得到了众多优秀人士的关注、理解和支持，为今后西湖学的深入研究和开展奠定了坚实的基础。

千里之行，始于足下。昨天的成绩，已成为历史的印迹和记忆。朝霞每一天都是新的，新时代的新使命已又一次向我们召唤。我们要做西湖文化的薪火传人，责无旁贷地承担起西湖文化研究的职责。为此，我们将以更大的热情、更坚定的决心，把包括《西湖丛书》、《西湖文献集成》、《西湖研究报告》、《西湖通史》、《西湖辞典》五大组成部分的西湖全书，以不同定位、不同侧重、不同韵味的编撰方式，全方位、多角度地展示西湖之美，并以期早日编辑完成，将西湖学的研究成果贡献给社会。这就是今天我们陆续编辑出版这套西湖全书时最真实的心声。诚然，我们虽持有极大的信心，亦作了最认真的努力，但囿于我们的水平，可能还有不少值得商榷之处，因此，我们衷心祈盼各界人士能不吝指正。我们期盼着！

是为序。

序 一

陈易同志在东南大学攻读硕士时，我是他的导师，后来他回杭州，在设计机构工作。与其他从事设计的建筑师不同，陈易除了设计之外，还关心杭州城建史上的不少问题。忙里偷闲，他从考据的角度穷根究底，直抒己见，还结合实际工程做了不少跨界的工作。陈易同志的《南宋临安城皇家建筑研究》书稿完成后发给了我，并要我写篇序。

记得在20世纪90年代，进入工业社会的中国的城市开始新一轮更新起步，杭州爆出了建设工地发现南宋太庙遗迹的新闻，我因受杭州市园林文物局邀请承担太庙遗址公园的设计方案工作，得以目睹大部已回填的考古现场痕迹。其间，虽然见到一段墙址和几处碎砖，但太庙何种面貌不得其解，因而方案只能以绿化为主。然而讨论方案的会议让我面临一个悖论：领导要求在无法进行全面考古的条件下先建个遗址公园，专家则要求公园应反映太庙遗址特征，因而必须考古，方案无果而终。此事迫使我不得不另辟蹊径，先从史料上作些推测，因而有了《南宋太庙朝向布局考》一文。后来杭州卷烟厂扩建和八卦田整治又涉及地下是否有南宋遗址的质疑，杭州市园文局两次委托我研究，通过对现场地形勘察、地形图分析及史料分析，我和我的团队完成了南宋大内布局推测的研究报告和南宋籍田布局及其保护展示方案，并呈送给杭州市园文局，这些应属世纪之交的南宋遗迹研究。

不想20多年后，遗址发掘、保护、建设成了历史名城杭州的热点课题，高潮迭起，研究人员和经费以及成果皆已鸟枪换炮，一批成果中就有陈易贡献的一份。陈易和他同事的研究具有建筑学者的优势，能够关注历史空间与当代城市空间的相互关系，关注历史空间的具体形制依据。2016年，陈易参与的《南宋皇城遗址研究》一文还获得第六届钱学森城市学金奖提名奖。较当年我的研究，他绘制的推测图根据考古成果及史料解读作了不少的调整，如今这份成果也收进了此书中，而太庙的研究更是他和他的同事2022年结合实际的展示工程的又一次历史文化深耕的产物，其中涉及祭祖仪式演变的繁复考据，非普通设计师所能完成，这也显示了他的旨趣、学养和研究的韧性。

　　20年来，学界对宋代历史文化的研究不断深入，当年陈寅恪先生关于"华夏民族之文化，历数千载之演进，造极于赵宋之世"的论断日益获得认同。但抑武的国策也是两宋的致命弊端，遂有靖康之变和亡国之恨。南宋历史文化之于杭州人，更是无法割舍却又爱恨交加的历史性心结，800年前发生在西湖东岸的历史故事必定会成为国人讨论历史文化的永恒主题。随着文化兴国的前景的呼唤，随着城市考古新发现的涌现，随着新的多学科研究方法的介入，杭州南宋遗址的保护与展示的研究必将层楼更上，我们的研究成果也会继续不断得到核对和校正。陈易同志的书稿正可作为新世纪这一新形势下这一研究领域的代表作。

朱光亚序于石头城下

2022年4月

序 二

在陈易先生很年轻的时候我们就认识了，他大学毕业，就来我所在的杭州市建筑设计院建筑设计研究所工作。那个时候，他给我最初的印象是敦实、憨厚，一如他的形象。

我们在一起合作了一些项目，如上海银舟大厦、杭州假日酒店（浙金广场），他还帮我在第一本作品集上画了一张效果颇好的"吉隆坡胜利纪念碑国际竞赛方案"的总平面图。他工作很认真，认真到有时处于"战战兢兢"的状态，这让人既感动又怜惜。后来，我们都离开了，他"改行"搞古建筑设计。二十几年来，虽然很少见面，但偶尔也通信息。2009年，中国建筑工业出版社组织各省写有关传统建筑文化的书，邀我写浙江部分。这不是我的专长，踌躇间，我想起了陈易，那时他好像已经是浙江省古建筑设计研究院的副院长了，于是应我的要求，我们合作写了浙江省这部分。名为合写，实际主要是他写的。看他写的文案，一个很深的印象是：士别十余年，早已非"吴下阿蒙"，他的学术造诣已颇为深厚，文字功底也好。那时的他，留了长发，夹杂着少许白发，已经完全脱出了年轻时的"小胖"形象，成为一位十分有风度的建筑学者了。再后来，听说他主持了省内多个古建设计元素、西湖与良渚两处世界遗产的申遗整治工作，多次获奖，得到了相当的好评。

这本书综合了文献、考古成果，资料翔实，让我们对临安皇家建筑有了更准确的了解，书中还附有一些针对遗址保护的方案，做到了实地考察，并且提出了遗址保护方案全过程的思考，这充分显示了他一贯的脚踏实地的工作态度。我认为，这是他能在学术研究上取得较好成绩的主要原因。

陈易选择了"南宋临安城皇家建筑研究"这个题目，可谓慧眼独具。我们知道，历代的皇城绝大多数都选择在城市开阔地带建设。皇家建筑，特别是它的布局已形成一种"人为"的规制，有同质化之嫌。而南宋皇城所处地段，地形比较复杂，因地制宜地形成了灵活生动的布局；再加上南宋经济、文化的发展在历史上可谓"高峰"，因而在细节处理上，南宋皇城较之其他皇城更显精美雅致。研究南宋皇城在建筑历史上确实有着较为特殊的意义。

而且，陈易正处壮年，在学术上有足够的发展空间，祝他百尺竿头，更进一步。

是为序。

程泰宁

2022 年 6 月

前　言

"从前人们往往一提到汉朝、唐朝，就褒就捧：盛世治世；一讲到宋代，就贬就抑：积贫积弱。"[1] 南宋，更因为其半途而废的北伐、岳飞冤死，被历代士人诟病。而从社会发展的角度，南宋又是一个被严重低估的王朝，法国汉学家谢和耐（Jacques Gernet）在《南宋社会生活史》一书中写道："十三世纪的中国，其现代化的程度是令人吃惊的：它独特的货币经济、纸钞、流通票据，高度发展的茶、盐企业，对外贸易的重要（丝绸、瓷器），各地出产的专业化等等。国家掌握了许多货物的买卖，经由专卖制度和间接税，获得了国库的主要收入。在人民日常生活方面，艺术、娱乐、制度、工艺技术各方面，中国是当时世界上首屈一指的国家，其自豪足以认为世界其他各地皆为化外之邦。"[2] 近年来对于南宋的研究已经有了非常多的层次和广度，人们或聚焦于两宋之际宋金你来我往的攻防战；或为南宋末年蒙古灭宋扼腕叹息，慨叹野蛮战胜了文明；或津津乐道于南宋市井的繁华、法律的繁复、贸易的昌盛。而对于这一台持续上百年大戏的舞台——临安城，尤其是城内的皇家建筑的研究，仍存在重要的缺环。

作为南宋的首都，临安城一度是当时世界上人口最多、最繁华的城市。与那些在大平原上从零开始新建的北方都城不同，杭州城市占地并不规整，面积也不是很大，但它的宫殿建筑、坛庙建筑、寺观建筑、园林建筑都采取了因地制宜的措施，布局精致、建筑工整、用材讲究、设施典雅，达到了很高的水平，充分

---

[1] 吴钩：《自序：一个站在近代门槛上的王朝》引张邦炜语，载《宋：现代的拂晓时辰》，广西师范大学出版社，2015年。

[2] ［法］谢和耐著，马德程译：《南宋社会生活史》"作者序言"，台湾中国文化大学出版部，1982年。刘东将书名译为《蒙元入侵前夜的中国日常生活》。

5

体现了宋代的生活格调和审美情趣。其中南宋的皇家建筑因为其尊崇的地位，最能体现南宋社会文化的高度，代表其政治、经济、文化和典章制度所形成的"宋韵"。我们徜徉杭州城的街头，一些习以为常的地名，往往来自南宋时期都城的建设，如龙翔桥来自宋理宗的潜邸[1]"龙翔宫"，佑圣观路来自宋孝宗的潜邸"佑圣观"，新宫桥之名来自南宋后期由德寿宫改建的宗阳宫等。元灭宋后，对于南宋宫室、宗庙、陵寝等重要建筑有着一个系统的破坏过程，明代的知识分子已经搞不清楚这些建筑的方位，更不用说这些建筑具体的形式了，只能作一些文字的考据。感谢现代考古学的传入和发展，让今人研究南宋临安城有了文献和考古两把利器，而与古建筑研究结合的城市考古，则可以更为具象地揭示南宋临安城市和建筑的一些片段。

自20世纪90年代以来，考古人员先后发现了南宋太庙遗址、老虎洞窑址、南宋临安府治遗址、南宋恭圣仁烈皇后宅遗址、严官巷南宋御街遗址等，而南宋太庙、大内、德寿宫、三省六部等大遗址的局部发掘和研究一直在持续进行中。笔者非常有幸地参与了南宋临安城一些重要遗址的保护工作，并在前人研究的基础上作了进一步的探索，尤其是从笔者的建筑工程背景出发，对于几处皇家遗址从使用功能、营建逻辑的角度进行了剖析和整理并提出推测，以便于一般读者的理解。

南宋临安城的皇家建筑数量众多，本书研究的对象聚焦太庙、皇城大内、德寿宫三处重要的建筑遗址，一方面是因为这三处建筑近年来都有重大的考古发现，另一方面这三处建筑都是重要的政治建筑，它们建设的时间段基本是宋高宗、孝宗两朝[2]，这期间都曾发生过载入史册的重要政治事件。作这样的选择，笔者是希望突破单纯的建筑学的图像考据，把当时的社会背景带入建筑研究中来，寻找我们现代人往往忽视的传统观念，体察古人在建设活动中的"有意为之"、"不得不为之"和"将就为之"的心态，对单纯的古建筑研究

---

[1] 潜邸又称潜龙邸，指非太子身份继位的皇帝登基之前的住所。太子即位前应居于东宫，而"自藩邸绍承大统者"，就称其原来的住所为"潜邸"。皇帝继位后，潜邸一般不能再作为任何人的居所，而是改建为宗教寺庙或祭祀场所。

[2] 即建炎初年到孝宗退位的淳熙十六年，公元1127到1189年。

作一些拓展。

在书的最后，我们也非常莽撞地把一些针对这些遗址保护展示的不成熟的方案介绍给读者，一方面是考虑到这些遗址是杭州城市的"根"，是城市的文脉所在，这些遗址的保护性展示对于城市的发展具有重大的意义。另一方面，如何让这些珍贵的遗址"活"起来而不是被"埋"起来是一件更有意义的事。通过我们的努力，以文字的、图像的、景观的、建筑的方式，使公众理解遗址所包含的历史信息，这是对遗址价值的最大展现。当然湿热地区遗址的保存仍然是一个世界性难题，保护的措施、保护与展示的平衡方面，我们都在进行一些初步的尝试，也希望借此请教于方家和广大读者，这是我们抛出这块引玉之砖的心意。

目　录

绪　论

中国古代建筑的研究者常常会注意到一些有意思的现象，比如：苏南浙北地区一直把宋《营造法式》中描述的月梁做法保持到了明清；《营造法式》中描述的上昂、丁头拱做法，在其他地区已经绝迹，在浙南温州地区却一直延续使用；而从南宋以后很难见到《营造法式》记载的内外柱等高作斗拱铺作的殿堂式做法，取而代之更多的是所谓的厅堂式结构，这与《宋史·舆服志》中记载的南宋大内宫殿"如大郡之设厅"有什么关系呢，不一而足。为什么《营造法式》作为北宋官方刊行的严格的工料限定法规，其中的相关做法反而在南方更多地保留下来呢？叶恭绰先生在《紫江朱氏校刻李明仲营造法式跋》中提到，"余维我国往昔建筑之学，至北宋可谓渐集大成，其一切程序标准，亦殆结晶于此。宋高南渡，文物制度均沦于北，将杭作汴，一切营建无所师承"，所以秦桧妻兄（或云妻弟）平江府（今江苏苏州）提举王唤"重刊此书，在绍兴十五年，盖亦缘需要之迫切也"。绍兴十五年（1145）有什么迫切之需要呢？绍兴十一年（1141）宋金和议后，南宋开始了长达二十几年的建设期，太庙、大内、都城的外城、德寿宫、祭天坛、籍田的建设等都集中在这几十年中。《营造法式》成书是崇宁二年（1103），1127年北宋就被金所灭，《营造法式》在北宋使用的时间只有24年；绍兴十五年，王唤得到旧本《营造法式》后，重新开板印行，一直到南宋完全灭亡（1279），《营造法式》在南宋使用的时间有134年。而这134年中见诸史料的大规模建设也仅仅是最初的几十年，也就是高宗、孝宗两朝，所以这段时间一直影响了以后南方建筑的形态和发展。

为什么高宗、孝宗之后的诸帝反而较少营建呢？这与南宋的财政状况密切相关，虽然南宋已经发展出了发达的商品经济和海外贸易，但整个财政并不如后人想象的富裕，按《宋史》的说法，"高宗南渡，虽失旧物之半，犹席东南地产

1

之饶，足以裕国。然百五十年之间，公私粗给而已"。[1]以东南地产之饶为什么只能"公私粗给"呢？张邦炜教授的说法是"长期处于战时状态或准战时状态"，《宋史》则说"内则牵于繁文，外则挠于强敌"，而且整个社会越到后期，面临的外部压力越大，中央财政到了中后期已经几乎崩溃。可南宋初期怎么就能有这个短暂的建设期呢？宋代一直刻意提防唐代藩镇割据的局面，北宋末年的宋金战争打破了北宋军队"兵不识将，将不识兵"的局面，形成了抗金四大将手下的"家军"体制。宋高宗为了防止各个家军进一步发展为割据藩镇，一直坚持军队的军费管理与地方政权的财政分离。[2]宋金议和后，一方面外部压力有所减缓，另一方面宋高宗把抗金四大将的军权收回中央，出现一个短暂的裁撤军队的时期，当时的军费大概从政府年收入的三分之二下降到二分之一，财政稍有宽裕，才得以进行相关建设。但这个宽裕又很快被强干弱枝政策所导致的冗员冗兵消耗殆尽。到了孝宗朝，《续资治通鉴》记载孝宗叮嘱儿子赵惇（后来的光宗）："当今天下财赋，以十分为率，八分以上养兵，不可不知。"[3]所以我们回过头来看南宋的营建历史，不能忘记王朝初定、忍辱议和、财政宽裕这些稍纵即逝的大背景。

历史的吊诡在于南宋时期的建筑，尤其是木构建筑，鲜有实例留存。以目前的研究来看，保留的南宋时期的木构建筑数量甚至少于在南宋统治范围内的北宋木构建筑，所以郭黛姮教授在大作《南宋建筑史》的前言中提到，她书中的部分实例就把南宋统治区中的北宋重要遗物选入，这某种程度上就是把南宋当成一种地域概念来研究。我们现在已经无从得知南宋建筑实例的缺失是什么原因引起的，与此相对的是，随着雕版印刷术的普及，宋代的文献被大量保留下来。宋代开始兴起编纂地方志的风气，宋代文人各种笔记的出版流传，南宋灭国后遗民们的各种追思，为我们留下了大量关于南宋建筑的蛛丝马迹，而南宋宫廷画院留下的大量工笔、山水、建筑画，更给人以遐想，不少学者由此而赋予南宋建筑过多的想象，甚至依宋画场景按图索骥。殊不知，绘画艺术不同于摄影艺术之处就在

---

［1］〔元〕脱脱等：《宋史》卷一七三《食货上一》，中华书局，1985年。

［2］吴业国：《南宋前期财政研究（1127—1194）》，华南师范大学博士学位论文，2008年。

［3］〔清〕毕沅：《续资治通鉴》卷一五一"淳熙十五年九月庚申"条，中华书局，1957年。

于：绘画艺术不仅仅是对场景的裁剪拼贴，更在于想象创作，而营造的困难涉及场地、财、工、料各个方面，完全不同于画工在纸面的"驰骋"。

南宋建筑似乎更蒙着一层神秘的面纱。南宋立国仅仅152年，它所处的时代艰辛而复杂，多民族政权相互对峙，汉族的宋，契丹族的辽，女真族的金，党项族的西夏，以及最后统一中国的蒙古族的元，先后相互并存超过三百年，横跨的区域北至漠北，南至岭南。这个时期的建筑发展，既受商业城市勃兴的影响，又有异族文化的影响，很难分清各个时期或各个王朝的建筑差异究竟是时代的差别还是地域的差别，所以五卷本的《中国古代建筑史》把宋、辽、金、西夏合作一卷[1]，是很正确的。在建筑史的研究上，我们更难的是将两宋分开。建筑技术本身的发展，有其自身的规律，并不可能因为政权的变化而产生突变。南宋继承北宋的正朔，至少从口头上沿袭了北宋所有的文物典章，在官方的营建中很多宫殿建筑甚至采用相同的名称。研究两宋建筑，如果仅仅因为其名称的相同而误以为它们没有区别，往往会忽略其背后实质的差异，而过于强调这种差异，却又容易违背其共同的技术发展水平。南、北宋建筑的差异很大程度上不是技术变化引起的，其同与不同更主要的是社会、环境因素的制约，这也是本书希望探讨和展现的内容。

---

[1] 郭黛姮主编：《中国古代建筑史》第三卷《宋、辽、金、西夏建筑》，中国建筑工业出版社，2009年，第2版。

第一章

南宋初年的皇家建设

一、礼乐制度中的皇家建筑

说到皇家建筑，人们往往会想起汉初名相萧何的话："天下方未定，故可因遂就宫室。且夫天子四海为家，非壮丽无以重威，且无令后世有以加也。"[1]后世人往往只注意到萧何话中"非壮丽无以重威"这一句，批评统治者穷奢极欲，比如北宋的司马光就批评说："王者以仁义为丽，道德为威，未闻其以宫室填服天下也。天下未定，当克己节用以趋民之急；而顾以宫室为先，岂可谓之知所务哉！昔禹卑宫室而桀为倾宫。创业垂统之君，躬行节俭以示子孙，其末流犹入于淫靡，况示之以侈乎！乃云'无令后世有以加'，岂不谬哉！至于孝武，卒以宫室罢敝天下，未必不由酂侯启之也！"[2]司马光的意思是儒家的王者是靠仁义和道德征服天下，应该克制自己的欲望，去满足老百姓的需求。当然，如果是萧何听到这番评论，一定会认为是腐儒之言，他的话重点在前半句，"天下方未定，故可因遂就宫室"。正因为天下未定，所以才要营造宫室，这是宣誓政权合法性的一种方式。如果从这个角度去理解，皇家建筑就不仅仅是我们常见的宫殿苑囿。

一个统治集团如何获得政权的合法性？首先是暴力，通过暴力，少数人完成了对多数人的统治。是什么原因使得一小部分人可以代表大多数人使用暴力？按照美国当代政治学家莱斯利·里普森的说法："什么是权力？简单地说，就是暴力加上同意。"[3]一个政权想要维护自己的安全，仅有暴力就可以了，但这不足以建立使社会正常运行的秩序，秩序运行需要人民的同意，可是如果人民的同意仅仅建立在屈服于暴力的基础上，政权还是难以长期维持的，所以它需要在秩序运行的过程中，培养"正义"的观念。一个政权一旦获得了"正义"的形象，它就变成了"权威"。里普森说："面对权力，公民们还有支持或者反对的

---

[1]〔汉〕司马迁：《史记》卷八《高祖本纪》，中华书局，1982年。

[2]〔宋〕司马光等：《资治通鉴》卷一一《汉纪三》，中华书局，2011年。

[3]〔美〕莱斯利·里普森著，刘晓等译：《政治学的重大问题：政治学导论》，华夏出版社，2001年。

选择，面对权威，服从则是每个人义不容辞的责任。抵制权力是合法的，抵制权威则是不合法的。如果说权力是赤裸裸的，那么权威就是穿上了合法性外衣的权力。"而合法性的最终确立，则是建立起共同的意识形态体系，通过家庭、学校、传媒、社团、政治符号对全社会进行教化，使社会个体成员接受政治合法性的信念。这种共同意识一旦形成，对于统治集团同样有着限制和规范的作用，影响着他们的行为方式。在建筑方面，我们同样可以看到作为国家行为的建设活动往往是这种共同意志的体现。皇家建筑不仅仅是生活、工作、游憩的地方，更是一种政治符号，是对亿万百姓形象化的教化，是帝国权威的象征。

　　中国古代的政治文化虽然以儒家文化为底色，但是事实上是融合了道、法、阴阳、五行等各家的思想，司马光和萧何的意见分歧，实际上也可以看作儒家正统（司马光）与汉代以后"神道设教"来影响底层民众政治现实的差距。儒家正统继承了周公"以德配天"的天命观，因此"省繇（通'徭'）役，薄赋敛……省宫室，去雕文，举孝悌，恤黎元"[1]就是所谓德政的标准。儒家正统对于皇室大兴土木是持负面态度的。但与此同时存在的一种观念，同样由儒家天命观演变而来，并结合儒家祖先祭祀仪式，由官方以"神道设教"的方式进行推广和传播。虽然传统士大夫的精神支柱是所谓的"道统"，但在民间社会，老百姓很少有人能搞清楚后世儒家复杂的身心性命之学，官方对他们的教化仍是依靠"天""祖先"的崇拜，老百姓以为谁主持"奉天承运"的祭天仪式，谁就是合法的统治者。历代帝王将天地、社稷、日月、山川、祖先的祭祀看作领有政治权力的象征。一个新王朝的兴起，总是首先找儒生确定自己的王朝秉承何运，应主何德，应用何色；然后定名号、立郊社，祭祀天神，从而取得天下的认可。因此，必要的建筑和仪式是王朝合法性的体现。从这个意义上，皇家建筑除了宫殿苑囿，更应该包含大量的礼制建筑，比如天坛、地坛、社稷坛、太庙等。

---

[1]〔汉〕董仲舒著，〔清〕苏舆撰，钟哲点校：《春秋繁露义证》卷一四《五行变救》，中华书局，1992年。

二、北宋的建筑制度是南宋都城的原型

观察南宋皇家建筑，必须回过头去看看北宋的规制，那才是南宋各种制度的原型。宋人在杭州所作的种种建设，看似非常驳杂，实际的核心点就是南宋拷贝北宋的制度，而这个制度围绕的核心就是"朝会之礼"和"祭祀之礼"，而相关的主要建筑就是以朝会为核心的宫殿建筑和以祭天祭祖为核心的各种祭祀建筑。

要理解北宋的朝会制度，必须先了解北宋皇城的宫殿布局。北宋大内在开封城的西北，宫城周长五里，南面有三门：中间是宣德门，东边是左掖门，西边是右掖门。其他三面各有一个门，东华门、西华门，北门是拱宸门。宣德门内是大庆门，两侧两个次门，称为左、右升龙门。大庆门内是大庆殿，是最重要的朝会正殿，史籍称"正至朝会、册尊号御此殿，飨明堂、恭谢天地，即此殿行礼"[1]。殿后有阁，是皇帝祭天前斋戒的地方。

大庆殿轴线西侧有另一组院落，门在右升龙门西北，称为端礼门，端礼门内是文德门、文德殿，文德殿又称为正衙殿，是宋太祖时元朔朝会的地方，"熙宁以后，月朔视朝御此殿"[2]。殿后阁是"飨明堂、恭谢天地"时的斋戒用地。

大庆殿后有一条东西向大道，大道上通向北门的是宣祐门，宣祐门以西，依次排列着紫宸殿门、垂拱殿门、皇仪门、集英门[3]，分别对应四组宫殿。紫宸殿又名崇德殿，是视朝之前殿，每逢诞节[4]称觞及朔望御此殿。垂拱殿，是常日视朝的地方。垂拱殿与文德殿在一个南北轴线，有廊相通。垂拱殿的北侧就是福宁殿，是皇帝的正寝。福宁殿后的坤宁殿，是皇后居所。从文德殿到垂拱殿

---

[1]〔清〕徐松辑，刘琳、刁忠民、舒大刚等点校：《宋会要辑稿·方域一》，上海古籍出版社，2014年。

[2]〔清〕徐松辑，刘琳、刁忠民、舒大刚等点校：《宋会要辑稿·方域一》，上海古籍出版社，2014年。又《东京梦华录》说："常朝所御。"

[3] 皇仪门、集英门，据《宋会要辑稿·方域三·门》，当为"皇仪殿门、集英殿门"。

[4] 诞节，又称圣节、诞圣节等，帝王的生日。

到福宁殿到坤宁殿是北宋宫殿最重要的轴线。西侧的皇仪殿又称明德殿、滋福殿，再西的集英殿是每逢春秋、诞圣节进行宴乐的地方，熙宁以后，皇帝在此选士。从宣祐门向北，在西侧有崇政殿，崇政殿后是延和殿、景福殿。这是北宋主要宫殿的大概，可以参考傅熹年先生绘制的北宋汴梁宫城平面图。

北宋的朝会分为三个等级，第一个等级就是大朝会，《宋史》记载："宋承前代之制，以元日、五月朔、冬至行大朝会之礼。太祖建隆二年正月朔，始受朝贺于崇元殿。"[1] 崇元殿是后梁时的称呼，就是大庆殿。第二个等级称为常朝，唐代以宣政殿为正衙，在宣政殿外还有含元殿，含元殿是只有重大礼仪的大朝会才会使用的。而正衙是日常朝会听政之所，百官每天都要去朝见皇帝，故称为常参。后唐明宗规定，群臣每五天跟随一个宰相入见，就称为起居。宋代沿袭唐五代制度，刚开始是"皇帝日御垂拱殿。文武官日赴文德殿正衙，曰常参，宰相一人押班"等。元丰改制后，则侍从官以上的每天需要到垂拱殿上朝的，称为常参官；百司朝官以上的，每五日到紫宸殿上一次朝的，称为六参官；在京的官员，朔望日到紫宸殿上朝的，称为朔参官、望参官；由是分出等级。第三等朝会称为入阁[2]。唐代规定天子在正衙会见群臣一定要立仪仗，皇帝遇到朔望日，前殿有祭祀，就用便殿，把仪仗和群臣叫过来称为入阁。实际上，入阁礼北宋后期也已经不实行了。北宋以朝会的六座主要宫殿大庆、文德、垂拱、集英、崇政、紫宸明确分工，分门别类，秩序井然。到了南宋，以上六殿实际上只有两座宫殿，即文德殿与垂拱殿。南宋《咸淳临安志》记载："文德殿，正衙，六参官起居，百官听宣布，绍兴十二年建。紫宸殿，上寿；大庆殿，朝贺；明堂殿，宗祀；集英殿，策士。以上四殿皆即文德殿随事揭名。"也就是说，文德、紫宸、大庆、明堂、集英等是同一座宫殿。而绍兴二十八年（1158）"近修垂拱三殿已毕工"[3] 的三殿才是不同的建筑，指朝会用的文德殿、垂拱殿和宫中祭祀祖先

---

[1]〔元〕脱脱等：《宋史》卷一一六《礼一九（宾礼一）》，中华书局，1985 年。

[2]"阁""阁"有别，"阁"的本义是侧门（特指宫中小门），"阁"的本义是止扉的长木橛。今据《现代汉语词典》（第 7 版）和《王力古汉语字典》保留。

[3]〔清〕徐松辑，刘琳、习忠民、舒大刚等点校：《宋会要辑稿·方域二》，上海古籍出版社，2014 年。

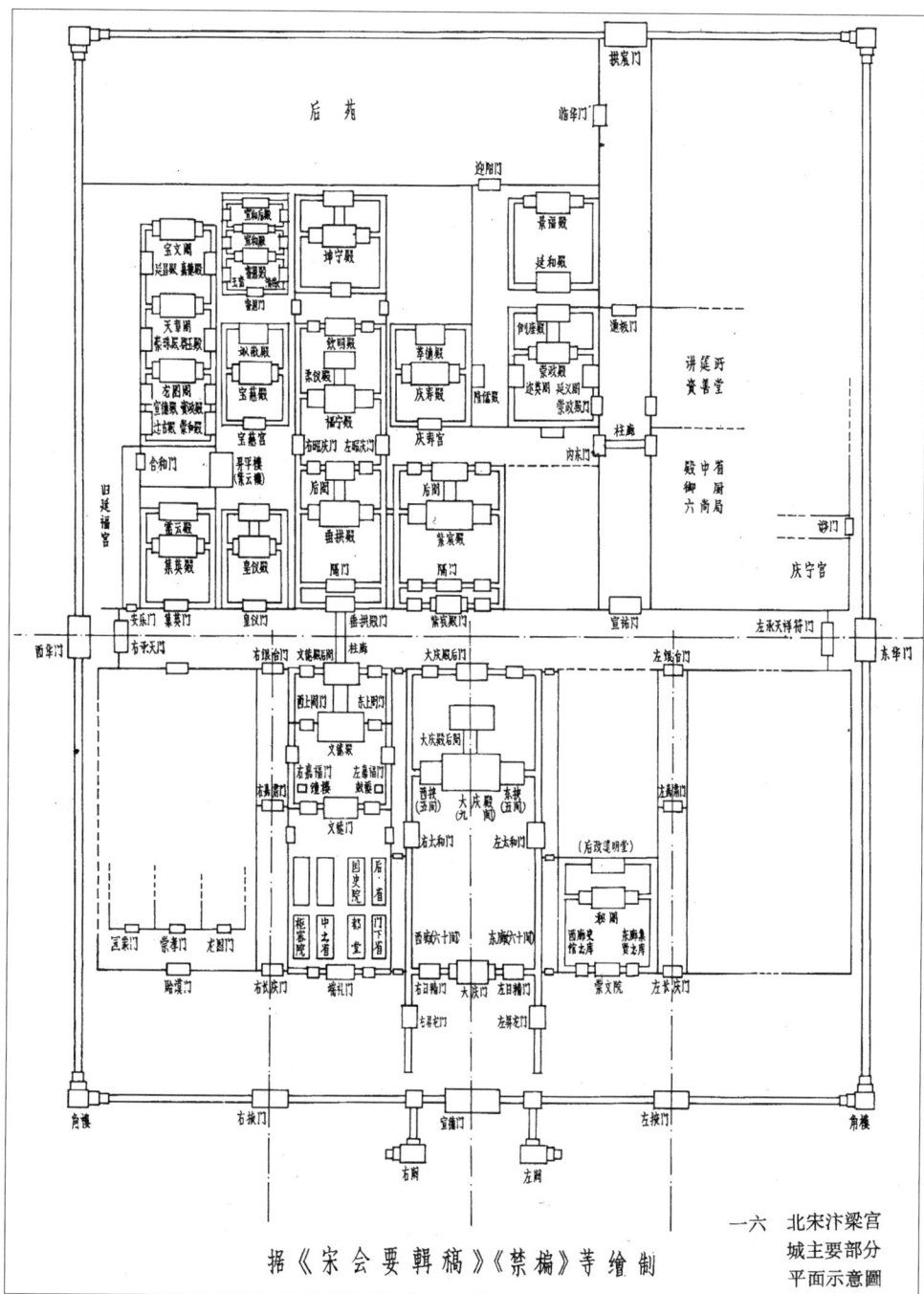

据《宋会要辑稿》《禁楄》等绘制

一六 北宋汴梁宫城主要部分平面示意圖

北宋汴梁宫城主要部分平面示意图（《傅熹年建筑史论文集》，1998 年）

的钦先孝思殿。

再来看皇家祭祀活动。唐以后，礼进一步被细分为吉礼、嘉礼、宾礼、丧礼、军礼。所谓吉礼，是五礼之首，主邦国神祇祭祀之事。北宋有大祀三十项：正月上辛祈谷，孟夏雩祀，季秋大享明堂，冬至圜丘祭昊天上帝，正月上辛又祀感生帝，四立及土王日祀五方帝，春分朝日，秋分夕月，东西太一，腊日大蜡祭百神，夏至祭皇地祇，孟冬祭神州地祇，四孟、季冬荐享太庙、后庙，春秋二仲及腊日祭太社、太稷，二仲九宫贵神；有中祀九项：仲春祭五龙，立春后丑日祀风师、亥日享先农，季春巳日享先蚕，立夏后申日祀雨师，春秋二仲上丁释奠文宣王、上戊释奠武成王；小祀九项：仲春祀马祖，仲夏享先牧，仲秋祭马社，仲冬祭马步，季夏土王日祀中雷，立秋后辰日祀灵星，秋分享寿星，立冬后亥日祠司中、司命、司人、司禄，孟冬祭司寒。[1]

北宋的各种祭祀大多分别立坛庙，各有规制。比如，祭天的圜丘："为坛之制，当用阳数，今定为坛三成，一成用九九之数，广八十一丈，再成用六九之数，广五十四丈，三成用三九之数，广二十七丈；每成高二十七尺，三成总二百七十有六，《乾》之策也。为三壝，壝三十六步，亦《乾》之策也。"祭皇地祇的方泽："其神州之坛，方三丈一尺，皇祐增高三尺，广四十八步，内壝四面以青绳代之。"社稷坛："太社坛广五丈，高五尺，五色土为之。稷坛在西，如其制。社以石为主，形如钟，长五尺，方二尺。"籍田："依南郊置五使。除耕地朝阳门七里外为先农坛，高九尺，四陛，周四十步，饰以青；二壝，宽博取足容御耕位。"[2]

南宋的各种祭祀典礼最初都是望祭。所谓"望祭"，就是遥望而祭，是指宋代的坛庙都在中原只能望北而祭。因为是望祭，所以各种祭祀最初都集中在天宁观，后来搬到钱湖门外惠照院。绍兴十三年（1143）后，朝廷才开始建设祭天郊坛，按北宋规制："圆坛在国之东南，坛侧建青城斋宫，以备郊宿。"这里所谓"国之东南"，是指都城的东南方，因此在临安府东南建造。《宋史·礼

---

[1]〔元〕脱脱等：《宋史》卷九八《礼一（吉礼一）》，中华书局，1985年。

[2]〔元〕脱脱等：《宋史》卷九九《礼二（吉礼二）》、卷一〇〇《礼三（吉礼三）》、卷一〇二《礼五（吉礼五）》，中华书局，1985年。

二（吉礼二）》记载："第一成纵广七丈，第二成纵广一十二丈，第三成纵广一十七丈，第四成纵广二十二丈。一十二陛，每陛七十二级，每成一十二缀。三壝，第一壝去坛二十五步，中壝去内壝、外壝去中壝各半之。""成"就是重、层的意思，"壝"就是土墙，有三道围墙。[1]北宋的青城，是一片建筑："前门曰泰禋，东偏门曰迎禧，正东门曰祥曦，正西门曰景曜，后三门曰拱极，内东侧门曰黄明，西侧门曰肃成，殿曰端诚，殿前东西门曰左右嘉德，便殿曰熙成，后园门曰宝华，著为定式。"南宋朝廷最初也想一并建造，这时有个大臣说："陛下方经略河南，今筑青城，是无中原也。"[2]于是，南宋的青城全部以搭建帐篷的方式进行，不再修建。

南宋史籍中所记载恢复的坛庙并不多，有社稷坛："（绍兴）十四年，始筑坛壝于观桥之东，立石主，置太社令一员，备牲牢器币，进熟、望燎如仪。"籍田："绍兴七年，始举享先农之礼，以立春后亥日行一献礼。十六年，皇帝亲耕籍田，并如旧制。"[3]九宫贵神坛："于国城之东，建筑九宫坛壝，其仪如祀上帝。其太一宫，初议者请即行宫之北隅建祠，后命礼官考典故，择地建宫。十八年，宫成。"[4]从《咸淳临安志》的《京城图》来看，太一宫、景灵宫都在城市的西北角。从文献记载看，南宋很可能连祭地的方泽都没有建，淳熙年间（1174—1189），朱熹批评当时的祭祀："本朝初分南北郊，后复合而为一。……古者天地未必合祭，日月、山川、百神亦无一时合祭共享之礼。古之时，礼数简而仪从省，必是天子躬亲行事，岂有祭天却将上下百神重沓累积并作一祭耶？且郊坛陛级两边上下，皆是神位，中间恐不可行。"[5]朱熹所谓的"祭天却将上下百神重沓累积并作一祭"，很可能是指当时大量祭祀一并于圜丘郊坛举行。

---

[1] 壝，《辞海》（第7版）释义："坛和埠的统称。亦特指周围有矮墙的坛。"文中依据《辞源》和《王力古汉语字典》释义。

[2] 〔元〕脱脱等：《宋史》卷九九《礼二（吉礼二）》，中华书局，1985年。

[3] 〔元〕脱脱等：《宋史》卷一〇二《礼五（吉礼五）》，中华书局，1985年。

[4] 〔元〕脱脱等：《宋史》卷一〇三《礼六（吉礼六）》，中华书局，1985年。

[5] 〔元〕脱脱等：《宋史》卷一〇〇《礼三（吉礼三）》，中华书局，1985年。

综上所述，我们可以推论，南宋虽然承袭了北宋的制度，但实际操作中却更像是一个简化版和浓缩版，这一方面是因为疆域和版图大大地缩小，国家的财力和人力受到限制，另一方面就是临安城与开封城的地理环境截然不同，没有开封所在的河南大平原那么大的空间来铺陈建设。

三、南宋在临安所面对的与开封完全不同的城市环境

杭州城市的发展或可上溯至5000年前的良渚先民，建立了良渚古城；到了秦汉建置钱唐县，县治大约位于如今灵隐山麓；六朝时期，杭州治所逐渐从钱塘江畔迁移到今天吴山脚下，成为现代杭州城的发端。杭州城市的变迁，与其所处的自然环境密切相关。杭州地处浙西山地、丘陵与杭嘉湖平原的交接地带，周围的低山丘陵在这里形成了一个"C"形，东、南两面有钱塘江流过。根据考古地理学方面的研究，早在距今7000年左右的海面，长江河口的海岸地区为高海面，并普遍内侵。环太湖流域，南侧海水内侵达长兴、宜兴一带，而古钱塘江的岸线基本在杭州经临平、长安镇、斜桥镇南至袁花镇一线。整个杭州周边地区当时都

良渚文化时期杭州地理格局示意图

是滨海潟湖型的海湾。7000年后，海平面上升减缓，钱塘江两岸的冲积平原逐步形成，先民们逐步从西部山区迁入，杭州城市正是在这基础上逐步形成的。杭州城市的建设与整个区域的地形地貌变化是一个互动的过程，其中山形、水势和人类活动，可以看作影响杭州城市变迁的三大要素。

秦灭六国，以吴越故地设会稽郡，在今天杭州区域内设置余杭县、钱唐县，余杭即今天的余杭区一部分，钱唐就是杭州老城区。《史记·秦始皇本纪》记载："三十七年十月癸丑，始皇出游。……浮江下，观籍柯，渡海渚。过丹阳，至钱唐。"《越绝书》记载："到由拳塞，同起马塘，湛以为陂，治陵水道到钱唐，越地，通浙江。"由拳就是嘉兴，治陵水道就是修运河。"以其三十七年，东游之会稽，道度牛渚，奏东安，东安，今富春。丹阳，溧阳，郯故，余杭轲亭南。东奏槿头，道度诸暨、大越。"据阙维民教授考证，"槿头"就是今天的宝石山。[1] 由此可见，秦代水道从嘉兴通余杭可以直达宝石山，宝石山与吴山是古代西湖的两个岬角，可以连通钱塘江，西湖、西溪当时是整个钱塘江出海口潟湖群的一部分。《史记》记载秦始皇"过丹阳至钱唐。临浙江，水波恶，乃

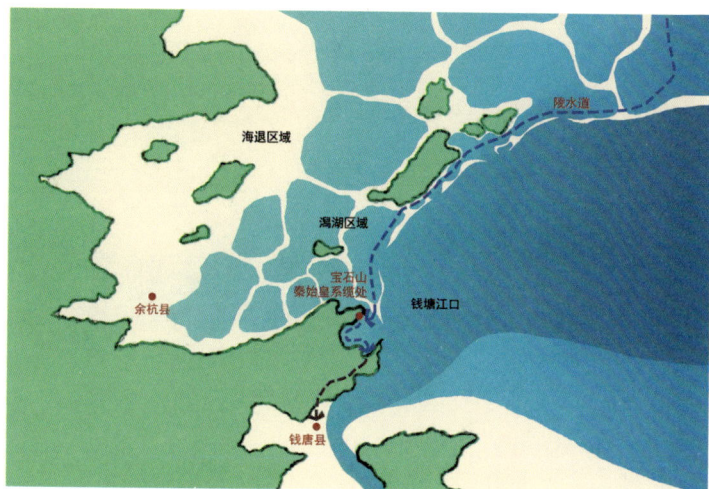

秦代杭州地理格局示意图

---

[1] 阙维民：《杭州城池暨西湖历史图说》，浙江人民出版社，2000年。

西百二十里从狭中渡"，当时的钱唐县可能位于江边转塘附近，此处钱塘江有一个转折，可以稍缓水势，是渡江连接浙东的要冲。

魏晋南北朝，钱唐县的县治搬迁到了凤凰山西麓一带，依山面江。这时绕过西湖南部诸山进入钱塘江的运河水道，其入江口称为柳浦，也就是后来的浙江闸、南星桥一线，因此县治也就搬到了运河水道与浙江水道交汇的要津，也就是今天馒头山以西，南宋皇城的区域。西湖究竟何时由海湾变成潟湖，又由潟湖变淡水湖，至今找不到确凿的证据。《水经注》卷四〇记载："《钱唐记》曰：防海大塘在县东一里许，郡议曹华信家议立此塘，以防海水。"华信，乃东汉人。这段记载说明，东汉时，西湖仍是一个随江海潮流出没的潟湖。县治如以馒头山为边界，海塘位置县东一里，大约不超过现在的江城路附近。

六朝时期杭州地理格局示意图

隋代始设杭州，《太平寰宇记》卷九三记载，开皇十一年（591）"移州与柳浦西，依山筑城"，即沿袭了六朝县治的位置。唐贞观六年（632），县治迁移到钱塘门内教场地，形成了"州傍青山县枕湖"的格局。钱塘门应该是宋代的说法，唐代杭州城是否有完整的城墙，没有明确的记载，"州傍青山县枕湖"，很可能是指州城在柳浦西，也就是现在凤凰山一线，而县城位于现在的教场路一带，两个城的规模都不是很大。宋人程大昌《演繁露》续集卷四《沙塘河》记载："潘洞《浙江论》：'胥山西北，旧皆凿石以为栈道。景龙四年，沙岸北涨，地渐平坦，桑麻植焉。州司马李珣始开沙河，水陆成路。'事见《杭州龙兴寺图经》。胥山者，今吴山也。吴山有庙，相传其神伍子胥故也。又《州图经》云：'塘在县南五里，此时河流去青山未甚远，故李绅诗曰"犹瞻伍相青山庙"，又曰"伍相庙前多白浪"也。景龙沙涨之后，至于钱氏，随沙移岸，渐至铁幢，今新岸去青山已逾三里，皆为通衢，居民甚众。'此图经之言也。及今绍兴间，红亭沙涨，其沙又远在青山西南矣。"[1] 景龙是唐中宗的年号，可见唐初西湖仍然是通钱塘江的要道，伍相庙就是今天吴山东端伍公山位置，"伍相庙前多白浪"，可见当时的钱塘江岸线一直到达伍公山脚，所以吴山北侧需要凿石作栈道，栈道实为纤道。景龙年间（707—710），钱塘江沙涨逐渐分隔江湖。这片土地需要经过从唐到宋历次钱塘江沙涨，以及历代人为的处理（挖河泄水），

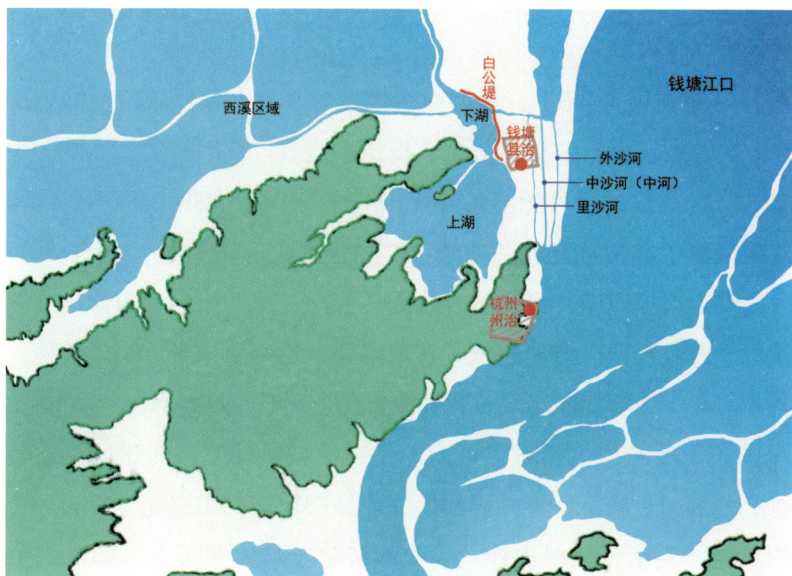

唐中期杭州地理格局示意图

---

[1] 《古今图书集成·方舆汇编·职方典第九五六卷·杭州府部杂录》："胥山者，今吴山也，而俗讹为青山。"

才能终成陆地，杭州的城区范围也随着这一次次的治理而逐步扩张。由于江海泥沙的长期封积，海湾慢慢变成了潟湖；而随着湖东地区成陆过程的进一步发展和水源补给的改变，西湖最终变成了一个普通的淡水湖泊。

钱塘江沙涨形成的陆地，到了五代，才被有效地利用。唐代天宝以后，北方历经战乱，而江南因为相对安定，成为整个帝国主要财税来源地。随着经济的发展，杭州城才既有了扩大城市格局的需要，又有了可以扩大的空间，吴越国扩建杭州城也就水到渠成了。吴越国王钱镠分三次扩建杭州城，《吴越备史》卷一记载："是月（大顺元年春正月），王命筑新夹城，环包氏山泊秦望山而回，凡五十余里，皆穿林架险而版筑焉。王尝亲劳役徒，因自运一畚，由是骖从者争运之，役徒莫不毕力。"所谓"夹"，首先是一个军事概念，就是互为掎角之势，夹城是指两座城互为掎角之势，比如五代闽国首都，现在的福州，就曾经筑南北夹城。另外，夹城也可以引申为两个城之间有城墙围合的通道，比如唐代玄宗在大明宫和兴庆宫之间建的通道。由此看来，吴越国王此时兴建的夹城很可能就是连接杭州州城和钱塘县城的通道，中间很薄很窄，所以呈现两头大、中间小的腰鼓状，被称为"腰鼓城"。

其后，景福二年（893），钱镠在腰鼓城的基础上建罗城，罗城是指外城。《吴越备史》卷一记载："江涛势激，板筑不能就。王因祷之，沙涨一十五里，余功乃成。"这次筑城很可能不久就被江潮冲毁。开平四年（910），钱镠再次筑城，这次采取了非常戏剧性的方法，"命强弩以射涛头"[1]；而真实的情况是，这次钱镠先筑捍海塘，再筑城，建成了候潮、通江诸门，由此确立宋代杭州城的东界。考古发现钱氏海塘的位置在建国路、复兴路一带。吴越筑城、修海塘后，西湖才彻底与钱塘江断绝而成为一个湖泊。

吴越国钱氏所筑的杭州城很可能不是内子城、外罗城的建城模式，而是根据自然地形，采用子城、罗城并置的模式。钱镠筑城的思路完全符合一个优秀军事统帅的思路，先依托凤凰山麓的险要地势建子城（州城），形成一个军事要塞，然后与已有的县城形成掎角之势，并筑夹城增加联系，再有余力之后把逐渐在江边沙涨之地上聚集起来的百姓、商业纳入外城。

---

[1] 〔宋〕钱俨：《吴越备史》卷二，文渊阁《四库全书》本，中国书店，2018年。

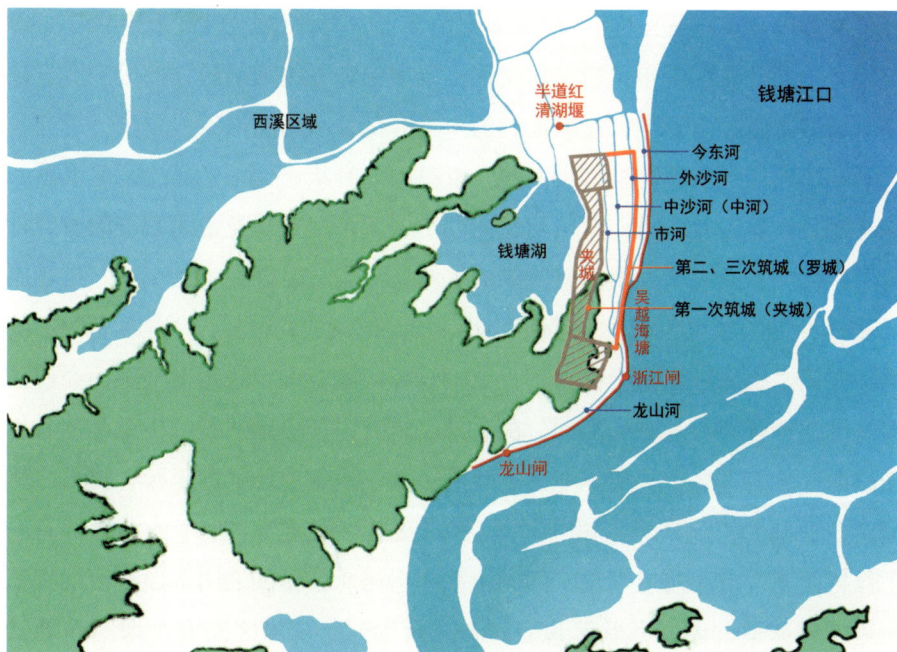

五代时期杭州地理格局示意图

吴越国时期，对于杭州的西、南边界历来有很多争论，明代以后很多学者认为秦望山是指六和塔西侧的二龙头，而吴越时期杭州的南门龙山门在六和塔以西。[1] 20世纪，桓进先生发表的《杭州秦望山在何处》[2] 一文就已论证，"从南宋起，秦望山的位置开始变得含糊不清起来"，南宋的"临安三志"在城内诸山篇目记录了凤凰山，其右山巅（将台山）有排衙石、介亭，而城南诸山又记录了秦望山"在钱塘县旧治之南一十二里一百步"，"有巨石二十余株，自然成行"，"近东南有罗刹石"[3]，依此三条基本也可确定秦望山就是将台山。这实际上也反映了传统文人作志的毛病，抄录旧文，却很少实地勘察，把同一座山在城内城外都记录了。从龙山门的名称可以看出，是因地命名的，龙山就是玉皇

---

[1] 关于此观点，参见钟毓龙：《说杭州》，浙江人民出版社，1985年；〔明〕田汝成：《西湖游览志》，上海古籍出版社，1980年。

[2] 桓进：《杭州秦望山在何处》，《浙江学刊》1988年第1期。

[3] 〔宋〕施谔：《淳祐临安志》卷八《山川一》，台北成文出版社有限公司，1975年。

山，《吴越备史》卷三记载："（天福六年）八月辛亥，王薨于瑶台院之彩云堂，年五十五，在位十年，赠谥曰文穆，敕宰相和凝撰神道碑，七年壬寅二月癸卯葬于国城龙山之南原"，这里提到的"王"是说吴越文穆王钱元瓘，目前我们可以确定钱元瓘的墓就在玉皇山南侧。玉皇山下有从唐代以来沟通运河水系和钱塘江水系最重要的龙山河、龙山闸，而龙山门就是迎接从龙山河而来的商贾行人的。因此，吴越国杭州的南侧、西侧基本就是将台山山脊。

由于西湖与钱塘江的水路断绝，浙北运河水路与钱塘江的沟通逐渐由城内河道来完成。唐代，西湖称钱塘湖，范围较今天西湖大，分为上下湖，今石函路以南区域地势较高，当时称上湖，白居易修筑的白公堤是从石函桥至余杭门（今圣塘路向武林门方向），实际上是下湖的边界。湖水"自钱塘至盐官界，应溉夹官河田，放湖入河，从河入田"[1]。官河就是江南运河。由于西湖水量有限，为了保持西湖及市区河道水位，西湖水系与运河、钱塘江之间都设有河堰，苏轼的《申三省起请开湖六条状》说："钱氏有国时，郡城之东有小堰门，既云小堰，则容有大者。昔人以大小二堰隔截江水，不放入城，则城中诸河，专用西湖水，水既清彻，无由淤塞"，而城北"余杭门外地名半道洪者，亦有堰，名为清河，意似爱惜湖水，不令走下"。后来有学者认为清湖河是城内运河，实则有误，清湖河的主要作用是灌溉而非行船，清湖河之名应从半道洪（今半道红）的清湖堰发展而来。宋代，由于原有的闸堰体系被破坏，杭州城内的水道分为两个体系：一个是西湖的泄水道，水流向北；一个是走船的运河，向南连接钱塘江。《申三省起请开湖六条状》说："今西湖水贯城以入于清湖河者，大小凡五道……皆自清湖河而下以北出余杭门，不复与城中运河相灌输"；"今城中运河有二：其一曰茅山河，南抵龙山、浙江闸口，而北出天宗门；其一曰盐桥河，南至州前碧波亭下，东合茅山河，而北出余杭门。余杭、天宗二门，东西相望，不及三百步。二河合于门外，以北抵长河堰下"。可见当时从江南运河经茅山河、龙山河入钱塘江，为主要过境交通，而盐桥河沿线是城市最繁华的区域。

南宋之前的杭州城，完全是一个从江河湖海之间自然成长起来的城市，城市的界线基本受制于自然环境，东、南两侧是汹涌的钱塘江潮水，西侧是已经成

---

[1]〔唐〕白居易：《钱塘湖石记》，载〔清〕董诰等《全唐文》卷六七六，中华书局，1983年。

形并逐渐成为城市淡水重要来源的西湖，以及湖畔的群山，北侧是千里而来的大运河，运河、钱塘江的交汇成就了杭州城市的商业性，所以唐代以来就是"骈樯二十里，开肆三万室"[1]的商业都市，城市的重心在于城南。当时的江干，也就是临江的东南两侧，"鱼盐聚为市，烟火起成村"。即便是这样，仍然不需要对它的繁华过度想象。苏轼的《申三省起请开湖六条状》也提到，就在茅山河边上，"乃在人户稀少村落相半之中"。这样一个城市，有山江之险、贸易之利，作为一个割据势力的首府尚且过得去，要成为一个帝国的首都，的确还有很多路要走。

四、南宋开国时政权合法性阴影下的都城建设

南宋的开国皇帝赵构能够继承大统完全是意外。靖康元年（1126），赵构仅仅是一名不受重视的亲王，被派到金国入侵军队的大营里作为人质。由于赵构对骑马射箭较为精通，反而让金人误以为他是擅长武艺的宗室子弟假扮的，将他放归。同年十一月，金军继续南下威胁汴梁（今河南开封），赵构又一次被任命为谈判的使者，出使请和。闰十一月末，金兵围困汴梁城，赵构成为唯一一个在开封城外的皇室子弟，宋钦宗出手诏任命赵构为"河北兵马大元帅"，组织军队勤王。赵构利用这个任命，迅速地召集了上万人马，但并没有赶赴开封战场，而是东进山东。靖康二年（1127）三四月间，汴梁城破，徽、钦二帝被金军掳掠北去，北宋灭亡。金兵北去之前立北宋的宰相张邦昌为帝，张邦昌自知难以服众，主动退位，请因出家而幸免于难的宋哲宗废后孟氏回宫，称太后，垂帘听政。孟氏发布诏书，让赵构"嗣我朝之大统"。赵构于是年五月一日，在南京应天府（今河南商丘南）登坛受命，即皇帝位。

赵构的登基是在非常特殊的历史环境下实现的，同为赵宋宗室的赵子崧致书赵构："国家之制，素无亲王在外者。主上特付大王以大元帅之权，此殆天

---

[1]〔唐〕李华：《杭州刺史厅壁记》，载〔清〕董诰等《全唐文》卷三一六，中华书局，1983年。

宋高宗像

意。"[1] 但是对于许多人来说，赵构的权力来源仍然是非法的，孟氏仅仅是哲宗的废后，徽、钦二帝仍然健在，赵构本人并没有得到徽宗或钦宗即皇帝位的授命。赵构叔祖辈的宗室赵仲琮直言："今二帝北迁，大王不当即位，只宜用晋武陵王故事，称制行事，不改元。"[2] 后来太学生陈东也指责赵构"不当即大位，将来渊圣皇帝（宋钦宗）来归，不知何以处"。[3]

正因为权力的来源缺乏权威性，宋高宗赵构能做的就是一面高举中兴的旗帜，一面尽量使国家运转常态化。从高宗最初年号"建炎"的选择上，我们可以看到当时社会公认的政治正确就是中兴宋朝。宋属火德，所以黄潜善建议为"炎兴"，耿南仲却提出："故汉光武中兴，改元建武。大王再造王室，宜用光武故事纪元。"[4] 最后折中用"建炎"这一年号，既寄寓着赵宋传统，又隐含光武中兴汉朝故事，具有说明赵构继位的正当性和招揽人心的功能。建炎元年（1127）七月颁布的诏书说："是用权时之宜，法古巡狩，驻跸近甸，号召军马，以防金人秋高气寒，再来入寇。朕将亲督六师，以援京城及河北、河东诸路，与之决战。已诏迎奉元祐太后，津遣六宫及卫士家属，置之东南。朕与群臣将士独留中原，以为尔京城及万方百姓请命于皇天，庶几天意昭答，中国之势浸强，归宅故都，还迎二圣，以称朕夙夜忧勤

[1]〔宋〕李心传：《建炎以来系年要录》卷四，上海古籍出版社，1992年。

[2]〔宋〕徐梦莘：《三朝北盟会编》卷九二，上海古籍出版社，2019年。

[3]〔宋〕李心传：《建炎以来系年要录》卷二一，上海古籍出版社，1992年。

[4]〔宋〕徐梦莘：《三朝北盟会编》卷一〇一，上海古籍出版社，2019年。

之意。应在京屯兵聚粮，修治楼橹、器具，并令留守司、京城所、户部疾速措置施行。"[1]但是，中兴就是意味着进取，而国家运转常态化就是意味着要稳定，因此落脚在哪里就足以让朝廷吵翻天。同年九月十日，高宗手诏："荆襄、关陕、江淮皆备巡幸，并令因旧就简，无得搔扰。"[2]这也是安抚朝中各种政治势力的不得已举措。

因为有了中兴和北伐这个道德制高点，南宋初年的建设活动，可以看到一个明确的分水岭，就是绍兴八年（1138）的南北和议。南宋朝廷在此之前的建设活动是非常犹疑、节省的，甚至到了将就的地步。但是在和议以后，朝廷的建设就追求一个政权完备的功能了。即便如此，只要大臣们抬出"中兴"这面大旗，如前所述"陛下方经略河南，今筑青城，是无中原也"，有些皇家建设就不得不仍然采用临时建筑的方式应对。

建炎之初，朝廷最大的事就是在金兵的攻击下活下来，高宗也一改徽宗时期追求奢华的作风，处处表现出体恤民情的态度："凡所过与所止之处，当使百姓莫不预知：朕饮食取足以养气体，不事丰美；亭传取足以庇风雨，不易卑陋；什器轻便，不求备用；供帐简寡，不求备仪。可赍以行，皆毋取于州县。桥梁舟楫，取足济渡，道路毋治，官吏毋出，一切无所追呼。有司百吏敢骚扰者，重置于法。惟是军马刍粮，必务丰洁，将士寨栅，必令宽爽，官吏毋得少懈。"[3]唯一的例外，就是对祖宗神位的供奉，建炎元年（1127）五月二日，高宗就发诏要求江宁府修建景灵宫，诸帝共享一殿，诸后共享一殿。

绍兴元年（1131）以后，朝廷临时在临安（今浙江杭州）安定下来，在原来的州治营建行宫，最初想要建造三百间，被高宗制止了，仅仅修了一百多间。高宗发诏说："政不欲增广行阙，重困民力。访闻行在系官修造去处甚多，可日

［1］〔清〕徐松辑，刘琳、刁忠民、舒大刚等点校：《宋会要辑稿·兵七》，上海古籍出版社，2014年。

［2］〔宋〕徐梦莘：《三朝北盟会编》卷一一三，上海古籍出版社，2019年。

［3］〔宋〕李心传：《建炎以来系年要录》卷九，上海古籍出版社，1992年。

下并罢。自今非得旨而擅役人夫者，令御史台纠弹以闻。"[1] 所以，到了绍兴三年（1133），按《建炎以来系年要录》的记载："时行宫外朝止一殿，日见群臣，省政事，则谓之后殿；食后引公事，则谓之内殿；双日讲读于斯，则谓之讲殿。"而且宫中的射殿仅仅是茅屋，"极卑陋，茅屋才三楹，侍臣行列，巾裹触栋宇"。[2] 最为有意思的是，绍兴二年（1132），行宫南门造好了，官员们请皇帝命名，高宗令临安府书写，仍以"行宫之门"四字为名。这是不是在昭告民众，皇帝只是临时驻跸于此呢？

但是已经中断的皇家典礼必须恢复，皇室祖先的神主必须随行，绍兴二年正月十四日，高宗到达杭州，二月六日就下诏："天章阁祖宗神御，可先行趁潮汛过江。"[3] 同时就要举行祭天仪式（传统称为"南郊"，一般在京城南进行），不能进行传统的祭天大典，就争取恢复小一点的望祭仪式。绍兴二年二月五日，太常寺少卿程瑀等汇报说：在城外东南方寻找适合祭天场所，只找到了城外妙觉院屋四间，城内天宁观屋五间。妙觉院建筑朝东，而且出城遥远，不可用，要不要新建呢？诏："权于天宁观望祭。"而到了绍兴六年（1136）正月十五日，礼部报告：祭天（圜丘）、祭地（方泽）、祭社稷都在天庆观，只有小屋三间，又低矮又潮湿，周边军民杂居，很不方便，请求征用钱塘门外惠照院作为望祭斋宫。高宗同意了。[4] 绍兴五年（1135），修盖瓦屋十间权作太庙。总体来说，绍兴初年的高宗和朝廷在临安城的建筑事宜可以说秉持了一个原则，那就是礼不可废，但是相关的建筑能借用就借用，能将就就将就，非常能体现高宗隐忍、沉着、只求实利、不慕虚名的办事风格。其时，建康（今江苏南京）也是都城的热门候选地，朝廷关于建康行宫的建设指令非常含糊，一会儿"诏修建康

［1］〔清〕徐松辑，刘琳、刁忠民、舒大刚等点校：《宋会要辑稿·方域二》，上海古籍出版社，2014 年。

［2］〔宋〕李心传：《建炎以来系年要录》卷六八，上海古籍出版社，1992 年。

［3］〔清〕徐松辑，刘琳、刁忠民、舒大刚等点校：《宋会要辑稿·方域二》，上海古籍出版社，2014 年。

［4］〔清〕徐松辑，刘琳、刁忠民、舒大刚等点校：《宋会要辑稿·礼二》，上海古籍出版社，2014 年。

行宫"，一会儿"罢修建康行宫"，一会儿又"趣修建康行宫"，"趣修"就是催促赶工的意思。让我们想不明白的是，高宗究竟是本意定都建康，所以才对临安的建设权且将就呢，还是建康行宫的建设就是烟幕弹，而是要掩盖定都临安的政治现实？

绍兴七年（1137），南宋朝廷才知道了宋徽宗已经于两年前去世了。迎还徽宗的梓宫和高宗生母韦太后成为朝廷的头等大事。当时主战派力主趁机北伐，要求高宗"挥涕而起，敛发而趋，一怒以安天下之民"[1]，但高宗本人力主请和，他是以孝道自辩的："向日讲和，本为梓宫、太后，故虽屈己卑辞，有所不惮。"[2]后世学者倾向于认为，缔结和议固然有骨肉亲情的原因，但更有政治方面的考虑。赵构继位没有徽、钦二帝的授命，其皇位来源最大的合法性支柱，就是"元祐皇后"孟氏的援立。可即便是孟氏自己的身份，都是存在争议的。孟氏于宋哲宗元祐七年（1092）被册立为皇后，绍圣三年（1096）被废，此后几经反复，以废后的身份居于瑶华宫。陈寅恪先生指出，援立赵构继位的《皇太后告天下手书》，"此文之发言者，乃先朝被废之皇后。以失去政权资格之人，而欲建立继承大统之君主，本非合法，不易立言"[3]。《问宋》一书的作者游彪先生就认为："宋高宗急于将徽宗梓宫和生母迎回，借助宗庙祭祀的连续性来确立自己继位的正当性。"[4]所以，宋高宗为了证明自己皇位的合法性，迫切需要决定与金议和的国策，议和又意味着南宋放弃恢复中原，成为偏安江南一隅的政权。

于是，从绍兴九年（1139）开始，临安城里开始了一系列建设活动。首先是为了迎接太后回銮而准备。绍兴九年正月二十二日，修内司承受提辖王晋锡"奉旨于内中修盖皇太后殿门廊一所"；十月，"修盖皇太后殿宇门廊，并创造到铺设什物帘额等，一切了毕"；十一月八日，高宗亲书"慈宁之殿"四字

［1］〔元〕脱脱等：《宋史》卷三六一《张浚传》，中华书局，1985年。

［2］〔宋〕李心传：《建炎以来系年要录》卷一九六，上海古籍出版社，1992年。

［3］陈寅恪：《论〈再生缘〉》，载《寒柳堂集》，江苏人民出版社，2020年。

［4］游彪：《问宋：赵宋王朝内政外交的得与失》，天地出版社，2021年。

并"臣名恭书"四字。[1]这与草草命名的"行宫之门"形成巨大的反差。十年（1140）正月，临安府要求扩充太庙，两次间各添展一间。[2]但事与愿违，绍兴十年，金人毁约，再次南侵，虽然经过军民努力，金人先败于顺昌，再败于郾城，又败于柘皋，但高宗仍一心求和。绍兴十一年（1141）十一月，和议达成；绍兴十一年十二月二十九日（1142年1月27日），岳飞冤死；绍兴十二年（1142），韦太后回銮。当然，在金人手里受尽屈辱的韦太后未必和赵构是一样的想法，明人郎瑛《七修类稿》"宋后道服"条记载韦氏后人的传说：韦太后"归至临平，因问：'何不见大小眼将军？'人曰：'岳飞死狱矣。'遂怒帝，欲出家，故终身于宫道服也"。

　　和议达成，韦后归来，可能解决了高宗政权交接的合法性问题，下一步就是大张旗鼓地展示这种合法性了。绍兴十二年三月十八日，诏令"临安府于城内择地，依礼制建筑社稷坛壝，其行事官致斋所亦随宜修盖"[3]。临安城作为都城的大规模建设正式开始。五月，太庙内修建别庙三间。十一月十二日，修内司承受提辖王晋锡汇报：要"将射殿修盖两廊，并南廊殿门，作为崇政殿"，并在皇城司近北一带找地方修盖垂拱殿；过了两天，又要求射殿再增设两个朵殿。这时的高宗一改"不欲增广行阙，重困民力"的态度，一概应允。十三年（1143）正月，利用岳飞的宅子改作国子监和太学；二月，殿前都指挥使杨存中汇报，找到龙华寺西空地，合适用作修筑祭天圆坛；三月，景灵宫万寿观建成；八月，在城外朝路边筑城壁；十二月，在清河坊糯米仓巷西街北殿前司营寨用地建秘书省。十四年（1144），用景灵宫南墙外的草场用地扩建景灵宫。十五年（1145），在射殿东建神御殿一座。十六年（1146），太庙向西扩建六间。十七年（1147），建太一宫。十八年（1148）三月，皇城南门名曰丽正，北门名

[1]〔清〕徐松辑，刘琳、刁忠民、舒大刚等点校：《宋会要辑稿·方域二》，上海古籍出版社，2014年。

[2]〔宋〕礼部太常寺：《中兴礼书》卷九五《修盖太庙别庙》"十年正月八日知临安府张澄言"，清蒋氏宝彝堂抄本。

[3]〔清〕徐松辑，刘琳、刁忠民、舒大刚等点校：《宋会要辑稿·礼二三》，上海古籍出版社，2014年。

曰和宁；五月，在太一宫斋殿后空地修盖景灵宫道院；六月，要求临安府在临安城之东择爽垲地，建九宫贵神坛壝；八月，搬迁大理寺刑狱，用地并入景灵宫。二十一年（1151），拆韩世忠宅并入景灵宫。二十四年（1154）二月，丽正门外东壁的修内司空地，建入皇城门；九月，建天章阁等。二十六年（1156），建执政府、左右相府。二十七年（1157），展修六部。二十八年（1158）六月，建皇城东南外城，后新南门名曰嘉会；九月，垂拱等三殿修盖完成。三十二年（1162），"诏行在望仙桥东新葺宫室以'德寿宫'为名"。[1]从绍兴十二年到绍兴二十八年这十六年，可以看作临安城的一次脱胎换骨，经过这一期的建设，临安城才真正成为南宋皇城。

时至今日，南宋的辉煌已经很难在杭州城中被发现了，近年来的考古工作为我们揭开了南宋宫廷神秘面纱的一角，我们将从太庙、大内、德寿宫这三处颇有发现的遗址出发，来探究一下南宋宫廷的为祀之道、为政之道和为孝之道。

---

[1] 〔清〕徐松辑，刘琳、刁忠民、舒大刚等点校：《宋会要辑稿·方域二》，上海古籍出版社，2014 年。

第二章

国之大事唯祀与戎——南宋太庙

一、历史背景

"国之大事，唯祀与戎"，作为一个现代人，很难理解宗庙社稷对于一个传统中原王朝的重要意义。所谓"祀与戎"，"戎"是指军事活动，泛指国家统治的暴力机器，而"祀"就是指祭祀上的主祭权，象征统治的合法性。中原王朝，被征服的一个标志就是侵略者"毁其宗庙，迁其重器"。建炎元年（1127）四月，金人退兵北去，带走了徽宗、钦宗。五月，赵构在应天府（今河南商丘南）即位，七月就派官员到东京汴梁（今河南开封）迎奉太庙神主到他所在的军营（行在）。

虽然高宗即位之初曾经发诏说："奉元祐太后如东南，六宫及卫士家属从行，朕当独留中原，与金人决战。"[1] 显示出抗金决心，但不久就改口："京师未可往，当巡幸东南。"九月，派遣徽猷阁待制孟忠厚迎奉太庙神主赴扬州。此后，金兵一路南侵，"据两河州县"，而赵构于十月"登舟幸淮甸"，实际上是逃到了扬州。

次年正月，戎马倥偬之际，甲午日，赵构到寿宁寺拜谒祖宗神主。同年十一月庚子日，再次到寿宁寺朝飨祖宗神主。所谓"朝飨"，是古代祭祀大典的一种。在困难的战争年代仍然不断地举行祭祀仪式，实际上也是高宗在不断地宣誓政权的合法性。而就在十一月，金人围陕州，陷延安府、濮州、开德府、相州、德州、淄州；十二月，犯东平府、济南府，陷大名府、袭庆府、虢州等，兵锋直指扬州。

建炎三年（1129）二月，江淮制置使刘光世在淮河阻击金人，敌未至，自溃。壬子日，内侍邝询报告金兵已经到了，高宗骑马披甲逃到镇江府；癸丑日，游骑至瓜洲，太常寺少卿季陵迎奉太庙神主逃跑，被金兵追上，慌乱中甚至丢失了宋太祖的神主牌位。六月，高宗诏谕中外："以迫近防秋，请太后率宗室迎奉神主如江表，百司庶府非军旅之事者，并令从行。"[2] 十月，高宗到了杭州，

---

[1]〔元〕脱脱等：《宋史》卷二四《高宗一》，中华书局，1985年。
[2]〔元〕脱脱等：《宋史》卷二五《高宗二》，中华书局，1985年。

十二月到了明州（今浙江宁波），次年二月到达温州，实际上是一路逃到了温州。

　　绍兴元年（1131），在各路军民的抗击之下，金兵北归，韩世忠在扬子江邀击金兵，数胜一败，这就是著名的"黄天荡之战"。此后，金兵就不敢渡江南下，而高宗也从温州返回，驻扎在越州（今浙江绍兴）。同年九月，高宗命令宗室右监门卫大将军赵士芑代表自己朝飨温州太庙，这是告慰祖先政权初步安定下来了。此后，南宋太庙就一直暂留在温州。

　　直到绍兴五年（1135），高宗才派太常少卿张铢从温州奉迎太庙神主至临安（今浙江杭州）。当时临安城并没有太庙，二月己丑日，诏建太庙。四月，太庙神主从温州到达，并被安置在新建太庙内，史书称"奉安太庙神主"。[1]五月，在新建的太庙，高宗举行了祭祀仪式。从此，南宋太庙才正式在杭州安定下来。

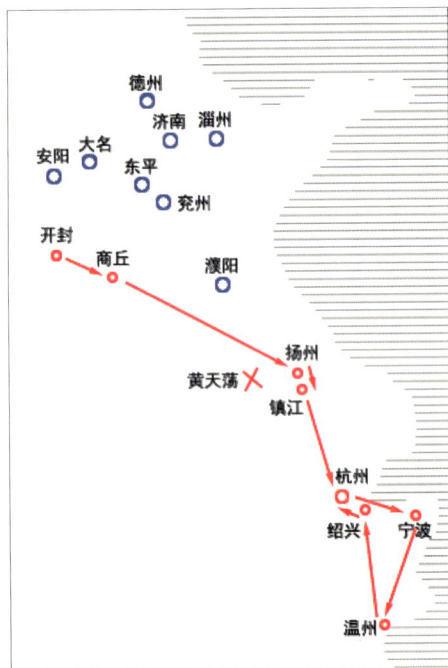

金军进攻南宋示意图

---

　　[1]　〔元〕脱脱等：《宋史》卷二八《高宗五》，中华书局，1985年。

二、考古成果

南宋太庙遗址先后进行了两次考古发掘，第一次发掘是在1995年5月至9月，第二次是在1997年底至1998年2月。

1995年的发掘为搞清南宋太庙的范围，杭州市文物考古所先在发掘区的西部布探沟2条，其中东西向探沟编号为T1，规格为25米×4米，发现明清时期的道路遗迹；南北向探沟编号为T2，规格为30米×4米，发现一处明清时期的水池及木桩遗迹。明清以后地层因故未继续下挖。6月13日，又在太庙巷东段北侧布东西向探沟1条，编号为T3，规格为42米×4米，发现南宋大型夯土基础和部分墙体遗迹；在太庙巷中部北侧，布东西向探沟2条，编号分别为T4、T5，规格均为20米×4米，发现零星的木桩及砖块。由于后期扰乱极为严重，至1.5米深处未再下挖。8月2日，为搞清夯土基础的整体结构，又在T3北侧扩方，编号T6、T7，其中T6为正方形，规格为10米×10米，T7为6米×7米，相继发现了夯土基础的延伸部分及砖墙等遗迹。同时，为搞清夯土基础向南延伸部分的情况，T3南侧也作小规模扩方，编号T3扩，规格为3米×6米。由于T3东端发现的部分墙体遗迹破坏较严重，为搞清其整体结构，沿着该段墙体的大致走向，自南而北又相继布小型探沟5条，编号为T8、T9、T10、T11、T12。其中T8为东西向，规格为6米×3米；T9为东西向，规格为7米×3米；T10为正方形，规格为6米×6米，东部少量扩方；T11方向为北偏东11度，规格为10米×5米，发现门址后探沟向南扩方，使之与T9相连；T12为东西向，规格为6米×3米。该墙体在向北所布的探沟中均有发现，而且在其外侧又发现了南宋时的道路遗迹，结合墙体的构筑规模及其门址的发现判断，这段墙体乃是南宋太庙的东围墙，或称东庙垣。至9月20日，该年度的发掘工作基本结束，发掘总面积近900平方米，发现南宋太庙的东围墙、东门门址及大型夯土基础等重要遗迹。

1997年底至1998年2月，杭州市文物考古所对太庙遗址进行了补充（第二次）发掘。此次发掘共布探沟3条，探沟号顺延1995年编号，为T13、T14、T15，其中T13方向为北偏东15度，规格为5米×16.5米，探沟北端局部与T10重叠；T14、T15均为正南北向，规格分别为7米×15米和2米×5米。T14位于该遗址第一次（1995年）发掘范围的北部偏东处，新发现夯土基础、础石及砖铺地面遗迹。T13和T15位于发掘区的东侧，临近中山南路，对1995年未发掘的部分东围墙和道路遗迹进行了补充清理。这次发掘面积近200平方米。

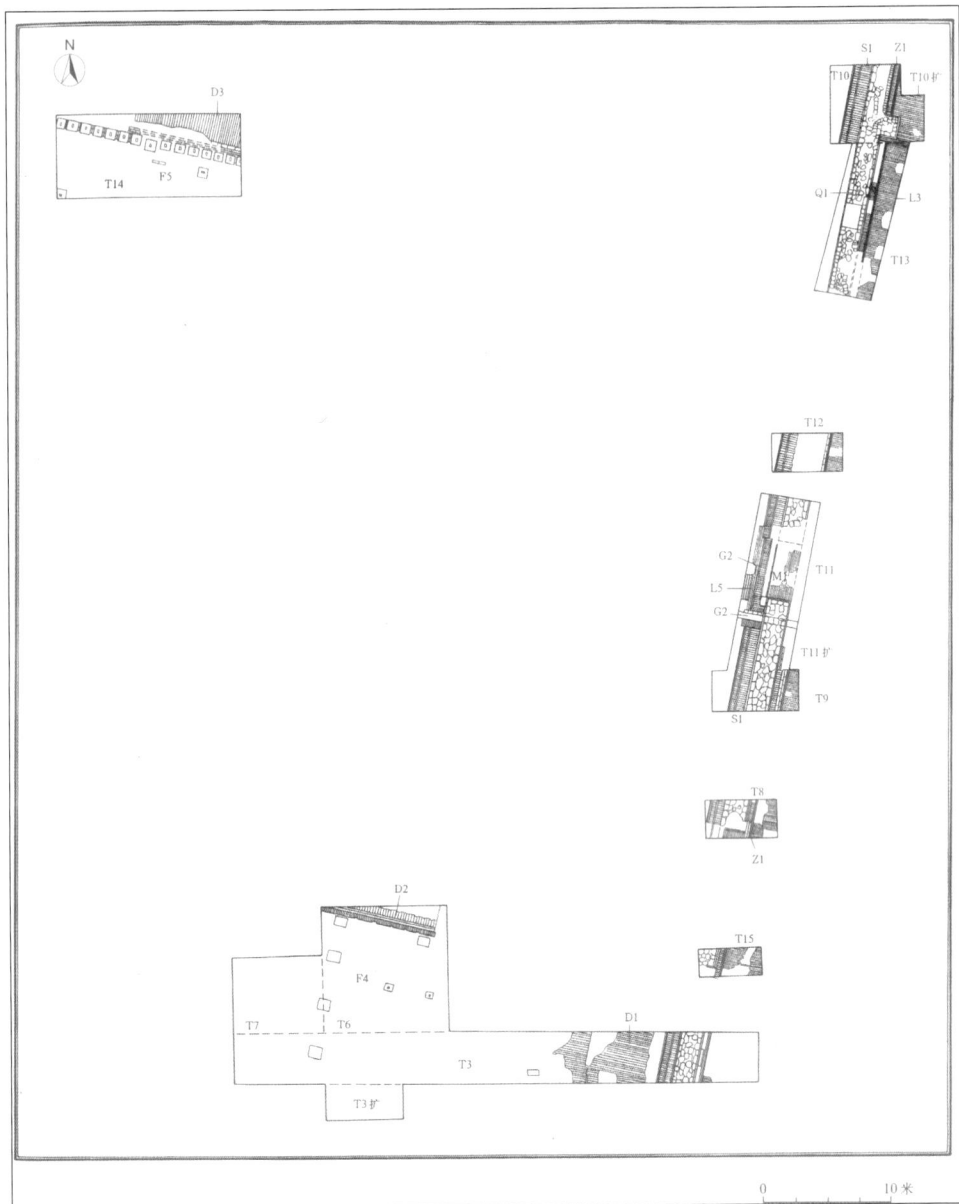

南宋太庙遗迹分布图

　　两次发掘共布探沟15条，发掘总面积近1100平方米。探沟主要集中于发掘区的东部和南部。发掘揭露：（1）叠压于第2层下的明清遗迹，砖砌道路遗迹L1，房屋基址F1、F2，水池遗迹C1和C2；（2）叠压于第3层下的元代遗迹，砖砌道路遗迹L2，房屋基址F3；（3）叠压于第4层或第3层下的南宋遗迹，太庙东围墙遗迹Q1，东门门址M1，房屋基址F4、F5，室外砖铺地面D1、D2、D3，砖铺道路遗迹L5，排水设施S1和G1、G2，砖砌结构Z1，御街遗迹L3，道路遗迹L4。

　　其中，围墙遗迹Q1位于整个发掘区的东部，在太庙巷东段北侧布置的T3探坑东端发现的部分墙体遗迹破坏较为严重。为搞清楚整体结构，沿着该段墙体的大致走向，由南而北相继布小型探沟5条：T8、T9、T10、T11、T12。该墙体在这些探沟中均有发现：揭露长度约80米，围墙基础宽1.9米，墙身厚1.7米，残高0—1.1米，全部用规则条石错缝砌成，墙内用石块及黄黏土填充。从营建规格和用材看，该条石墙多用于宫殿院墙下碱，不同于一般的砖筑院墙，且其宽度达1.7米。在宋式营造中，围墙属"露墙"，"凡露墙，每墙高一丈，则厚减高之半；其上收面之广，比高五分之一。若高增一尺，其厚加三寸；减亦如之"。将这1.7米的宽度折算成宋营造尺为五尺半（以每尺0.309米计[1]），若依"每墙高一丈，则厚减高之半"之制，这段围墙的高度大于一丈。

南宋太庙遗址之东围墙遗迹（西北—东南）

南宋太庙遗址之东围墙及
散水（南—北）

[1] 李渟：《官尺·营造尺·乡尺——古代营造实践中用尺制度再探》，《建筑师》2014年第5期。

　　围墙内置散水沟，外侧为南宋御街。而且在其外侧又发现了南宋时的道路遗迹，结合墙体的构筑规模及其门址的位置判断，这段墙体为东围墙。故太庙东界应在今中山南路西侧约6米处。

　　东门门址M1位于已揭露的东围墙北段，门道宽4.8米。门址内有一门坎基槽，其南侧平置一长方形柱础石，北侧柱础无存，说明原建有门楼。门道内有一向西延伸的道路L5，其宽度略大于门址，约5.55米。

南宋太庙遗址之东门门址

　　房屋基址F5位于发掘区中部偏北，仅发现其局部遗迹，面积约105平方米。房屋基础为一大型夯土台基，其北侧发现后檐墙基础一段，近东西向，揭露长度14.8米，并向东西延伸。该墙基建造方式独特，系用15块大小不等的方形柱础石平置，柱础石间留有20—28厘米不等的空隙，空隙处以长方砖侧砌嵌实。墙基北侧用长条砖包砌，宽约0.45米，外侧接砖面，从铺设方式来看，应为室外砖面。

　　发掘区域东南部另发现一房屋基址F4，揭露面积约250平方米。夯土台基北侧发现了东西向的砖墙基础，残长9米，厚0.33米，由长方砖侧砌而成，相当规整，视为后檐墙，砖墙外侧再以平砖包砌，外接砖面。紧靠后檐墙基础内侧发现两柱础石1号、2号，其中1号柱础石稍大，边长大于74厘米，它们中心点的间距为6米。台基中部另发现规格较小的柱础石3号和4号，它们中心点的间距为3.45米。在1号柱础石的南部发现3个纵向排列的柱础坑，编号为5号、6号、7号，大多长120厘米、宽110厘米、深45厘米。

F4、F5发现的长方砖的规格为长37厘米、宽17厘米、高7厘米，折算成宋营造尺，约为长一尺二寸、广（宽）五寸五分、厚（高）二寸三分。这个尺寸应是经过磨、斫后的尺寸，因而，原砖坯的长度应大于一尺二寸，而厚度可能是二寸五分，与宋《营造法式》中一种长一尺三寸、广六寸五分、厚二寸五分的条砖相近，主要用于殿阁、厅堂、亭榭等建筑。

这些发现表明，在太庙巷东北附近有建筑群，因此太庙南垣不可能到太庙巷就截止。据《皇城图》所示，太庙南邻瑞石泉，现称

南宋太庙遗址之房屋基址F4后檐墙及室外砖铺地面

南宋太庙遗址之房屋基址F5与室外砖铺地面

紫阳泉，根据当今紫阳泉位置，大致可确定太庙南垣应到紫阳山麓。故太庙南界在景定五年（1264）以后可至今紫阳山北麓，现太庙巷以南的太庙巷小学、原江干区垃圾中转站、原江干区红十字会医院等单位皆应在太庙范围内。太庙北、西界由于考古发掘场地限制和文献稀缺，尚不明确。[1]

考古成果比较虽然准确揭示了太庙遗址的位置，但是由于揭示面积过小，很难判断我们看到的遗址究竟是太庙的哪些部分，那些困扰我们的问题仍然没有得到解决。南宋太庙究竟是一组院落还是一个院落？南宋太庙和明清太庙一样除了大殿外还有寝殿吗？南宋太庙与明清太庙一脉相承形式类似？太庙大殿是朝南还是朝东？除了大殿外，还有什么建筑？要回答这些问题，我们不得不回到唐宋礼制演变中一探究竟。

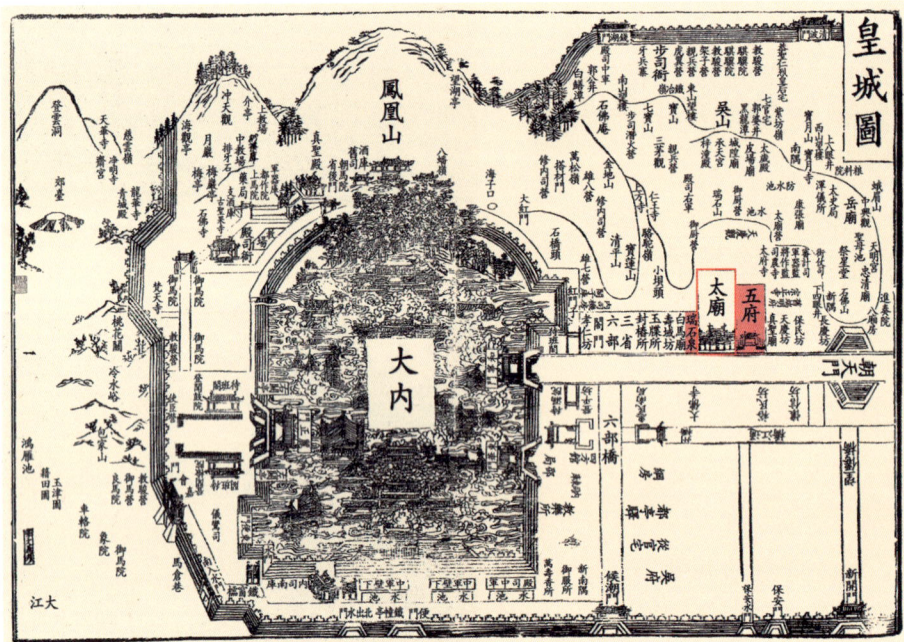

《皇城图》（引自《咸淳临安志》，姜青青重制）

---

[1] 参见杭州市文物考古所：《南宋太庙遗址》，文物出版社，2007年。

三、礼制的演变

宋人自己认为本朝的典章制度大多承袭唐制，神宗元丰年间（1078—1085），朝廷设置专管礼仪事务的太常寺，当时枢密直学士陈襄就说："国朝大率皆循唐故，至于坛壝神位、法驾舆辇、仗卫仪物，亦兼用历代之制。"[1]但事实并不完全如此，礼仪制度往往要服从政治现实，不得不在制度上创新。作为国家祭祀的太庙制度，即便基于共同的儒家宗法制度，但随着现实政治的发展，唐宋两朝还是发展出了各自的特点。

1. 唐代重新梳理建立的礼制基础

经过隋唐之际的大动乱，当时的人认为，从秦始皇焚书坑儒后，儒家制度就已经失传了，虽然经过汉、魏、晋的努力恢复，但宗庙制度仍然有很多自相矛盾的理论。《旧唐书》的原文是："自义乖阙里，学灭秦庭，儒雅既丧，经籍湮殄。虽两汉纂修绝业，魏、晋敦尚斯文，而宗庙制度，典章散逸，习所传而竞偏说，执浅见而起异端。"这是说儒家的礼乐制度，从秦代焚书坑儒以来，主要的典籍、制度、仪式都已经失传了，虽然经过汉、魏晋各朝的恢复，但对于皇家的宗庙制度各家众说纷纭。因此，唐朝建立后就开始重新梳理文化制度，作为帝国软实力的重要体现，其中最为主要的就是重建宗庙制度。

（1）七庙制度

唐朝建立后，当时官方主流认识是："《春秋穀梁传》及《礼记·王制、祭法、礼器》《孔子家语》，并云：'天子七庙，诸侯五庙，大夫三庙，士二庙。'《尚书》曰：'七世之庙，可以观德。'至于孙卿、孔安国、刘歆、班彪父子、孔晁、虞憙、干宝之徒，或学推硕儒，或才称博物，商较今古，咸以为然。故其文曰：'天子三昭三穆，与太祖之庙而七。'"[2]这也就是说从《春秋穀梁传》到《孔子家语》各种典籍都记载：天子的祭祖，应该要祭七代，才显

---

[1]〔元〕脱脱等：《宋史》卷九八《礼一（吉礼一）》，中华书局，1985年。

[2]〔后晋〕刘昫等：《旧唐书》卷二五《礼仪五》，中华书局，1975年。

得这个家族足够古老、久远，有足够德行统御天下。同时，天子立七庙、诸侯立五庙、大夫立三庙、一般士人立二庙，也是天子与诸侯臣下们拉开距离，树立等级关系的重要手段。

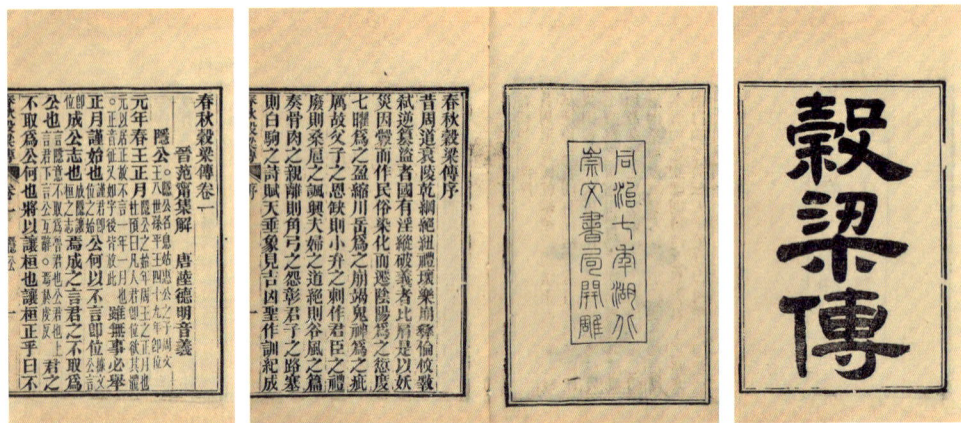

《春秋穀梁传》〔清同治七年（1868）刊本〕书影

但是，秦汉以后，王朝肇建之始，开国君主往往起于微末，《新唐书》说："殷、周之兴，太祖世远，而群庙之主皆出其后，故其礼易明。汉、魏以来，其兴也暴，又其上世微，故创国之君为太祖而世近，毁庙之主皆在太祖之上。"[1] 这是说出了殷、周的封建制度与后世帝国的差距，殷、周都是先受封后建国，而后世帝国都是马上得天下。即便是李唐王朝，原来是北周的大贵族，也仅仅能追溯四世，立国之初仅立四庙。而到了唐代末期，太庙同时祭祀十一室。室与庙，在唐宋实际上同质而异名，汉代的宗庙是一庙一个建筑，而魏晋以降，采取同殿而异室的方式，也就是每个过世的皇帝不再是单独占据一个建筑，而是在太庙建筑里占一个套房。那么这七庙的制度中为何会出现四庙、十一庙这么大的差距呢？则必须从七庙的组成——昭穆制度说起。

（2）昭穆制度

"天子三昭三穆，与太祖之庙而七。"昭和穆是什么意思呢？郑玄注曰：

---

[1]〔宋〕欧阳修等：《新唐书》卷一三《礼乐三》，中华书局，1975年。

"自始祖之后，父为昭，子为穆。"也就是说，昭穆制度是一种排序方法，始祖在宗庙中居中，以下子孙分别排列左右两列，左为昭，右为穆。始祖之子为昭，始祖之孙则为穆；始祖孙之子又为昭，始祖孙之孙又为穆。为什么祖先要分为昭穆呢？正如《礼记·祭统》所说："夫祭有昭穆。昭穆者，所以别父子、远近、长幼、亲疏之序而无乱也。"这样一来，在昭穆的排列中，父子始终异列，祖孙则始终同列。另外，在墓地的葬位也同样以此为标准分为左右次序。在祭祀时，子孙也要按照这样的规定来排列次序，用以分别宗族内部的辈分。

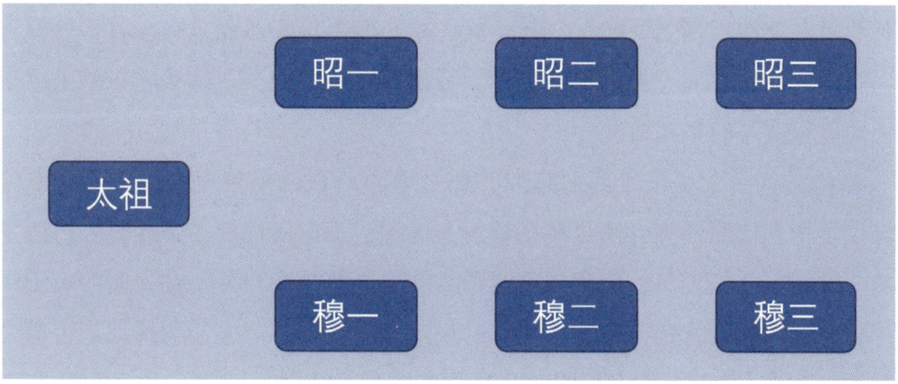

昭穆制度图示

天子立七庙，祭祀七代祖先，那么，子孙繁衍，超过七代以上怎么办呢？这就需要配套的祧迁制度。什么是祧？《礼记》说"远庙为祧"，也就是远祖的庙是祧庙。那么什么叫"祧迁"呢？

（3）祧迁制度

祧迁就是要把超过七代的祖先迁出太庙，典籍称为"亲尽则迁"。迁到哪里去，唐代人曾经议论过四种方案，《新唐书》记载："一曰藏诸夹室，二曰置之别庙，三曰迁于园寝，四曰祔于兴圣。"[1]从实际操作看，藏诸夹室的最多。祧迁制度中还有两个例外：一、太祖之庙，百代不迁；二、有功不迁。其中，比较有意思的是太祖的认定。礼制中规定，太祖是始封之君，其实从秦灭六国后，"封建之事"本就越来越少了，唐朝祖先也就是李渊的爷爷李虎被封为

---

[1] 〔宋〕欧阳修等：《新唐书》卷一三《礼乐三》，中华书局，1975年。

唐公，所以唐朝的祭祀以李虎为太祖，称景皇帝，而真正的开国皇帝李渊、李世民，唐人的评价是："高祖神尧皇帝，创业经始，化隋为唐，义同周之文王。太宗文皇帝，神武应期，造有区夏，义同周之武王。"[1]所以，这两位仅仅是有功不迁的代表。"辨庙祧之昭穆"是为了什么呢？主要是为了在禘祫之祭中排列位置。那么，什么是禘祫之祭呢？

（4）禘祫之祭与东向为尊

禘祫是指宗庙之礼，禘、祫、亲郊、封祀、朝享、告谢及新主祔谒都是大祀。三年一祫，五年一禘。《新唐书》记载："祫以昭穆合食于太祖，而禘以审谛其尊卑，此祫、禘之义。""礼，禘、祫，太祖位于西而东向，其子孙列为昭穆，昭南向而穆北向。虽已毁庙之主，皆出而序于昭穆。"禘祫之祭就是用来明确长幼尊卑次序的祭祀典礼。

禘祫之祭中太祖位于西而东向，那么坐西面东就是祭祀中最重要的方位，这仅仅是指礼仪活动呢，还是包括建筑布局呢？不论唐代的《开元礼》，还是宋代的《政和五礼新仪》，记载都很清晰，禘祫之祭是在户外，在太庙的院子举行的，临时性的陈设肯定符合面东为尊的规定。太庙内部"室"的排列是否遵循这个规则，唐代的记载是不清晰的，南宋的《中兴礼书》记载："今契勘在京庙制，每室东设户，西设牖，西墙作祏室，藏祖宗帝后神主，又有东西夹室，其夹室止设户。见今行在太庙系随宜修盖，未曾安设祏室，今既创行修盖，即合体仿在京庙制，同殿异室修盖，及将殿东西作两夹室，其两夹室止合设户。一十一室依庙制设户牖。其殿南北深七丈，每室于西壁从北以南一丈二尺作厚墙，随宜安设祏室，其西夹亦合设祏室。"[2]由此可见，宋代的庙制，不但太祖东向，每个皇帝在自己的室内都是东向的。

（5）别庙制度

别庙是指除了太庙之外其他祭祀祖先的宗庙，主要有两种：一种是为祧迁出去的皇帝另建的庙；另一种是专为皇后而建的别庙。因为礼制规定太庙内只能

---

[1]　〔后晋〕刘昫等：《旧唐书》卷二五《礼仪五》，中华书局，1975年。

[2]　〔宋〕礼部太常寺：《中兴礼书》，清蒋氏宝彝堂抄本。此处"室"是指供奉神主牌位的石龛。

一帝配享一个皇后，那么一帝有两个皇后，或者母以子贵而追封的皇后，不能祔庙的皇后，都进入别庙祭祀。一般第一种别庙有异地安置的，而第二种别庙离太庙都很近，因为禘祫大祭时，这些皇后也是要配享的。

上面这套宗庙制度，与宗法继承制度中典型的父死子继的王朝更迭模型完全符合，是一个非常完美的设想；但是现实中的皇位更替，除了父死子继的方式，还有各种意外，比如还有兄终弟及的方式，比如唐代的敬宗、文宗、武宗三朝，以及宋代的太祖、太宗两朝。这又会带来什么问题呢？而我们考察唐宋两代的太庙，真正保持七庙制度的时间非常短，唐宋两代有过四室、五室、六室、七室、九室、十一室、十二室等各种太庙。到了王朝晚期，祭祀的过世皇帝越来越多，到了南宋孝宗朝，太庙最多时有十二室。这又是为什么呢？

2. 唐太庙的变化与演进

唐太宗建立的七室太庙完全符合理论上的宗法模型，在唐代最初皇室传承中是运行得比较顺畅的。祧迁制度争议出现在皇位由兄终弟及方式继承的中宗、睿宗和敬宗、文宗、武宗两次祧祔[1]的过程中，这实际上就是兄终弟及的现实与父死子继的宗法模型之间的矛盾。争议主要在两点：一是兄弟皇帝的昭穆位序怎么排；二是弟弟新祔后哥哥是否需要祧迁。事实上，中宗就曾经被迁至别庙，但是这仍然引起社会争议，最后唐皇室采用了折中的处理方式：一方面兄弟是同一昭穆位，另一方面同代的皇帝同时都进入太庙。因此，由于有了中宗、睿宗的兄弟继承，玄宗做的修正就是八世九室，到了敬宗、文宗、武宗又出来一批兄弟皇帝时，就不得不扩充到九世十一室。也就是说，唐末时太庙中同时供奉九世十一位皇帝。

---

[1] 祧：古人把隔了几代的祖宗的神主迁入太庙；祔：古人把大行皇帝（古代称初死而尚未定谥号的皇帝）神主迁入太庙。

表1 唐代太庙祧祔概述

高祖武德元年（618）	始享四室	
太宗贞观九年（635）	增修太庙，始崇祔弘农府君及高祖神主，并旧四室为六室[1]	六室时期
高宗贞观二十三年（649）八月	太宗文皇帝神主祔于太庙，迁弘农府君	
睿宗文明元年（684）八月	奉高宗神主祔于太庙中，始迁宣皇帝神主于夹室	
中宗神龙元年（705）	以孝敬皇帝为义宗，升祔于太庙	从此开始七室
睿宗景云元年（710）	祔中宗，迁义宗	
玄宗开元四年（716）	祔睿宗，迁中宗	
玄宗开元十一年（723）	祔宣皇帝，还中宗	从此开始九室
代宗宝应二年（763）	升祔玄宗、肃宗、献祖、懿祖已从迭毁	
德宗建中四年（783）	祧元皇帝于西夹室，祔代宗神主	
顺宗永贞元年（805）	祧高宗神主于西夹室，祔德宗神主	
宪宗元和元年（806）	顺宗升祔，中宗迁于太庙夹室	
穆宗元和十五年（820）四月	宪宗升祔，置睿宗皇帝神主石室	
敬宗长庆四年（824）	穆宗升祔，祧迁玄宗神主	
武宗开成五年（840）	文宗升祔，祧迁代宗神主	
宣宗会昌六年（846）	于太庙东间添置两室，定为九代十一室之制	十一室自此始

［1］关于贞观九年（635）太宗命令有司详议庙制，扩充为六室，参见〔后晋〕刘昫等：《旧唐书》卷二五《礼仪五》，中华书局，1975年。贞观十四年（640），《旧唐书》记载宗庙庙乐，已为七室。以此推论唐太宗最终建立七室太庙。

唐末黄巢起义中，唐代宗庙被毁。当时的修奉太庙使宰相郑延昌有一段话："太庙大殿十一室、二十三间、十一架，功绩至大，计料支费不少。兼宗庙制度有数，难为损益。"[1] 理解这段话非常吃力，这里的"室"和"间"与我们传统古建筑中常见的三、五、七、九、十一开间的建筑形式有什么关系，是如何相互影响的，值得我们仔细思考。而《大唐郊祀录》记载："其庙三分，宫之一近北面南，九庙皆同殿异室，其制一十九间，四柱，东西夹室各一，前后面各三阶，东西各二侧阶。"[2] 一个二十三间，一个十九间，这中间的差距何在？《大唐郊祀录》又称《唐贞元郊祀录》，贞元是唐德宗的年号，这是九室太庙时期，而十一室时期增加两室，即增加四间，可见每室两间。唐代的夹室所谓的"一"仅仅是四柱落地的一间吗？答案是否定的，《旧唐书》记载："（元和十五年）礼部奏：准贞观故事，迁庙之主，藏于夹室西壁南北三间。第一间代祖室，第二间高宗室，第三间中宗室。"[3] 所以整个西夹一共是三间。古人常以四柱落地为一间，由此是否可以推断进深方向立四排柱呢（外面应该还有围廊）？那么为什么九室不是十八间，十一室不是二十二间呢？关键必须回到禘祫之祭中东向为尊的观念：太祖三室而向东，其他的两室按昭穆排序。从开间上太祖占西侧第一间，九室时每侧四室，每室两间，加上东西夹，就是我们常说的十一开间大殿，而十一室时是十三开间大殿。

我们不得不面对的另一个问题是，传统建筑的开间往往是明间大于次间、次间大于梢间、梢间大于尽间，由于尽间是两个封闭的夹室，那么太祖据西侧第一间不是占据了个梢间的位置吗？我们推测，唐代的礼制由于已经有东向为尊的标准，各开间很可能是同等大小，不像后期建筑明间最大。唐代太庙的特点是：两端设夹室，太祖居西侧第一间，纵向三间，其他皇帝每人横向两间，按昭穆排列。

---

[1] 关于郑延昌的描述，参见〔宋〕王溥等：《唐会要》卷一七《祭器仪》，上海古籍出版社，2012 年；〔后晋〕刘昫等：《旧唐书》卷二五《礼仪五》，中华书局，1975 年。

[2] 〔唐〕王泾：《大唐郊祀录》，《适园丛书》本。

[3] 〔后晋〕刘昫等：《旧唐书》卷二五《礼仪五》，中华书局，1975 年。

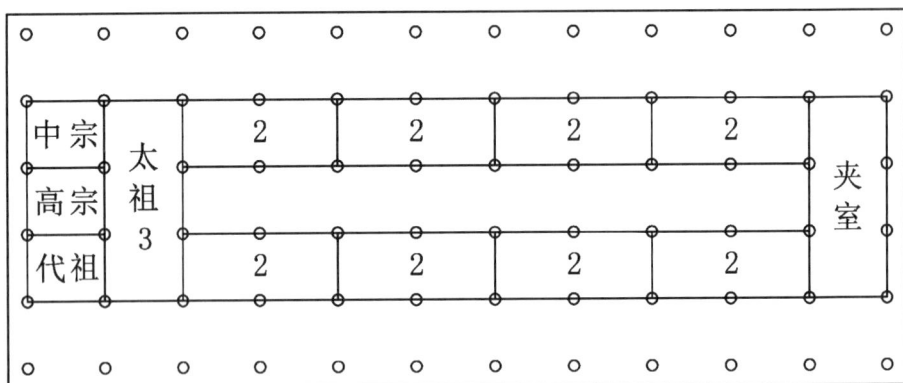

唐代九室两夹太庙平面示意图

3. 北宋太庙

宋代开国，制度大多模仿唐朝，建国初期的太庙也是追溯四代。但是，宋代情况更加复杂。首先，宋太祖赵匡胤祖上更加平民化，找不出一个始封之君，赵匡胤就是太祖。其次，赵匡胤不明不白地把皇位传给了弟弟，开国之后马上来了个兄终弟及。因此，宋真宗时就为了是否应该在祭祀中称呼太祖为皇伯考妣而引发争执，当时有人就看出太宗一支的皇室有意弱化太祖的地位，要把太祖、太宗置于同一昭穆位序的企图，《宋史》记载当时的一些说法："古者，祖有功，宗有德，皆先有其实而后正其名。今太祖受命开基，太宗缵承大宝，则百世不祧之庙矣。岂有祖宗之庙已分二世，昭穆之位翻为一代？……必若同为一代，则太宗不得自为世数，而何以得为宗乎？不得为宗，又何以得为百世不祧之主乎？"[1] 而北宋皇室为了强调自己的正统性，始终有意压制太祖一脉，因为一旦太祖正位居中，太宗不得不就昭位，昭位是儿子的位置，无形中太宗一支低了一辈，这是北宋皇室所不愿意看到的。在太庙内供奉的皇帝未满七世时，矛盾不激烈，到了真宗去世时，供奉的皇帝已达七位，这时已经有人提出要祧迁最早的僖祖（赵匡胤的高祖），但是官方说僖祖到真宗才六世，不必祧迁。仁宗一去世，当时的奉修太庙使蔡襄急忙抛出了一个八室图（这也说明最初太庙的空房

---

[1]〔元〕脱脱等：《宋史》卷一〇六《礼九（吉礼九）》，中华书局，1985年。

间都已经满了），但是官方仍以七世为借口不愿进行祧迁。要保留追溯的祖先，这实际上是用孝道压制太祖的正统之位，因为只要有先祖在，太祖就不能祭祀时居正中面东之位。到了英宗去世，再无理由不对僖祖神位进行祧迁。仅仅几年以后，王安石就抛出了所谓的"僖祖是始祖"说，这是新党的一次政治投机，不仅是太庙的祧迁。大祭时的排位，连祭天、祭神的配位究竟以僖祖还是太祖为尊，都成了新旧党争的重要内容。崇宁（宋徽宗）以后，不但僖祖不再祧迁，已经祧迁的宣祖、翼祖都恢复了庙室，北宋的太庙最终定型于十室。

表2 北宋太庙祧祔概述

太祖时	四室，室三间	
太宗时	东西留夹室外，余十间分为五室，室二间	五室
真宗、仁宗时	东西十六间，内十四间为七室，两首各一夹室	七室
英宗时	修奉太庙使蔡襄上八室图，为十八间	八室
神宗时	同堂八室，庙制已定，祧僖祖及后，祔英宗	八室
哲宗时	今神宗皇帝崇祔，翼祖在七世之外，与简穆皇后祧藏于西夹室，后祔神宗神主于第八室	
徽宗时	今存宣祖于当祧之际，复翼祖于已祧之后，以备九庙，增太庙殿为十室	十室

这样的政治环境导致宋代太庙与唐代有什么不同呢？宋太宗朝修太庙，太常礼院上书："按唐制，长安太庙凡九室，皆同殿异室。其制二十一间（《旧唐书》记载是二十三间），四柱，东西夹室各一。前后面各三阶，东西各二侧阶。即今太庙四室，每室三间，将来太祖皇帝升祔，共成五室。欲请依长安太庙之制，东西夹室外，分为五室，每室二间。"真宗刚刚即位，商量修建太庙时，太

常礼院又说："本院按《唐郊祀录》，庙各一室三间，华饰，连以罘罳，九庙皆同殿异室。其制二十间（《大唐郊祀录》记载是十九间）。"[1]

可以看到，宋代初期太常礼院对唐代庙制的考证是非常错误的，是宋人疏漏吗？我个人认为更大的可能是回避，回避的就是太祖面东三间为尊这个大问题，因此宋人始终强调每室两间，仁宗朝康定元年（1040），直秘阁赵希言奏："太庙自来有寝无庙，因堂为室，东西十六间，内十四间为七室，两首各一夹室。"[2] 所以宋代的一室两间是进深方向的两间，而唐代的一室两间是开间方向的两间。可以解释为什么唐代记录的间数都是单数，而宋代不管怎么增室，间数始终是双数。唐代的室始终是七、九、十一单数跳跃增加，而宋代则会出现七、八、十室这样的顺序增加。

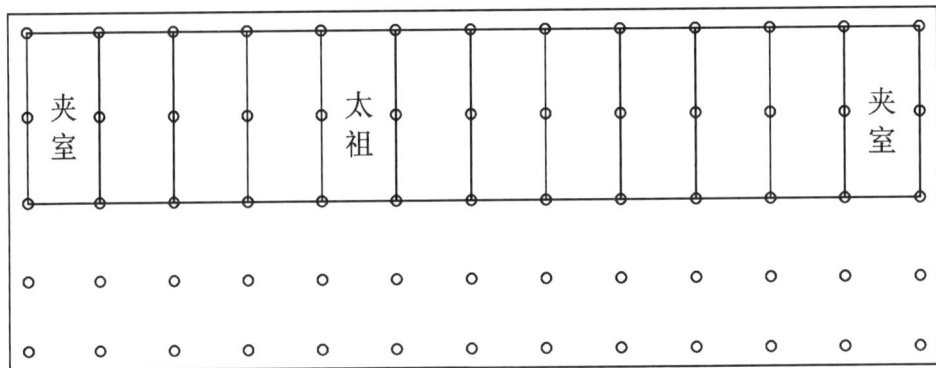

宋代十室两夹太庙平面示意图

［1］〔清〕徐松辑，刘琳、刁忠民、舒大刚等点校：《宋会要辑稿·礼一五》，上海古籍出版社，2014年。

［2］〔元〕脱脱等：《宋史》卷一〇六《礼九（吉礼九）》，中华书局，1985年。

四、南宋太庙

宋室南渡以后，从各个方面对北宋的灭亡进行反思，当时有人上书就讨论了礼制上对太祖的不公："暨熙宁之初，僖祖以世次当祧，礼官韩维等据经有请，适王安石用事，奋其臆说，乃俾章衡建议，尊僖祖为始祖，肇居东向。冯京奏谓士大夫以太祖不得东向为恨，安石肆言以折之。已而又欲罢太祖郊配，神宗以太祖开基受命，不许，安石终不以为然。元祐之初，翼祖既祧，正合典礼。至于崇宁，宣祖当祧，适蔡京用事，一遵安石之术，乃建言请立九庙，自我作古，其已祧翼祖、宣祖并即依旧。循沿至今，太祖尚居第四室，遇大祫处昭穆之列。今若正太祖东向之尊，委合《礼经》。"[1]太常丞王普也上书："迨至熙宁，又尊僖祖为庙之始祖，百世不迁，祫享东向，而太祖常居穆位，则名实舛矣。傥以熙宁之礼为是，僖祖当称太祖，而太祖当改庙号。然则太祖之名不正，前日之失大矣。今宜奉太祖神主居第一室，永为庙之始祖。每岁五享、告朔、荐新，止于七庙。三年一祫，则太祖正东向之位。太宗、仁宗、神宗南向为昭，真宗、英宗、哲宗北向为穆。五年一禘，则迎宣祖神主享于太庙，而以太祖配焉。如是，则宗庙之事尽合《礼经》，无复前日之失矣。"但是，高宗、孝宗、光宗三朝并未改变北宋只增室而不祧迁的惯例，太庙达到了创纪录的十二室；到了宁宗朝，才把宋太祖之前四祖迁出，单独成庙，称四祖庙。《宋史·礼一〇》称："盖自昌陵祔庙，逾二百年而后正太祖之位。"到了南宋光宗祔庙，南宋太庙最终定型于以太祖为西侧第一室的九世十二室格局。

虽然有理念上的争论，现实政治中南宋基本延续了北宋的太庙制度，其间可以分为三个阶段，第一段以绍兴十一年（1141）的宋金议和为分界点，在此之前，一方面朝廷南渡初期，财力有限，主要用于应付军事开支，其他政府事务事事草创，另一方面政府始终要保持一个北伐收复失地的姿态，因此太庙的选址与定都一样，数易其址。在这种临时性的心态下，太庙也仅仅是勉强维持制度而已。宋金议和后，南宋朝廷就开始了太庙的营建，绍兴十二年（1142）、十三年

---

[1]〔元〕脱脱等：《宋史》卷一〇七《礼一〇（吉礼一〇）》，中华书局，1985年。

（1143）、十六年（1146）连续进行太庙的建设，并在十三年进行了高宗亲袷太庙的大典。到了绍兴十六年，太庙就基本按北宋的制度在临安建设成形。此后的太庙，仅仅是在此大格局下修修补补。

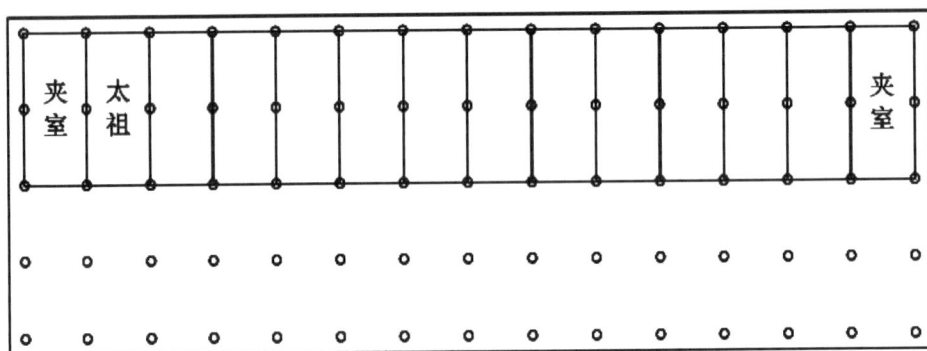

南宋十二室两夹太庙平面示意图

表3　南宋太庙营建重要事件（1135—1264）

时间	文献	内容	备注
绍兴五年（1135）	《中兴礼书》卷九五	（二月）十五日，权知临安府梁汝嘉言……昨曾踏逐南仓空地，若以盖造太庙，委是稳便……修盖瓦屋一十间，权充太庙。	位置：南仓空地
		依庙制，合设四神门，外更置棂星门二重。今来止修立棂星门，即未有神门，欲乞将西壁屋五间内那三间修作南神门，余二间依旧。……将见修南棂星门，却乞依于移东棂星门地步修立。	南门三间

续表

时间	文献	内容	备注
绍兴七年 （1137）	《中兴礼书》卷九五	五月六日，礼部、太常寺言：……实用东西长一十三丈一尺，南北深七丈一尺，画到图本，申纳朝廷……今来建康府若止遵依已降指挥修盖，东西通阔一十二丈四尺，系少六尺，南北共深四丈八尺，系少一丈二尺。若为难得长大材植修盖，只于殿前檐当中接出一丈二尺，随宜安设登歌乐，东西约用三丈，所有东西所设祭器等见阔六尺，将来委实难以依仪铺设祭器，若就地步趱那铺设，别无妨碍。	设计尺寸
绍兴十年 （1140）		正月八日，知临安府张澄言：……缘今太庙殿室，东西止阔七丈二尺，南北止深三丈一尺。……本府今相度于太庙殿两次间各添展一间，各阔二丈一尺，通本殿身，共七间。及于殿身前檐五间，各添插一椽，高一丈五尺。并于殿后将新添二间，与旧殿屋五间，共七间，各更添插两椽，通阔一十二丈四尺，深六丈。其后面两梢间转角，高与旧屋难以一平，微显两重檐槽，用护缝板钉接殿椽，遮影造作，即依得建康府太庙殿室地步丈尺。	七间殿初定
绍兴十一年 （1141）		宋金和议成。	
绍兴 十二年 （1142）	《中兴礼书》卷九五	（五月）二十六日，礼部、太常寺言：……一乞于太庙北墙外展套地步九丈，修建别庙，殿室三间……	
	《宋会要辑稿·礼一五》	（五月）二十六日，礼部、太常寺言：太庙殿室之后，修建别庙，安奉大行皇帝（后）神主。欲于见今太庙北墙外展套地步九丈，可以修建别庙殿室三间。其合修筑墙围，并修立别庙南棂星门，及修砌班道等，并乞依图本修筑安立。兼依大观二年建置别庙礼例，系各置神厨并斋舍，遇祭享，各差行事官。缘太庙别无地步，欲就用太庙神厨、斋舍。从之。	修建别庙

续表

时间	文献	内容	备注
绍兴十三年（1143）	《宋会要辑稿·礼二》	（九月）二十一日，礼部侍郎王赏等言：已降指挥，太庙斋居逼近庙室，致有喧杂，令礼部、太常寺同临安府相度地步增展。寻相度到太庙斋厅后隔墙南省仓内有敖四间，及傍有空地。若拆去敖屋，其地南北九丈、东西十一丈，可以将见今绞缚斋厅移那向后，兼北墙与别庙后墙一齐。诏依。	斋厅就位
绍兴十六年（1146）	《中兴礼书》卷九五	四月二十二日，礼部、太常寺言：……见今正庙七间，通设祖宗神主。至于安设礼器，地步狭窄。今相视西向墙内有地一十余丈，欲从西增建六间，通一十三间，为十一室，东西两间为夹室，以称严奉。兼见今太庙未有东西廊室屋，欲乞增盖廊庑及西神门，以应庙制。 五月九日，礼部、太常寺言：……今契勘在京庙制，每室东设户，西设牖，西墙作祧室，藏祖宗帝后神主，又有东西夹室，其夹室止设户。见今行在太庙系随宜修盖，未曾安设祧室，今既创行修盖，即合体仿在京庙制，同殿异室修盖，及将殿东作两夹室，其两夹室止合设户。一十一室依庙制设户牖。其殿南北深七丈，每室于西壁从北以南一丈二尺作厚墙，随宜安设祧室，其西夹亦合设祧室。 五月十五日，礼部、太常寺言：两浙转运司申，奉旨增修太庙，所有创盖祭器库屋五间，及拨移妨碍册宝殿三间未有地步。契勘得省仓屋三间，东西阔九丈，南北长一十丈，正在太庙地步北壁中。若行展套，可以随宜修盖。……除合展套西南角，今见墙外行路二丈，充行事官随宜过往道路，外有力斜照直，妨碍近北，东西二丈五尺，不须展套，可以随宜拨移修盖神厨等屋。	改七间为十三间。 每室立面形式：东设户，西设牖。 建祭器库屋、册宝殿
绍兴十九年（1149）	《宋会要辑稿·礼一五》	五月三日，太庙奉安所言：乞修盖将来大礼斋殿等，太常寺相视，得初献厅搭盖斋殿地步。	斋厅改斋殿

续表

时间	文献	内容	备注
乾道三年（1167）	《中兴礼书》卷九五	七月二日，礼部、太常寺言：勘会今来大行皇后（系安恭皇后）上仙，依昨来安穆皇后礼例，祭于别庙。今来别庙殿宇，见奉安懿节皇后并安穆皇后神主，系一殿两室。所有将来大行皇后神主祔庙，依典故合同殿异室。欲乞令礼官同两浙转运使司官相视，增修别庙为三室，各置户牖，以西为上。……诏依。	别庙两室扩建为三室
淳熙十四年（1187）	《中兴礼书续编》卷六八	（十一月）十九日，礼部、太常寺、两浙转运司、临安府言：臣等今月初六日躬亲前诣太庙奉安所相度，条具下项：一、将来大行太上皇帝神主祔庙，添置殿室一间，合阔一丈五尺，系在大殿东壁，与东门、廊屋及斋殿相连。若行掇移斋殿向东，委是费用工物浩大。今相度得自今东神门外斋殿基至太庙殿内东廊基有空地一丈五寸，若将空地增展修盖，尚少地段四尺五寸。臣等今欲将斋殿西廊那入向东四尺五寸，可以添置殿室一间，即无相妨。若依此修盖，其斋殿东廊亦那入向西四尺五寸。所有南神门、东神门及泰阶东踏道亦合取正盖造修砌。……诏依。	斋殿院子面阔变窄
绍熙五年（1194）	《建炎以来朝野杂记》甲集卷二	自绍熙五年冬始而别建一殿，以奉祧主于大殿之西，今谓四祖殿者是也。	建四祖殿
嘉泰四年（1204）	《宋史》卷三八	三月丁卯，临安大火，迫太庙，权奉神主于景灵宫。……辛未，诏修太庙。	大修

续表

时间	文献	内容	备注
嘉定十四年（1221）	《宋会要辑稿·礼一五》	正月二十八日，诏：太庙内添置石室一所，并开柜子门一座。……一、欲乞于皇帝位版屋西壁围墙宽阔去处，拆开围墙，添置柜子门一座，里外关锁。或致不测拥塞，街路不通，启开救护。一、欲乞照玉牒所体例，添置石室一所于蛇亭池子北壁面东，计置起造石室一带三间，以备不虞。所有见盖乐工屋一十二间，内五间移盖于蛇亭池子之西。外有乐工屋七间，拆去后壁夹墙，东移向后七尺，庶得于石室四向宽阔，实为便当。	建石室
绍定四至五年（1231—1232）	《宋史》卷四一	（四年）九月丙戌夜，临安火，延及太庙。……（五年春正月）壬寅，新作太庙成。	重建
景定五年（1264）	《咸淳临安志》卷三	以（太庙）垣南民居逼近，厚给之直，令徙他处。即其地作致斋阁子四十四间，前甃墙为小门。又斥粮料院、白马神祠，依山拓地为庙堧。	

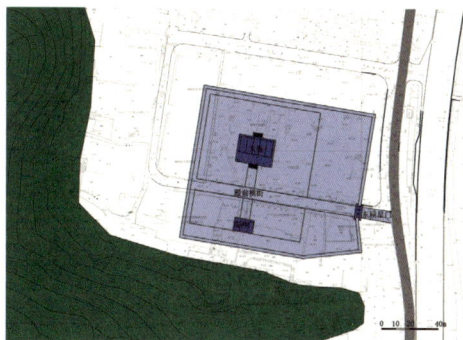

绍兴五年（1135），初创

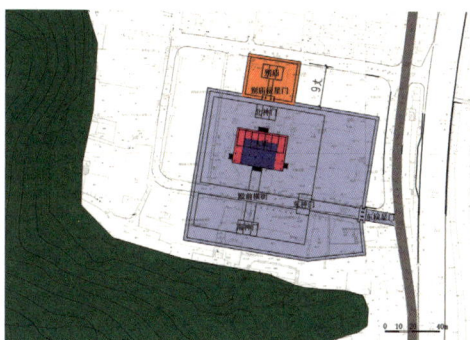

绍兴十年（1140），建别庙、大殿扩为七开间

绍兴十年（1140），建斋宫

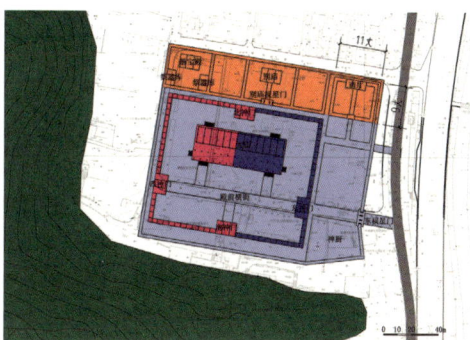

绍兴十六年（1146），大殿扩为十三开间，四神门修建完整

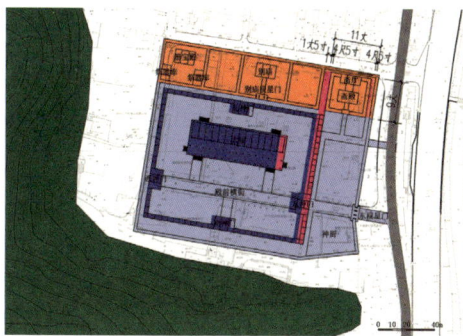

淳熙十四年（1187），大殿扩为十四开间

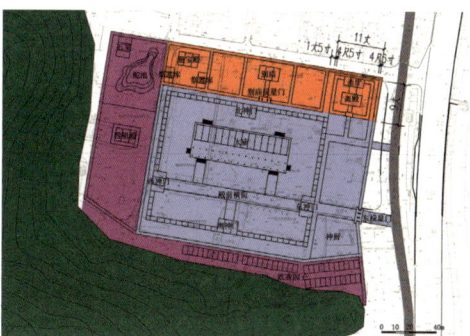

绍熙五年至景定五年（1194—1264），建四祖殿、石室，向南展地

南宋太庙格局变迁推测图

五、朱熹变古与对明清太庙的影响

对于祧迁僖祖等，南宋朝野还是有各种议论的。朱熹试图调和宋室宗庙祭祀的矛盾，他的条陈说："今详群议虽多，而皆有可疑。若曰藏之夹室，则是以祖宗之主下藏于子孙之夹室。至于祫祭，设幄于夹室之前，则亦不得谓之祫。欲别立一庙，则丧事即远，有毁无立。欲藏之天兴殿，则宗庙、原庙不可相杂。议者皆知其不安，特以其心欲尊奉太祖三年一祫时暂东向之故，其实无益于太祖之尊，而徒使僖祖、太祖两朝威灵，相与校强弱于冥冥之中。今但以太祖当日追尊帝号之令而默推之，则知今日太祖在天之灵，必有所不忍而不敢当矣。又况僖祖祧主迁于治平，不过数年，神宗复奉以为始祖，已为得礼之正而合于人心，所谓'有其举之，莫敢废者'。"[1]宁宗皇帝因此召对，令细陈其说。朱熹以先前所论画为图本，贴说详尽。他的图本是什么样的呢？《宋史》记载："……朱熹之说，谓本朝庙制未合于古，因画为图，谓僖祖如周后稷，当为本朝始祖。夫尊僖祖以为始祖，是乃顺太祖皇帝之孝心也。始祖之庙居于中，左昭右穆各为一庙，门皆南向，位皆东向。祧庙之主藏于始祖之庙夹室，昭常为昭，穆常为穆，自不相乱。三年合食，则并出祧庙之主，合享于始祖之庙。始祖东向，群昭之主皆位北而南向，群穆之主皆位南而北向。昭穆既分，尊卑以定。"[2]也就是说，朱熹希望把太庙一分为三，各自立庙，仅禘祫祭祀时合祭。但是朱熹的学说在宋代并未得到真正的施行。

《明史》记载："（洪武）八年，改建太庙。前正殿，后寝殿。殿翼皆有两庑。寝殿九间，间一室，奉藏神主，为同堂异室之制。九年十月，新太庙成。中室奉德祖，东一室奉懿祖，西一室奉熙祖，东二室奉仁祖，皆南向。……建文即位，奉太祖主祔庙。正殿神座次熙祖，东向。寝殿神主居西二室，南向。"[3]由此可见，明代太庙改变了唐宋太庙有庙无寝的传统，其寝殿有点类

---

［1］〔元〕脱脱等：《宋史》卷一〇七《礼一〇（吉礼一〇）》，中华书局，1985年。

［2］〔元〕脱脱等：《宋史》卷一〇七《礼一〇（吉礼一〇）》，中华书局，1985年。

［3］〔清〕张廷玉等：《明史》卷五一《礼五》，中华书局，1974年。

明清太庙航拍图（引自《航拍中国1945》）

似宋代太庙，每间一室；而正殿的布局类似于禘祫大祭的布局，从始祖开始，按昭穆排列，同时也改变了唐宋以来东向为尊的观念，开始以南向为尊。

六、祭祀

1. 陈设

高宗绍兴十三年（1143）进行朝飨太庙的典礼，《宋会要辑稿·礼一七》记载了大典的整个过程和主要陈设。我们归纳一下，可以分为四个部分的陈列：设于东神门外，设于南神门外，设于庭院内，设于大殿。

设于东神门外的有："仪鸾司设大次于太庙东神门外道北，南向"；"又设文武侍臣次于大次之前"；"设东方、南方客使次于文官之后，西方、北方客使次于武官之后"；"光禄陈牲于东神门外，当门西向，以南为上。祝史各位于

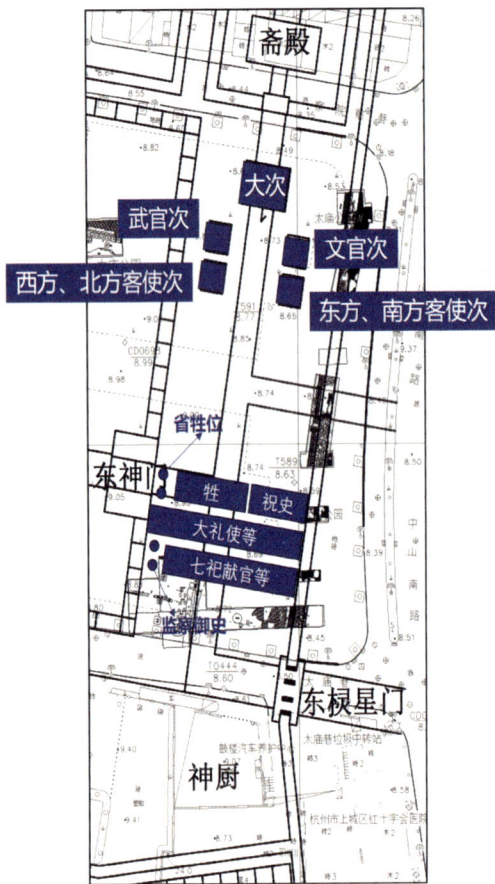

东神门外祭祀陈设推测图

牲后。太常设省牲位于牲西。大礼使、进币爵酒官、受爵酒官、奉币官、受币官、盥洗奉爵官、奉瓒槃官位于道南，北向西上。七祀、配飨功臣献官在其后。监察御史二位在西，东向"；"设大礼使以下行事、执事官揖位于东神门外，如省牲之位"。

设于南神门外的有："设馔幔于南神门外（每室馔幔各一）"；"太常设七祀燎柴于南神门外"；"户部陈诸州岁贡于宫架之南神门外，随地之宜，东西相向"；"又设俎三于南神门外。每室馔幔内设进盘、匜、帨巾内侍位于皇帝版位之后，分左右，奉盘者北向，奉匜及执巾者南向"；"仪鸾司设册幄于南神门外，随地之宜"。

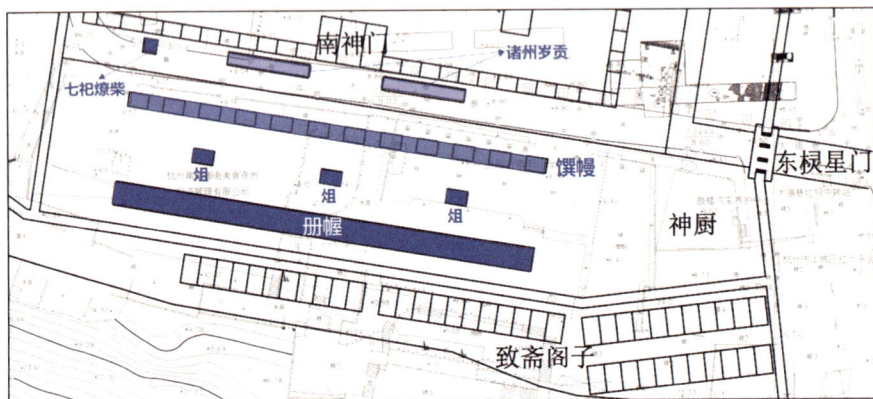

南神门外祭祀陈设推测图

设于庭院内的有："小次于阼阶（东阶）东稍南，西向"；"又设七祀次于殿下横街之北，道西，东向"；"又设配飨功臣次于殿下横街之南，东西相向"；"又设配飨功臣位于横街之南次内，皆设神席"；"设宫架于庭中，立舞表于鄹缀之间"；"赞者设亚、终献位于小次南稍东，助祭亲王、宗室使相在其南。进币爵酒官、奉币官、荐俎豆簠簋官、荐牛俎官、荐羊俎官、实镬水官、荐豕俎官、增沃镬水官、受币官、盥洗奉爵官、奉瓒槃官、进挏黍官、举册官、七祀献官在助祭宗室使相之南，并西向北上"；"大礼使位于西阶之西稍南（与亚、终献相对）。行事光禄卿、读册官、光禄丞、功臣献官位在其西，执事官位于其后。助祭宰相、使相位在大礼使之南，执政官在其西"；"又设监察御史位二于西阶下，俱东向北上。奉礼郎、太祝、太官令于东阶下，西向北上"。

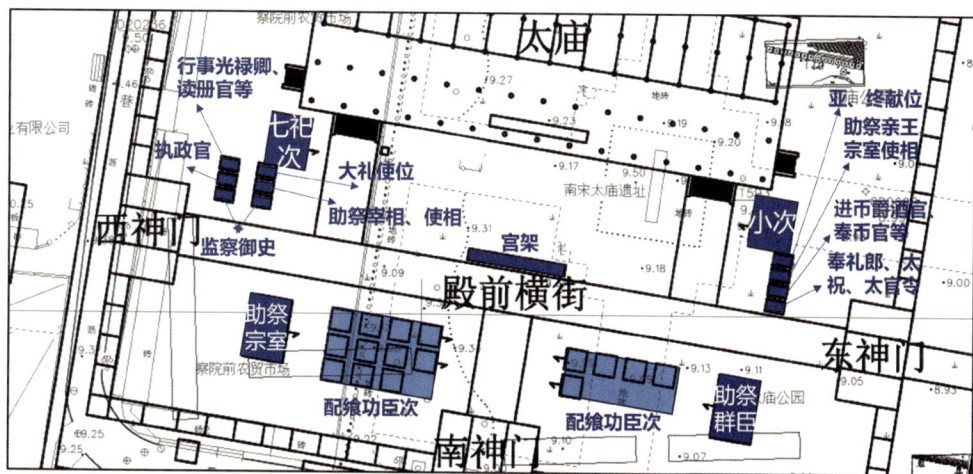

庭院内祭祀陈设推测图

设于大殿的有："太常陈登歌之乐于殿上前楹间，稍南，北向"；"奉礼郎、礼直官设皇帝位版于阼阶上，饮福位于东序，俱西向"；"协律郎位二，一于殿上磬虡西北……东向"；"押乐太常丞于登歌乐虡北……北向"；"荐香灯官、宫闱令于室内，北向西上"；"礼部帅其属设祝册案于户室外之右"；"设炉炭于室户外，萧、蒿、稷、黍于其后。又设毛血盘、肝膋豆于室户外之左，稍前"。[1]

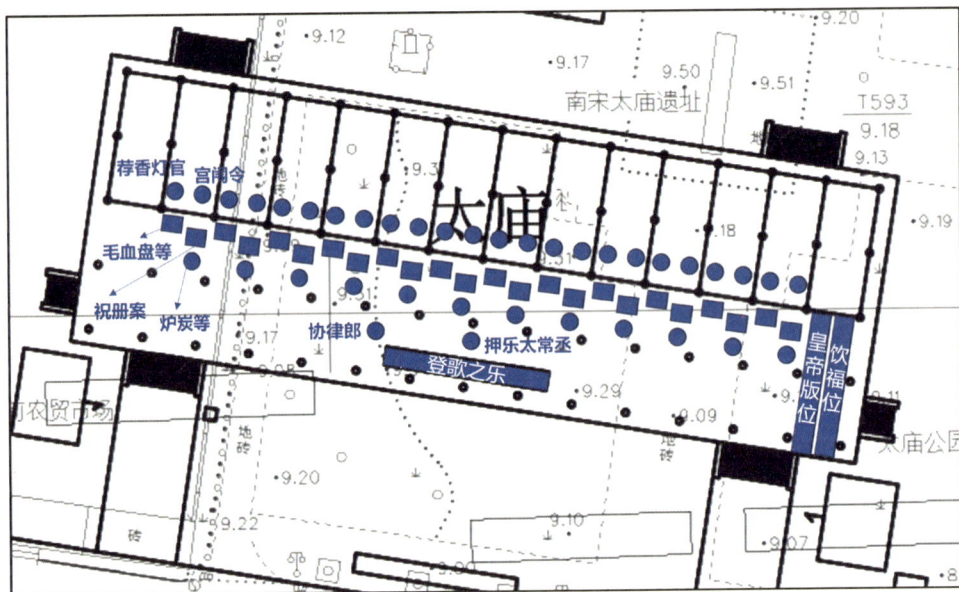

太庙大殿祭祀陈设推测图

2. 动线

皇帝在祭祀时的动线，以高宗绍兴十三年（1143）郊祀大礼前一日朝飨太庙行礼为例，前一日："皇帝乘舆入棂星门，至大次，降舆以入，帘降，侍卫如常仪。"大典当天，首先，"丑前五刻……皇帝服通天冠、绛纱袍至大次"；然后，"礼仪使以下前导至东神门外，殿中监跪进大圭。礼仪使奏'请执大圭'，前导皇帝入自正门"；再下一步，"升自阼阶，大礼使从（……升自阼阶，皇帝升降，大礼使皆从……）……诣僖祖室神位前，西向立"。经过一套复杂的行礼

---

［1］以上俱见〔清〕徐松辑，刘琳、刁忠民、舒大刚等点校：《宋会要辑稿·礼一七》，上海古籍出版社，2014 年。

仪式后，再依次到翼祖室、宣祖室、太祖室、太宗室、真宗室、仁宗室、英宗室、神宗室、哲宗室、徽宗室、钦宗室分别行礼，这仅仅还是开始的请神阶段，然后分别正式奉上祭品，作乐，在各室又有一套复杂的礼仪。最后，典礼结束后，"神主入室。……前导皇帝降自阼阶，登歌乐作；至阼阶下，乐止，宫架乐作；出门，乐止。礼仪使奏'请释大圭'，殿中监跪受大圭，以授有司。皇帝还大次。礼部郎中奏'请解严'讫，皇帝入斋殿"。[1]

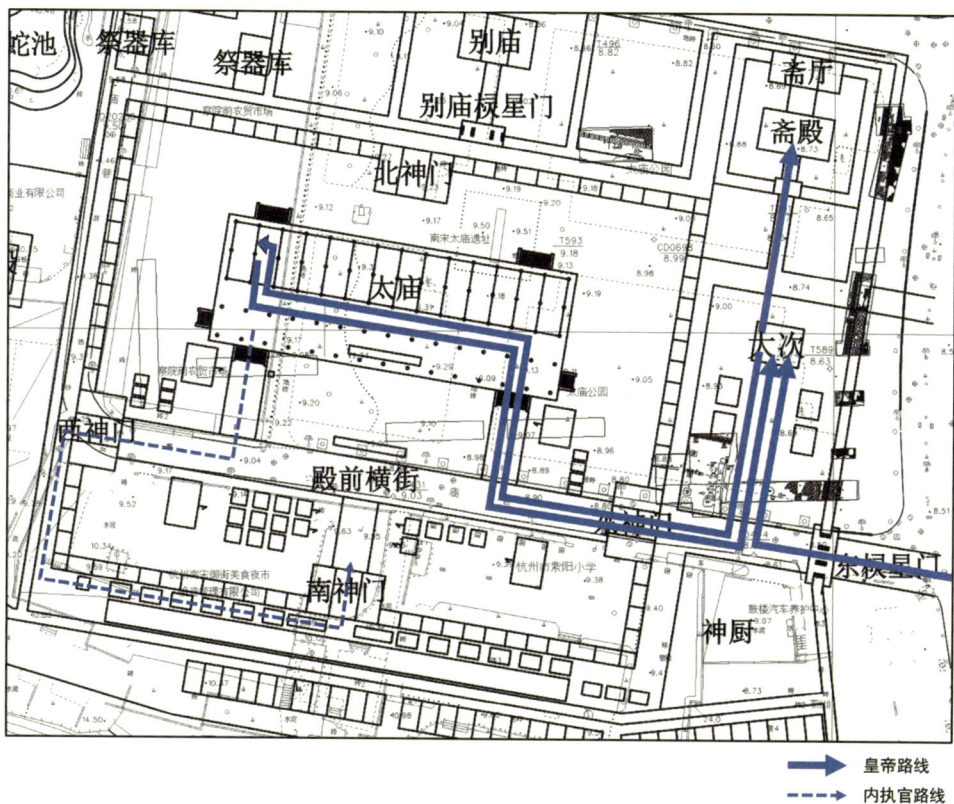

祭祀动线推测图

[1] 〔清〕徐松辑，刘琳、刁忠民、舒大刚等点校：《宋会要辑稿·礼一七》，上海古籍出版社，2014年。

3.进一步的推论

东神门是正门，比南神门更重要，因为皇帝的等待、出入都是经过东神门，走的是东阶（阼阶）。可以作为旁证的是执事官的路线"内执官降西侧阶，出西神门，入南门，归执事班"，走的是南门。

很可能太庙是东西二阶制，而不像唐代是三阶制。皇帝走的都是东阶，"升自阼阶，至阼阶下"。如前所推论，宋代有几个时期明显是双数开间，这样正好避免了中阶的设立正对着柱子的难题。

大殿前廊相当空旷，除了要设置"登歌之乐"的乐队，还要在各户室内外设置整套祭祀设备，户外的就有"祝册案、炉炭、毛血盘、肝膋豆"等。因此，太庙大殿进深方向很可能五柱四间，前两间敞开作为前廊，后两间正好是各个皇帝户室。

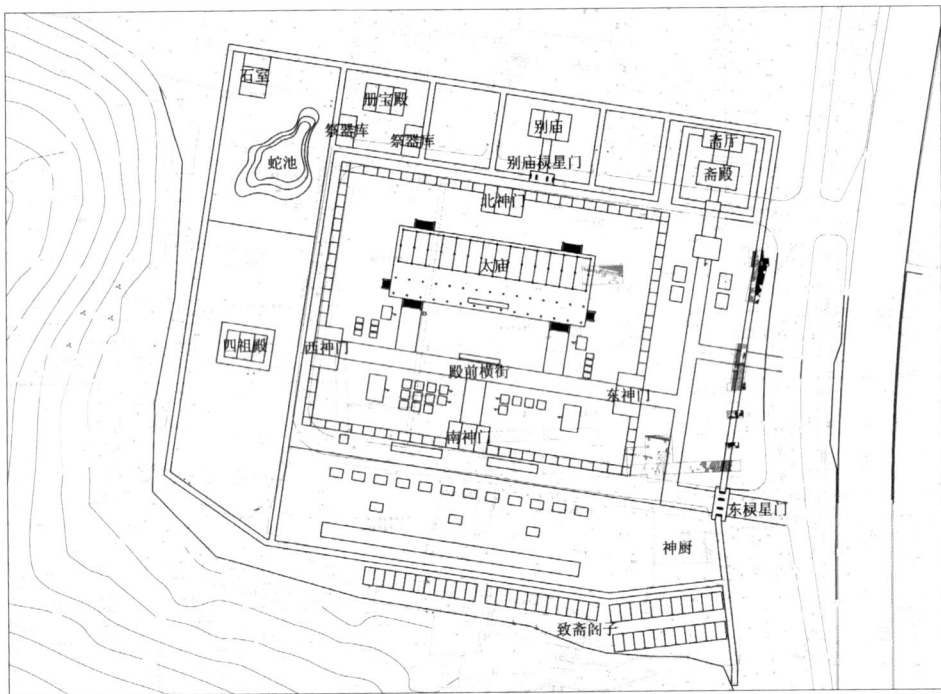

南宋太庙祭祀布局推测图

七、谜之答案

基于前面的研究，我们大致可以得出一些对太庙的印象：

1. 南宋太庙大殿

淳熙十四年（1187），宋高宗死后，礼部、太常寺、两浙转运司、临安府联合申报朝廷：大行皇帝的祀室需要面阔一丈五尺，位于最东端，与东门、廊屋及斋殿相连，如果把斋殿整体搬迁，工程太大，因此利用斋殿和东门之间的距离一丈五寸，再把斋殿院落减去四尺五寸，进行修建。有了这个具体的尺寸，再结合前面的推论——各室的开间一致，可以得出各个时期太庙大殿的尺度变化。

表4 南宋太庙大殿尺寸推测

	东西面阔	南北进深
设计尺寸	13丈1尺（41.40米）	7丈1尺（22.44米）
五间殿	7丈2尺（22.75米）	3丈1尺（9.80米）
七间殿	12丈4尺（39.18米）	6丈（18.96米）
十三间殿（十一室两夹）	19丈5尺（61.62米）	7丈（22.12米）
十四间殿（十二室两夹）	21丈（66.36米）	7丈（22.12米）

〔注〕此表尺寸按太府寺尺1尺等于31.6厘米进行换算。

据《中兴礼书》记载，大殿"每室东设户，西设牖"，这说的是大殿每个开间的南立面，每个立面都一样，门连窗，门在东，窗在西，也说明室与室之间是完全一样的格局，包括开间尺寸也一样。而两个夹室只开门不开窗。

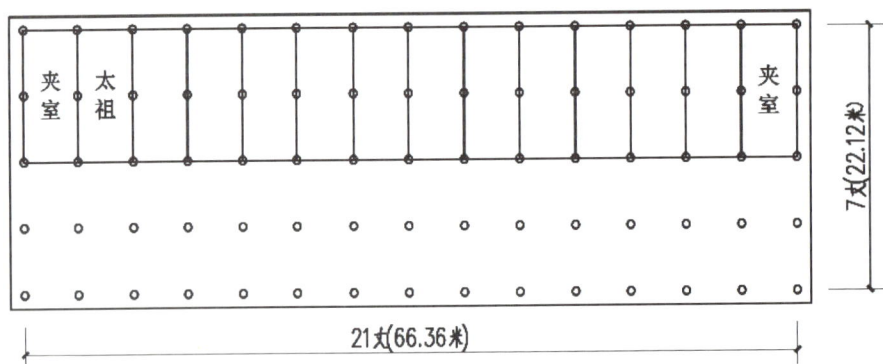

南宋十二室两夹太庙尺寸平面示意图

南宋太庙大殿推测效果图

2. 大殿北侧

大殿北部有过三次扩建：

（1）绍兴十二年（1142）建别庙是在太庙北墙外，展地九丈。

（2）绍兴十三年（1143）设置斋厅，北墙与别庙后墙齐，其地南北九丈、东西十一丈。

（3）绍兴十六年（1146）创盖祭器库屋五间，及拨移妨碍册宝殿三间，契勘得省仓屋三间，东西阔九丈，南北长一十丈，正在太庙地步北壁中。

三次扩建都是挪用原来仓屋、庼屋（"庼"是"廐"的本字）的地块，与最初记载在南仓空地的选址暗合，现场出土T14探方内F5建筑密排柱础的墙体做法与宁波永丰库一样，是否说明此遗址实为拆除的仓屋，此处实际上就是这三个院落。

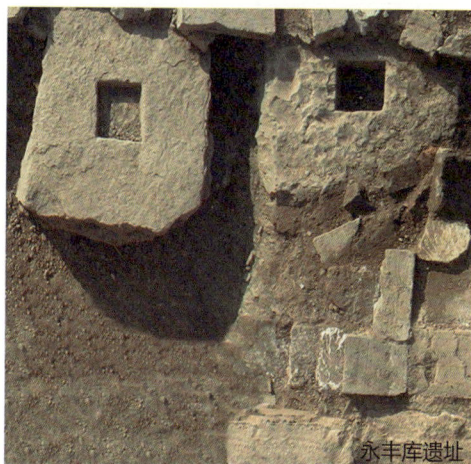

南宋太庙F5遗址与宁波永丰库遗址对比

3.其他设施

（1）神门

北宋的制度，太庙应该设四神门，外更置棂星门两重。据推测，南宋太庙也应由若干个院落组成，大庙大殿在其中的主院落，有四门，有廊相连，南门三间。东神门在整个祭祀系统中较为重要，时间也较早，西神门建于绍兴十六年（1146），东西神门之间应是殿前横街。《宋会要辑稿·礼一七》记载，朝飨太庙"设七祀次于殿下横街之北，道西，东向"，"又设配飨功臣次于殿下横街之南，东西相向"。所谓"次"就是帐篷，朝飨太庙主祭祀帐篷位于殿下横街之北，可见横街到大殿还是有不少距离的。从祭祀仪程看，皇帝的大次（帐篷）位于东神门外、斋宫南。东西神门应该至少是三开间，唐代三品以上官家庙就要三间的门，皇室太庙不可能只有一间。从考古发现的东门位置看，不可能是东神门；如果是的话，斋宫位置就会横在御街上了（斋宫位置见下）。目前发现的M1仅为一间，很可能仅仅是一处边门。

（2）斋宫和神厨

唐制："庙之制，三品以上九架，厦两旁。三庙者五间，中为三室，左右厦一间，前后虚之，无重拱、藻井。室皆为石室一，于西墉三之一近南，距地四尺，容二主。庙垣周之，为南门、东门，门屋三室，而上间以庙，增建神厨于庙东之少南，斋院于东门之外少北，制勿逾于庙。"[1] 太庙就是皇帝的家庙，尊卑不同而道理类似，前述斋宫在太庙东北，所以也可以推论神厨在东神门外偏南。由此还可以推论，太庙大殿院落的围墙到整体大围墙之间应有不少空间。斋宫院落与太庙院落之间原有一丈五寸的空间，淳熙十四年（1187）改造后，很可能斋宫西墙与太庙东墙成为一直线。

（3）别庙

别庙三间，有单独的围墙，南门是棂星门。

（4）棂星门

南宋最初未建南棂星门，把南棂星门移建于东侧，东棂星门应在天街御路

---

[1] 〔宋〕欧阳修等：《新唐书》卷一三《礼乐三》，中华书局，1975 年。

边，是整个太庙的入口。《宋会要辑稿·礼一七》记载："皇帝乘舆出景灵宫棂星门，将至太庙，御史台、太常寺、阁门分引文武侍祠、行事、执事、助祭之官、宗室于太庙棂星门外立横班，再拜奉迎讫，退。皇帝乘舆入棂星门，至大次，降舆以入，帘降，侍卫如常仪。宣赞舍人承旨敕群臣各还次。"

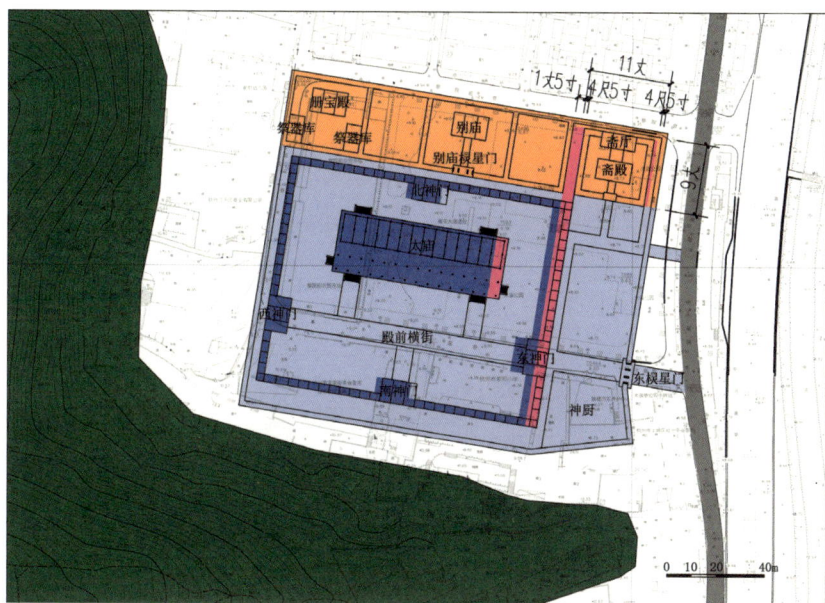

淳熙十四年（1187）太庙改造示意图

4.平面布局

据察院前巷地下设施的施工人员口述，曾在此处发现围墙的基址。今发现的东围墙至太庙巷约148米，察院前巷至太庙巷南北约92米，如果察院前巷是太庙建筑群的最北界，那么整个地块北侧9丈（28.44米）位置是别宫、斋宫和祭器库、册宝殿，如果斋宫位于太庙广场东北角，那么东神门及太庙院墙东墙应该距离现在发现的东墙10丈5尺5寸（33.34米），此为减去高宗扩建大殿时从斋宫减去的4尺5寸（1.42米）。如果此推测为准，同样说明考古发现的F5基址很可能仅仅是建设斋宫和别宫时拆除的廒仓的一部分。

大殿尺寸根据前述推算，约66.36米×22.12米，仅为柱间尺寸，如果南宋太庙和唐代一样都是前后各三阶，东西各两阶，算上台基，差不多要70米×30米，假设北、西、东三面的门廊距离大殿台基20米，那么如今太庙广场整个场地可能仅仅是太庙院落的一部分。如此看来，现在的太庙巷很可能是由所谓"殿前横街"的一部分演变而来。因此，考古发现的F4基址很可能是附属用房的一部分。东西神门位于太庙巷两头，南神门、东棂星门很可能都位于太庙巷的南侧。

另一种可能性是：察院前巷所发现的北墙，仅仅是太庙大殿院落的北墙，那么别庙、斋宫、祭器库、册宝殿都在察院前巷以北，太庙院落东院墙的推论仍然与前述一致，而现在的横向太庙巷很可能是东棂星门进来的主街。

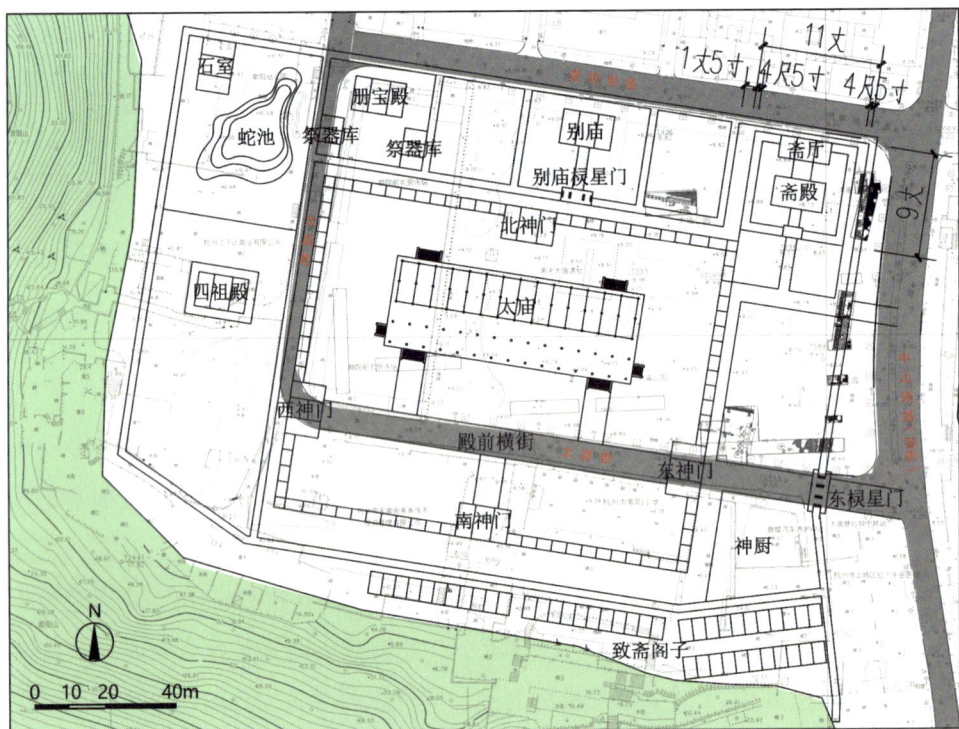

南宋太庙历史格局推测一

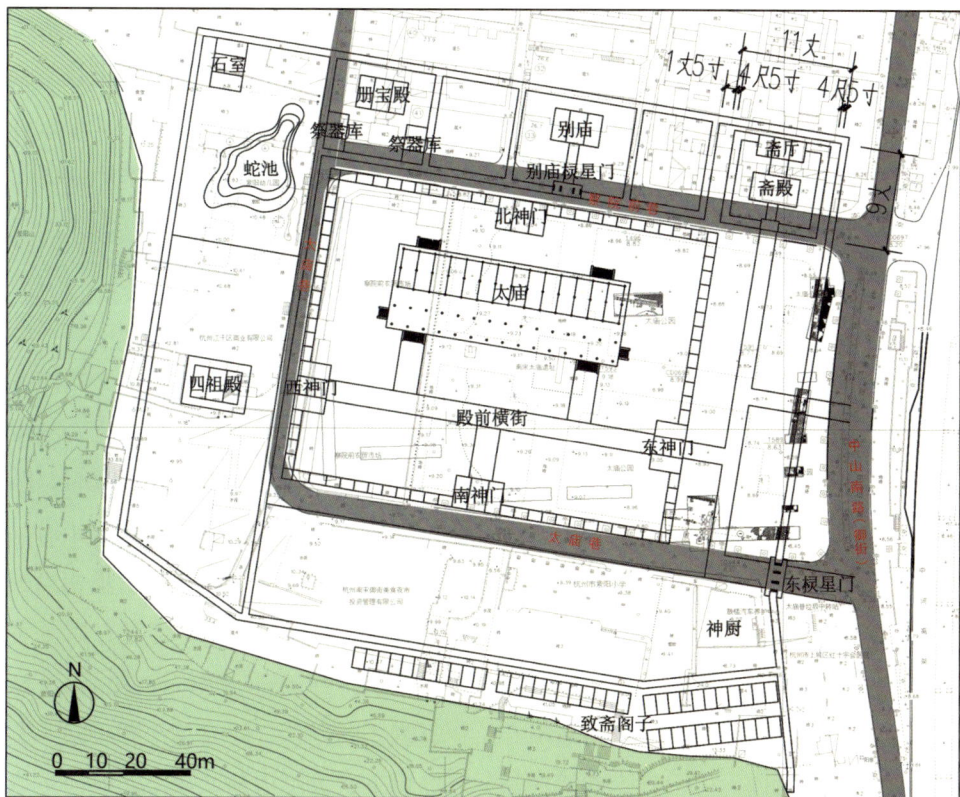

南宋太庙历史格局推测二

附　记

1. 南宋晚期的太庙

南宋中晚期，朝廷对太庙并没有大的增改，由于临安城户口繁衍，建筑密集，史籍中反倒是记载了几次大火。一次是宋宁宗朝嘉泰四年（1204）三月，临安大火，迫太庙，只能把太庙神主迁于景灵宫。同月，诏修太庙。另一次是宋理宗朝绍定四年（1231）九月丙戌夜，临安火，延及太庙。这一次基本把原来的太庙烧毁了，因此次年正月，史籍记载"新作太庙成"。[1] 这一次恢复的太庙是否完全按失火之前的原样修复，目前找不到任何记载。

比较有意思的是，《宋人轶事汇编》记载的两次太庙火灾的轶事，其一就是绍定四年大火，该书引《鹤林玉露》载："绍定辛卯，临安之火，比辛酉加五分之三，虽太庙亦不免，而史相府独存。洪舜俞诗曰：'殿前将军猛如虎，救得汾阳令公府。祖宗神灵飞上天，可怜九庙成焦土。'"这是讲史弥远当政时，临安城发生大火，负责扑救的南宋军队没有救下太庙，反而全力保护史弥远相府。另一次火灾发生在贾似道当政时，该书引《遂昌杂录》载："故老言贾丞相当国时，内后门火，飞报已至葛岭。贾曰：'火近太庙，乃来报。'言竟，后至者曰：'火已近太庙。'贾乘两人小肩舆，四力士以锤剑护轿。里许即易轿人，倏忽至太庙。临安府已为具赏犒，募勇士，树皂纛，列剑手，皆立具于呼吸间。贾下令肃然，不过曰：'火到太庙斩殿帅！'令甫下，火沿太庙八风。两殿前卒肩一卒飞上，斩八风，板落，火即止。登验姓名，转十官，就赐金银赏之。贾才术若此类，亦可喜。"[2] 这个故事揭示了贾似道这个误国宰相的另一面，也就是他的决断和赏罚分明的用权之道，也让我们看到了脸谱世界以外的历史。所谓"八风"就是指博风板，是建筑山面挡雨的构件，常见于歇山顶和悬山顶。由此可见，当时太庙是歇山顶建筑。后一次火灾未见于《宋史》。

---

［1］〔元〕脱脱等：《宋史》卷四一《理宗一》，中华书局，1985 年。

［2］丁传靖：《宋人轶事汇编》卷一八，中华书局，2003 年。

2. 近年考古

杭州市文物考古研究所于2021年10—12月对太庙广场区域进行考古勘探，布设探沟1条，此次勘探在探沟中发现道路L1、房址F1两处遗迹，其中L1叠压于F1之上。就考古人员的推论，根据地层叠压关系，路面L1的建造和使用年代应不晚于南宋中晚期。而房址F1的建造和使用年代应不晚于南宋早期。

从建筑考证上看，房址F1具有重要的意义，此处基址包括砖砌包边和夯土台基，其中砖砌包边西侧较为规整且收分，是《营造法式》中"露龈砌"的做法，砖砌包边长度超过22米，如前文

南宋太庙近年考古成果

所述，至少是南宋早期七间殿宇的台基包边。而其所处位置位于整个场地中间偏北，基本可以肯定，太庙本体院落已经到达今察院前巷，别庙、斋宫更在北侧，也就是前文推测的第二种格局更符合历史真相。砖砌包边两侧均为夯土，正好说明南宋从七间殿改建十三间大殿的过程，"从西增建六间，通一十三间，为十一室"。此外，这次考古发现的殿宇基址，靠近察院前巷曾经挖到的院墙基址，基本可以认为不再有空间设置北神门，因此南宋太庙并未四出神门，仅仅是东、西、南三面建神门。道路L1叠压房址F1，也与《宋史》记载中"理宗绍定四年九月丙戌，京师大火，延及太庙"对应。从这次考古成果看，绍定四年（1231）后重建的太庙，布局与前期还是有所变动的。

第二章
走与留——南宋大内

一、历史背景

高宗即位后，在金人兵锋所迫之下，一路南逃，最初几年根本没有余暇考虑宫室建设的事情。建炎三年（1129）二月，高宗到达杭州，以州治为行宫，适逢天降大雨，当时的执政叶梦得安慰他说：州治的房子不多，六宫居住一定很拥挤，而且东南地区，春夏之交，多雨蒸润，不是京师可以比的。高宗回答：也不觉得地方窄，就是太潮湿了。当时，高宗建都的首选地仍然是江宁府（今江苏南京），在他的一份诏书中说："以江宁府王气龙盘，地形绣错。据大江之险，兹惟用武之邦；当六路之冲，实有丰财之便。将移前跸，暂驻大邦，外以控制于多方，内以经营乎中国。"[1] 从进取中原来说，南京当然是更好的定都地点。不久，金兵南下，朝廷被迫四处奔逃。

绍兴初年，高宗曾一度驻跸在越州。早在建炎四年（1130）七月六日，诏临安府迁府治于祥符寺基创建，这实际上已经是谋划利用州治建行宫了。绍兴元年（1131）十一月六日，三省言："徐康国权知临安府，措置移跸事务，令具到行在百司局所。"诏宜措置，随宜擗截。八日，差内侍杨公弼前去，与徐康国同措置擗截行宫。当时，高宗还是非常节俭的，徐康国想要添造房屋百余间，而杨公弼想要造三百余间，高宗采取了徐康国的方案，并"面饬杨公弼，止令草创，仅蔽风雨足矣。椽楹未暇丹腹，亦无害，或用土朱亦可"[2]。当时临安府想要拆取附近的佛寺作为行宫的材料，高宗说："僧家缘化营葺不易，遽尔毁拆，虑致怨嗟。朕正欲召和气，岂宜如此？但给官钱，随宜修盖，能蔽风雨足矣。"[3] 绍兴二年（1132）正月，高宗正式移跸临安府。七月，尚书省汇报："行宫南门添置楼屋一所，已令临安府修盖，相次了毕。"九月，行宫南门修盖完毕，诏令仍以"行宫之门"四字为名。绍兴三年（1133）正月，因为行宫南门

---

［1］〔清〕徐松辑，刘琳、刁忠民、舒大刚等点校：《宋会要辑稿·礼五二》，上海古籍出版社，2014年。

［2］〔清〕徐松辑，刘琳、刁忠民、舒大刚等点校：《宋会要辑稿·方域二》，上海古籍出版社，2014年。

［3］〔清〕徐松辑，刘琳、刁忠民、舒大刚等点校：《宋会要辑稿·方域二》，上海古籍出版社，2014年。

里没有过廊，"百官趋朝，冒雨泥行"，便诏令梁汝嘉同修内司官就东廊旧基营盖。梁汝嘉是当时的临安知府。这个阶段，杭州行宫突出的是随宜修盖，处处节俭，有的时候甚至是将就，朝廷甚至高宗本人，并未认为此处是长久所在之地。

　　当时南宋朝廷选择都城的声音很多：有认为建康府为佳的，有推荐荆襄的，当然也有力主在临安府的。当时抗金前线节节胜利，绍兴四年（1134）三月大败金人于仙人关，五月岳飞取襄邓六州，冬十月丙子朔，高宗与赵鼎定策亲征，而高宗本人已于绍兴五年（1135）初移驻平江府（今江苏苏州）。《宋史》记载：四年二月癸未，作建康府行宫；五年正月戊午，趣修建康行宫。[1]

　　但不久高宗就回到临安，绍兴五年五月还亲自拜谒了太庙、别庙。[2]当时高宗已经在宫中收养了宗室子弟伯琮、伯玖，所以宫中就新建了资善堂书院。

　　绍兴六年（1136）八月下旬，高宗从临安出发，九月四日经过平江府，次年三月到达建康府，虽然马上在建康建太庙、修城池，事实上，高宗已经决心与金人和谈。《宋会要辑稿》记载："（绍兴）八年正月十一日，上谕辅臣曰：'将来幸浙西，建康诸宫屋宇及百官厅舍，皆令有司照管，他时复幸，免更营造，以伤民力。'"[3]所谓"幸浙西"，就是回到临安。宰臣赵鼎等言：若虏人遂以大河之南归我，当且驻跸建康。"大河之南归我"就是说宋金两国应当以黄河为界，定都则在建康。上曰："群臣上殿，多论建都事，蒲贽谓当择险要之地，勾龙如渊谓当修德而不在险。以二人之论校之，如渊为胜矣。"[4]蒲贽、勾龙如渊是高宗的两位大臣，实际上高宗已决心定都临安，所以赞同勾龙如渊的建议，修德当然只是借口。

　　绍兴九年（1139）正月宋金第一次议和成功，金国允诺归还赵构的生母韦太后。正月，大内开始修建皇太后的专属宫殿，十一月，宫殿建成，高宗亲书

［1］〔元〕脱脱等：《宋史》卷二七《高宗四》与卷二八《高宗五》，中华书局，1985年。

［2］〔元〕马端临：《文献通考》卷一一三《王礼考八·君臣冠冕服章》，中华书局，2011年。

［3］〔清〕徐松辑，刘琳、刁忠民、舒大刚等点校：《宋会要辑稿·方域二》，上海古籍出版社，2014年。

［4］〔清〕徐松辑，刘琳、刁忠民、舒大刚等点校：《宋会要辑稿·方域二》，上海古籍出版社，2014年。

〔南宋〕佚名《迎銮图》（局部）

"慈宁之殿"，即慈宁宫。但是很快，金人背盟，战争再起，虽然南宋在军事上已经有一定的优势，但是高宗一心求和。绍兴十一年（1141），高宗收回三位大将的兵权，年末（时已1142年1月）岳飞含冤而死，宋金第二次和议最终达成。绍兴十二年（1142）八月，韦太后回銮，入住慈宁宫。

由于宋金议和的成功，从绍兴十二年起，南宋宫廷和临安城进行了一系列重大的建设，举行了很多重要的典礼，这些繁复的礼仪行为在我们现代人看来，远远不如宋金战争激动人心，但对于当时的人来说，这些行为就是宣誓南宋的开国，这是一个正式王朝必须要完成的完整礼仪和流程。

绍兴十二年（1142）十一月，作崇政、垂拱二殿。

绍兴十三年（1143）正月，亲飨太庙，奉上册宝。二月，初御前殿；建景灵宫，奉安累朝神御。十一月，合祀天地于圜丘，太祖、太宗并配。

绍兴十五年（1145）正月，御大庆殿，初行大朝会礼。

绍兴十六年（1146）三月，增建太庙。五月，初作太庙祔室。十月，帝观新作礼器于射殿，撞景钟，奏新乐。十一月，合祀天地于圜丘。

绍兴十七年（1147）十月，建太一宫。[1]

绍兴十八年（1148）三月，"学士院撰到皇城南门名曰丽正，北门名曰和宁。从之"。五月，太一宫斋殿后空地修盖景灵宫道院。六月，建筑九宫贵神坛墙。

绍兴二十一年（1151）七月，诏修盖天章阁神御殿。

绍兴二十八年（1158）六月，因皇城东南一带未有外城，令临安府计度工料，候农隙日修筑。九月，垂拱三殿修毕，诏新南门名嘉会门。

至此，南宋大内皇城才基本成形，此后所作仅仅是局部建筑的增补和修建。

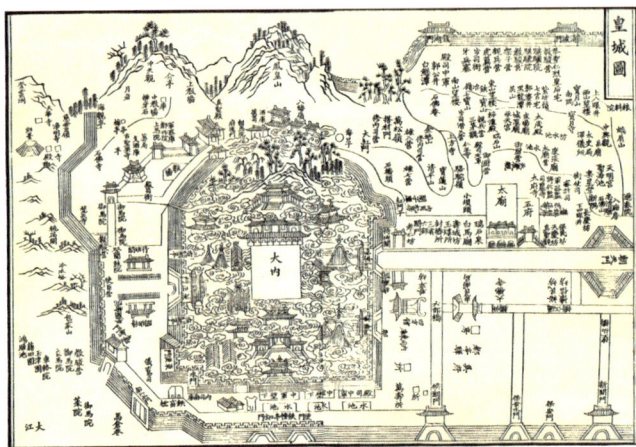

《皇城图》〔引自清同治六年（1867）刊《咸淳临安志》〕

淳熙二年（1175）十一月，修盖射殿殿门、隔门，并皇太子宫门毕工。

淳熙三年（1176）八月，修盖垂拱殿毕工。

淳熙六年（1179）四月，盖造后殿，至七月讫工。

淳熙八年（1181）八月，以后殿拥舍改作延和殿。

淳熙九年（1182）三月，射殿年深损坏，量行盖造。[2]

---

[1] 绍兴十二年至十七年事，见〔元〕脱脱等：《宋史》卷三〇《高宗七》，中华书局，1985 年。

[2] 绍兴十八年至淳熙九年事，见〔清〕徐松辑，刘琳、刁忠民、舒大刚等点校：《宋会要辑稿》之《方域二》《礼一三》，上海古籍出版社，2014 年。

二、考古成果

1. 考古调查、勘探与试掘经过

1983年起，中国社会科学院考古研究所、浙江省文物考古研究所、杭州市文物管理委员会办公室组成临安城考古队，每年有计划地进行临安城考古工作，在临安城皇城的东墙、北墙东段等方面取得进展；1996年以后，联合考古队工作停顿下来。20世纪90年代以来，杭州市文物考古所承担起南宋临安城遗址考古工作的主要任务，对皇城遗址进行了十多次的考古发掘，为了解皇城的范围、宫内格局等方面提供了大量的考古实物数据。2004年，为配合临安城皇城保护总体规划，在浙江省文物局的积极协调下，中国社会科学院考古研究所、浙江省文物考古研究所、杭州市文物考古所重新启动了临安城考古队的工作，并于4月至8月全面展开临安城皇城的考古勘探调查，并在皇城四至范围的确定、文化层堆积与遗物的认识等方面取得了突破性进展。该项工作得到了前期临安城考古队的有关专家学者的积极支持。2009年底，为配合南宋皇城大遗址综合保护工程的启动和南宋博物院的筹建，根据杭州市委、市政府的指示和统一部署，并遵照西湖风景名胜区管委会（市园文局）的具体安排，杭州市文物考古所在勘察地形、查阅数据、拟订方案的基础上，对浙江省军区后勤部仓库所在的南宋皇城遗址核心区域实施了调查勘探，发现夯土基础、砖墙、砖墁地等重要遗迹。

2. 临安城皇城考古的主要收获

（1）初步探明南宋皇城的四至范围

历年考古工作中，四至范围的确定是皇城考古的重要收获之一。临安城皇城东墙位于馒头山东麓；南墙地处宋城路北侧一线，墙外有护城壕；西墙有南段，大部分利用了凤凰山的自然山体；北墙位于万松岭路以南和凤凰山北侧余脉的山脊之上。皇城东西直线距离约800米，南北直线距离约600米。

北墙现存长约710米。其东段发现于万松岭路南，至今地面上还残存部分墙体。2002年，杭州市园林文物局为妥善保护这一遗迹，在残存的夯土城墙周围安放了铁围栏。自东端向西，皇城北墙开始修建在山坡和山脊上。沿着自然山脉走向，其西端已经呈东北—西南走向。皇城北墙以夹杂石块的黄褐色土和浅灰褐色夯土为主，宽约11米。夯土距地表深0.2—0.8米，厚0.7—2.7米，夯层厚10—24厘米。皇城城墙包括初建和修建两部分，其内侧都有包砌石块的现象。初建夯土城墙的内侧包砌石块3—5层，包石残高0.62米，宽0.44米；修建城墙内侧包砌的石块仅残存一层，包石边宽0.4米。

东墙残长约390米，宽8.8—12米，位于馒头山东麓，其南段地处馒头山路西侧的断崖上。夯土城墙残宽8.8米，城墙内外两侧可能遭到一些破坏。皇城东墙由黄褐色、浅棕黄色、浅灰褐色夯土构成，距地表深0.4—1.2米，厚0.55—1.7米，夯层厚15—30厘米，每层夯土中均夹有砖瓦碎片。

南墙位于今宋城路北侧一线，大部分与宋城路平行，残长约600米。城墙宽9—14米、厚0.5—2米。夯土多为黄褐色，夹杂有小砾石和少量砖瓦片。

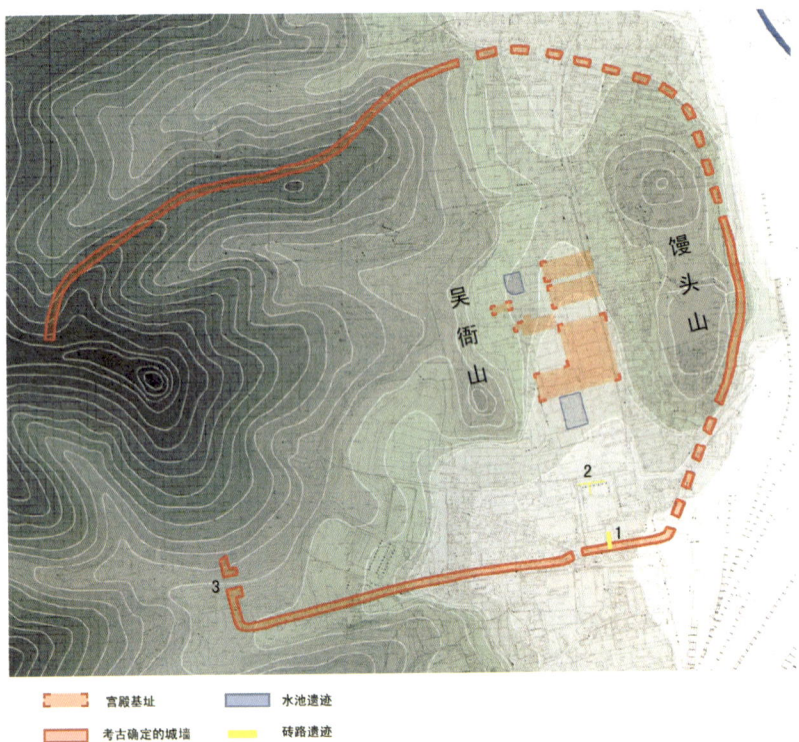

南宋皇城考古现状图

西墙残长约100米，宽约10—11米。西墙南段与南墙衔接，皇城西南角接近直角，西墙向西北抵达凤凰山南麓的陡坡，在此没有发现城墙向任何方向延伸的迹象。因此，考古人员初步认为皇城西墙终止于凤凰山南麓陡坡。在皇城西墙上，还发现一个宽约18米的缺口，缺口两侧的夯土宽20余米。该缺口可能与皇城西门有关。西墙距地表深0.12—0.19米，残高1.79—1.84米，由黄褐色、浅褐色、浅灰褐夯土构成，密度较大。夯层厚6—20厘米，内含砖瓦残块、瓷片、铜钱等遗物。西墙内侧残存城墙包砖，内侧地面铺有整齐的条砖，条砖下为纯净黄土和砂性生土。皇城西墙并不闭合，而是利用凤凰山八蟠岭之自然地势，与北墙西端形成合围的形式。这在文献中也可得到佐证。

具备城壕功能的排水沟在皇城南墙、西墙外侧曾有发现。水沟宽15—20米，距地表深1—1.5米，沟深超过4.5米，距离宫城城墙12米左右。

（2）揭露及确认皇城宫殿区部分重要建筑遗存

历年的考古勘探与发掘成果显示，凤凰山脚路西侧的省军区后勤部仓库大院正处于皇城的中心区。

20世纪80年代末以来，杭州市文物考古所对南宋皇城遗址进行了十多次考古发掘，为宫内格局、建筑形制等方面的研究提供了大量的实物资料。

1989年，在凤凰山小学内发现砖砌道路及大型夯土台基。

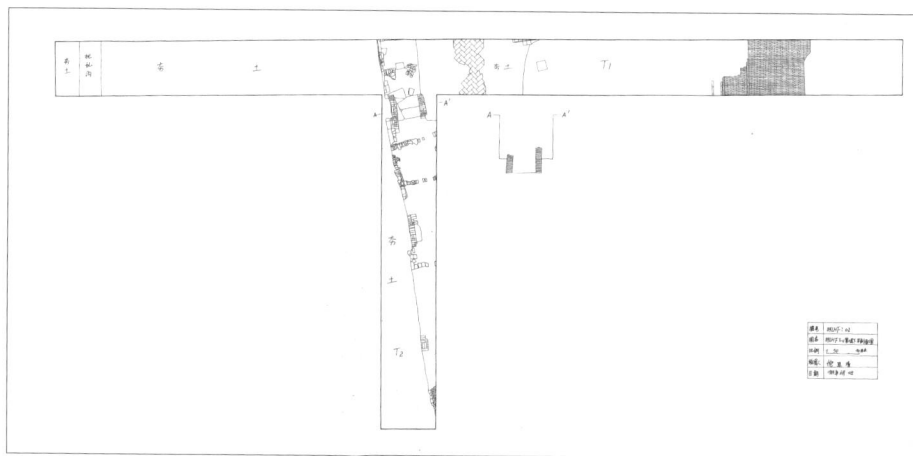

凤凰山小学南宋遗迹平面图

凤凰山小学发掘全景

凤凰山小学南宋道路遗迹

　　1989年，在杭州市中药材仓库内发现大型建筑遗址。

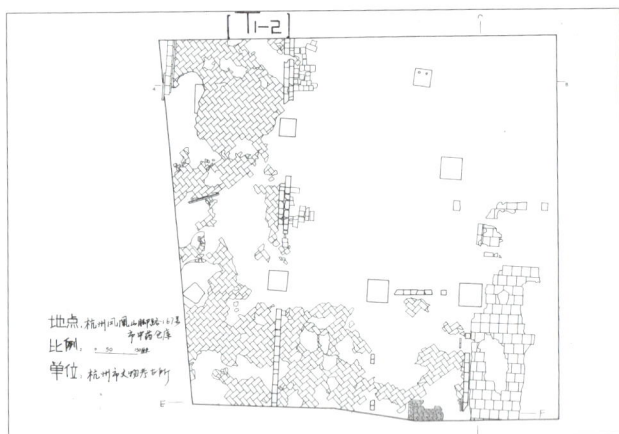

中药材仓库南宋建筑遗迹
平面图

中药材仓库南宋建筑遗迹

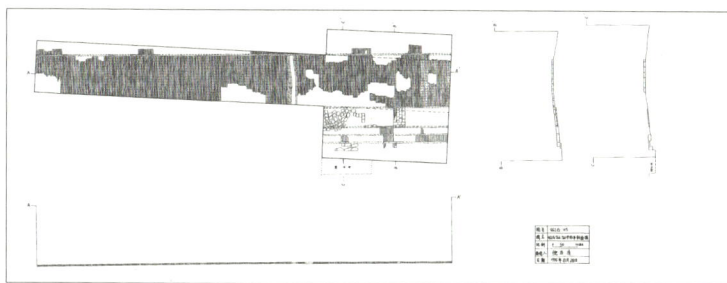

浙江省军区后勤部仓库招待所南宋砖砌道路遗迹平面图

浙江省军区后勤部仓库招待所南宋砖砌道路遗迹

1991年，在浙江省军区后勤部仓库内发现重要建筑遗址。在杭州市射击俱乐部南侧发现大型夯土台基及城墙残迹。

1996年，在浙江省军区后勤部仓库招待所内发现南北向砖砌道路及夯土台基。

宋城路西端发现南宋建筑遗迹

浙江省军区后勤部仓库南宋建筑遗迹

2004年，重新组建的临安城考古队在军区综合仓库院内又进行了较大规模的勘探，发现夯土台基若干处，其中较大的夯土台基5处、水池遗迹3处，夯土质量较高，保存较好。

2009年底至2010年初，杭州市文物考古所又对南宋皇城遗址核心宫殿区已钻探确定的夯土台基、水池等遗迹，以小规模探沟开挖的形式进行了勘探，取得进一步收获。此次勘探首次揭露了皇城核心区部分夯土台基及其砖铺地面、柱础，并发现有黑色淤土，应与水池等皇家园林遗迹有关，出土了较多莲花纹瓦当、脊兽、砖瓦等宫殿建筑构件。以下是历年发现的南宋皇城建筑遗迹一览：

表5 历年南宋皇城建筑遗迹

序号	发现地点	发现时间	遗迹类型	数据源
1	宋城路北侧、馒头山东麓、万松岭南、凤凰山麓陡坡	1984—2004年	城墙	临安城考古队
2	宋城路105号附近	2004年	西墙城门	临安城考古队
3	上城区少年军校总校正门口	2004年	南墙城门	临安城考古队
4	省军区后勤部仓库主干道附近	2004年	夯土台基（5处）	临安城考古队
5	省军区后勤部仓库主干道附近	2004年	水池遗迹（3处）	临安城考古队
6	省军区后勤部仓库内、市射击俱乐部南侧	1992年	夯土台基	临安城考古队
7	凤凰山西侧现代建筑群下	1992年	夯土台基	临安城考古队

续表

序号	发现地点	发现时间	遗迹类型	数据源
8	杭州气象站院内西北部	1993年	庭院内道路与地面	杭州市文物考古所
9	杭州市中药材仓库	1988年	大型建筑基址	杭州市文物考古所
10	省军区后勤部仓库招待所	1996年	道路遗迹和夯土台基	杭州市文物考古所
11	宋城路南侧	2004年	城壕（排水沟）	临安考古队

历年在皇城勘探与发掘中采集和出土的大量遗存，为明确南宋皇城地理方位提供了丰富的第一手资料，是研究临安城及皇城沿革的重要实物依据。

三、文献考释

南宋灭亡后，元人就"收宋国衮冕、圭璧、符玺及宫中图籍、宝玩、车辂、辇乘、卤簿、麾仗等物"。伯颜到临安后又"籍宋太庙四祖殿，景灵宫礼乐器、册宝暨郊天仪仗，及秘书省、国子监、国史院、学士院、太常寺图书祭器乐器等物"。[1]籍也就是登记没收的意思。宋末代皇帝赵㬎母子被肩舆抬出宫，只有太皇太后谢氏以疾留。在此之后，南宋宫殿就没有再在正史中出现过。元代曾以皇城旧址为五座佛寺，五座寺院在元末基本被毁。对于皇城，宋代文献《咸淳临安志》有不少记载，也有流传的《京城图》《皇城图》，但落实到能与实物比对考证的数据，尤其关于皇城完整的方位、格局的描述和图纸却完全没有，各

---

[1]〔明〕宋濂等：《元史》卷九《世祖六》，中华书局，1976年。

种史料笔记中仅有一鳞半爪的记述。到元末，已经有人开始考证南宋行宫，如元末明初徐一夔作《宋行宫考》，其后明清之际顾炎武作《历代帝王宅京记》，清朱彭作《南宋古迹考》等。为了便于对南宋皇城历史研究有一个整体的了解，我们把有关皇城的主要史料和研究著作列表如下：

表6　南宋皇城主要史料、研究著作列表

时间	著述
宋代	编年史：《建炎以来系年要录》《中兴小纪》《宋会要辑稿》《宋季三朝政要》《两朝纲目备要》 笔记：《建炎以来朝野杂记》《梦粱录》《西湖老人繁胜录》《武林旧事》《南渡行宫记》 志书：《咸淳临安志》《舆地纪胜》《方舆胜览》 类书：《玉海》
元代	《宋史》《马可·波罗游记》《客杭日记》
明代	《西湖游览志》《西湖游览志余》《宋行宫考》
清代	《历代帝王宅京记》《湖山便览》《南宋古迹考》
现代	《中国建筑史》第六章《五代、宋、辽、金》第五节《南宋之临安》（梁思成） 《南宋京城杭州》（周峰） 《南宋皇城探秘》（傅伯星、胡安森） 《故都杭州研究》（林正秋） 《南宋皇城历史文化地理综合研究》（复旦大学历史地理研究中心） 《杭州南宋临安皇城考古勘探调查》（中国社会科学研究院） 《江南丘陵地带遗址布局研究中的方法论介绍》（朱光亚、诸葛净、张轶群） 《南宋建筑史》（郭黛姮）

上述文献数据看似纷繁复杂，但经过梳理分析，大致可以分为如下几个方面：

按时间排序，可分为四块：一是宋代史料，基本为第一手数据，但是宋代史书对大内的记述多有避讳，仅有主要建筑的名称，更多信息则来自事件描述附带的只言片语和文人笔记。笔记根据具体人物经历不同而有所侧重，主要涉及朝会区域，对于内寝、内苑则大多语焉不详。二是元明史料，大多为宋代史料转述，较有价值的是关于报国、仙林、尊胜、兴元、般若五寺的记述，可以作为五处主要宫阙的引证。三是清代史料，由于考据之学兴盛，清代史料大多是对原有史料的相互印证，《历代帝王宅京记》《南宋古迹考》的记述大抵如此。四是现代研究史料，研究者大多综合上述诸多史料，结合宋代文化、社会的发展进行研究，提出自己的推想。

综上所述，南宋大内史料虽然说不上非常丰富，但还是有一定数量的，不过在实际的研究中却发现关于南宋大内的总体布局和建筑形式的第一手史料非常少，在已知的史料中最重要的只有三条：其一是《建炎以来朝野杂记》乙集卷三"垂拱崇政殿"条；其二是《南渡行宫记》；其三是《梦粱录》"大内"条。

26 垂拱崇政殿

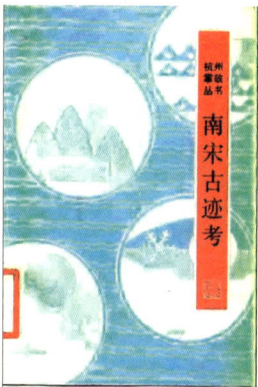

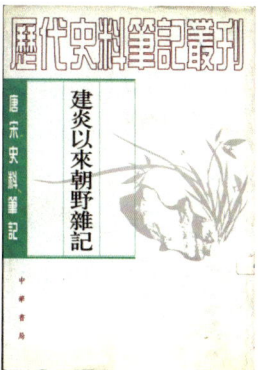

临安府治，旧钱王宫也，规制宏大，金人焚荡之馀，无复存者。绍兴南巡，因以为行宫，其制甚朴。休兵后，始作垂拱、崇政二殿，其修广仅如大郡之设厅。淳熙再修，亦循其旧。每殿为屋五间，十二架，修六丈[五五]，每殿各二间[五六]，广八丈四尺。殿南檐屋三间，修一丈五尺，广亦如之。两朵殿各二十间，东、西廊各二十间，南廊九间。其中为殿门，三间六架，修三丈，广四丈六尺。殿后拥舍七间。寿皇因以为延和殿，至今因之。盖圣人卑宫室而尽力乎沟洫之意。

《建炎以来朝野杂记》乙集卷三"垂拱崇政殿"条（文渊阁《四库全书》本）

南宋皇城主要史料（部分）

　　《建炎以来朝野杂记》的作者是李心传（1167—1244），该书记载的内容涉及南渡后高宗、孝宗、光宗、宁宗四朝，以高宗、孝宗二朝的典章制度及相关史实为主。李心传，《宋史》有传，字微之，14岁随父李舜臣居于临安（今浙江杭州），舜臣博通古今，时任宗正寺（管天子宗族事）主簿。宝庆二年（1226），李心传由崔与之等人荐入史馆校勘，因此李心传有机会阅读官藏史书和文献档案。《建炎以来朝野杂记》书中关于垂拱、崇政殿的记载是现存最早的关于南宋宫殿本体的记载，也可能是最接近当时官方记载的文献。该文详细记述了垂拱、崇政殿的建筑尺度："每殿为屋五间十二架，修六丈，广八丈四尺。殿南檐屋三间，修一丈五尺，广亦如之。两朵殿各二间，东、西廊各二十间，南廊九间。其中为殿门，三间六架，修三丈，广四丈六尺。殿后拥舍七间。寿皇因以为延和殿，至今因之。"这段文字几乎为后来所有的南宋大内史料，包括《宋史·舆服志》所引用。这段史料也是南宋大内建筑尺度的唯一文献依据。

　　《南渡行宫记》最早出现在元末明初陶宗仪的《南村辍耕录》中，根据《南宋皇城历史文化地理综合研究》的考证，《南渡行宫记》记载的是理宗景定二年至度宗咸淳二年（1261—1266）的情况，作者陈随应，应为陈随隐，名世崇，子伯仁，号随隐，曾任东宫讲堂掌书。其中关于垂拱殿的记载："垂拱殿五间十二架，修六丈，广八丈四尺。檐屋三间，修广各丈五。朵殿四，两廊各二十间，殿门三间，内龙墀折槛。殿后拥舍七间，为延和殿。"与《建炎以来朝野杂记》记载基本相同，很可能摘录自同一份文献数据。《南渡行宫记》共计724字[1]，讲到了大内各主要区域，成为我们研究皇城大内布局的最重要史料。

　　另有吴自牧的《梦粱录》可为辅证，吴自牧为宋人，而《梦粱录》成书于宋亡后。吴自牧生平无从查考，以其所记，可以看出作者既不能像李心传一样参与朝会，也不能如陈随隐出入宫廷，其著作在宫廷后勤、进食方面的记载尤为详细，这是否说明作者曾经从事过为宫廷服务的工作呢？这仅仅只能作为猜测，不过《梦粱录》却为我们留下关于宫廷服务设施的重要线索。

　　其余史料对大内布局、建筑的形式涉及较少，鲜有专门的描述。宋以后的

---

[1] 据《四部丛刊三编》本、《丛书集成初编》本、中华书局1959年版《南村辍耕录》统计。书中作"南度行宫记"，据《历代帝王宅京记》改，便于今人理解。

钦定四库全书
梦梁录

衞護名之中軍聖下寨門外左右俱置護龍水池沿
寨向南有便門謂之東便門禁庭諸殿更有者十日延
和日崇政日福寧日復古日緝熙日勤政日嘉明日射
殿日選德日奉神御殿名欽先孝思之殿更有天章諸
閣奉藝祖至理廟神御御書圖製之籍寶瑞之閣建於
木幨寢殿也嘉明殿相對東廊門樓乃殿中省六尚局
六部山後 供進膳即嘉明殿在勤政殿之前勤政即
御厨祗應内侍人員俱集於此殿上常列禁衛两重時
刻提警出以甚嚴内皆近侍中貴殿之廊廡皆知省御
藥御帶門司内轄等宮幕次聽候宣喚小圂子快行親
從董官黄院子内諸司司屬人員等上番者俱聚於廊
應祗候服役如宮禁買賣進貢皆由此入惟此處浩禳
每遇進膳自殿中省對嘉明殿禁衛成列約闌不許過
往省門上有一人呼唱謂之撥食次有紫衣裹捲脚幞
頭者謂之院子家拓一合用黄綉龍合衣籠罩左手攜
一條紅羅綉手巾進入於此樣約十餘合繼後又拓金

《梦梁录》中有关宫廷后勤、进食方面的记载

史家考证，南宋大内也不过是引用上述三家的记述进行发挥而已，但上述三段史料毕竟给了我们以管窥豹的可能。

南宋皇城的现代研究大致可分为皇城的位置、皇城的范围、主要宫殿的布局、建筑形式等若干层次。其中皇城的位置、皇城的范围是各家研究的重点，主要的分歧在于两点：第一，中河南端是否包入皇城内，即皇城东界的确定问题；第二，丽正门、和宁门的位置具体在哪里，即皇城北界、南界的确定问题。虽然各方学者对于大朝会区的位置认定基本一致，认为在馒头山与凤凰山东麓之间，但由于对皇城范围的看法不同，对于东宫、慈宁宫、园囿（小西湖）的位置有很大分歧。而对于皇城主要建筑的形式、尺度研究，各方研究较少，目前所见资料只有郭黛姮《中国古代建筑史》第三卷中有关垂拱殿的复原研究。郭黛姮《南宋建筑史》对南宋建筑有比较系统的研究，但是，基于“曾经发掘出南宋时期的建筑局部或城市街道局部，尚需进一步研究其全貌，才能说明其在南宋建筑发展史中的地位”考虑，该书的研究偏向于整个南宋建筑宏观的发展过程，没有在细节上展开，如她自己在前言中所说，没有把近年来的考古发现作为实例纳入研究。

四、自然环境

中国古代造城需相土尝水，象天法地，而皇城的选址更有"形胜""王气"之说。南宋皇城位于凤凰山东麓，南宋皇城的布局依山就势，就是这种传统的选址经典。宋人赵彦卫说："所谓余杭之凤凰山，即今临安府大内丽正门之正面；按山上有天柱宫及钱王郊坛，尽处即嘉会门。山势自西北来，如龙翔凤舞，掀腾而下，至凤凰山止。山分左右翼，大内在山之左腋，后有山包之，第二包即相府，第三包即太庙，第四包即执政府，包尽处为朝天门。"[1]赵彦卫说凤凰山左腋"后有山包之"，应该是指八蟠岭，第二包指万松岭，第三包指瑞石山，第四包指吴山。

图例：
- — — 山脊线
- —— 城墙遗址

南宋皇城形胜图

凤凰山东八蟠岭前还有一座小山岭与凤凰山相连，即是吴衙山。吴衙山山势迂回，应该就是《湖山便览》中说的凤凰山东的回峰。[2]与吴衙山、八蟠岭相对的小山称"馒头山"，八蟠岭与馒头山之间有一道缓缓的山梁连接。吴衙山、八蟠岭与馒头山如同两臂，环抱着一前一后两块平坦的坡地，分别是南宋皇城的宫殿和后苑的所在。

与地形地貌密切相关的是水系的分布。从地形看，中部的山梁把皇城分为两个汇水区。前部汇水区汇水面积较大，而且包括吴衙山与八蟠岭相

---

[1]〔宋〕赵彦卫撰，傅根清点校：《云麓漫钞》卷三，中华书局，1996年。

[2]〔清〕翟灏、翟瀚同辑，王维翰重订：《湖山便览》卷一〇，清光绪元年（1875）王氏槐荫堂重刊本。

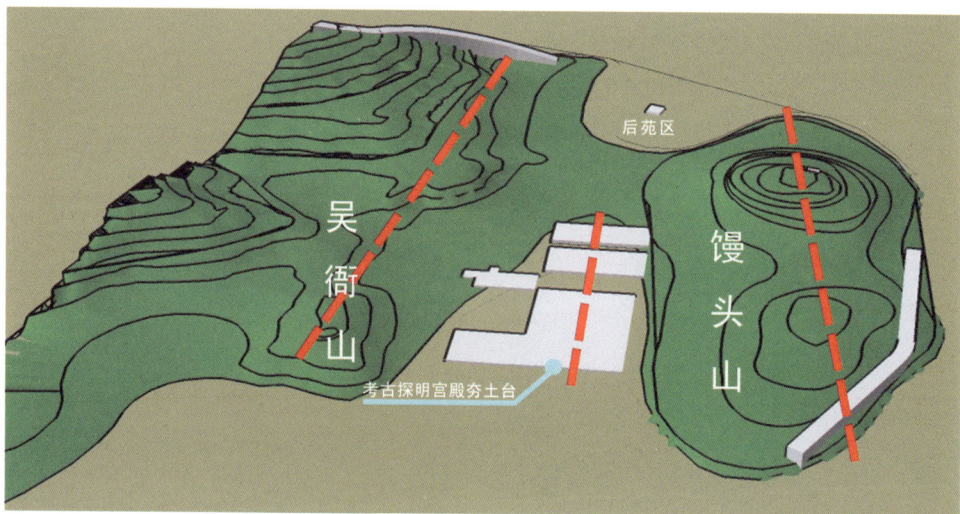

吴�山与馒头山之间地形地貌

交的山谷。西侧将台山、月岩、圣果寺一侧的山水汇聚成一道溪流,明代入山口仍然有桥,称为"御莲桥"[1]。溪流向东,在皇城南成为护城河,从城墙下流过。从前述考古确定的皇城范围来看,皇城内部没有明显的外来水源,当时不太可能有大量的动力引水,主要的水源即是降雨及山坡汇水。整体地势西高而东低,这也就是水门设置在东南角的因素之一。前部区域的汇水较大,殿前、宫门前很可能有类似北京明清故宫金水河的径流穿过,当然这仅为猜测,需要进一步考古证明。

---

[1] 参见〔清〕释超乾:《凤凰山圣果寺志·桥》,《武林掌故丛编》本。

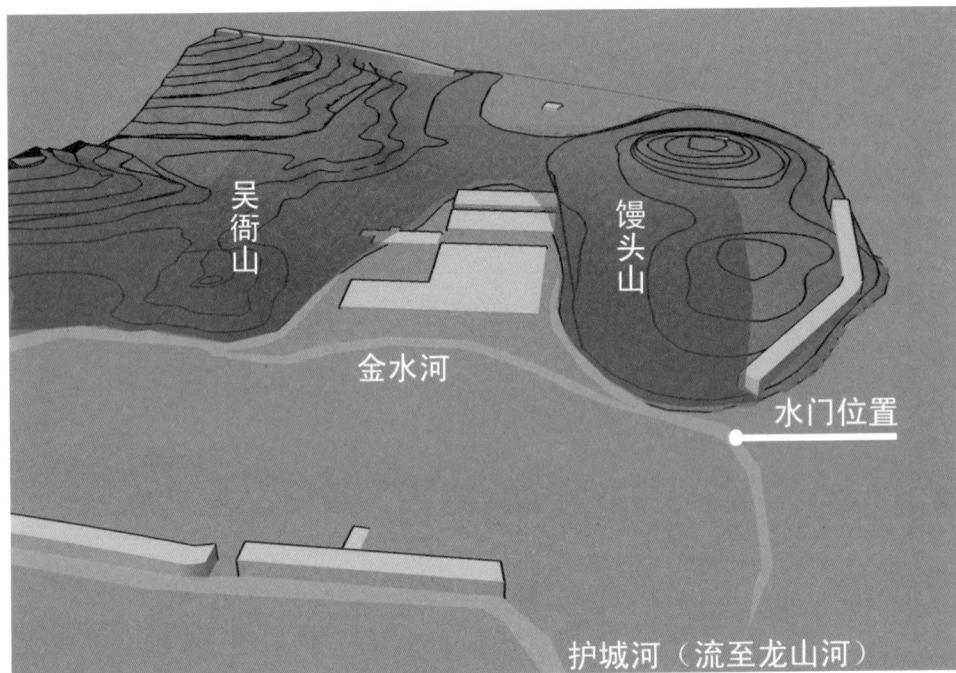

吴衙山

馒头山

金水河

水门位置

护城河（流至龙山河）

皇城前部汇水示意图

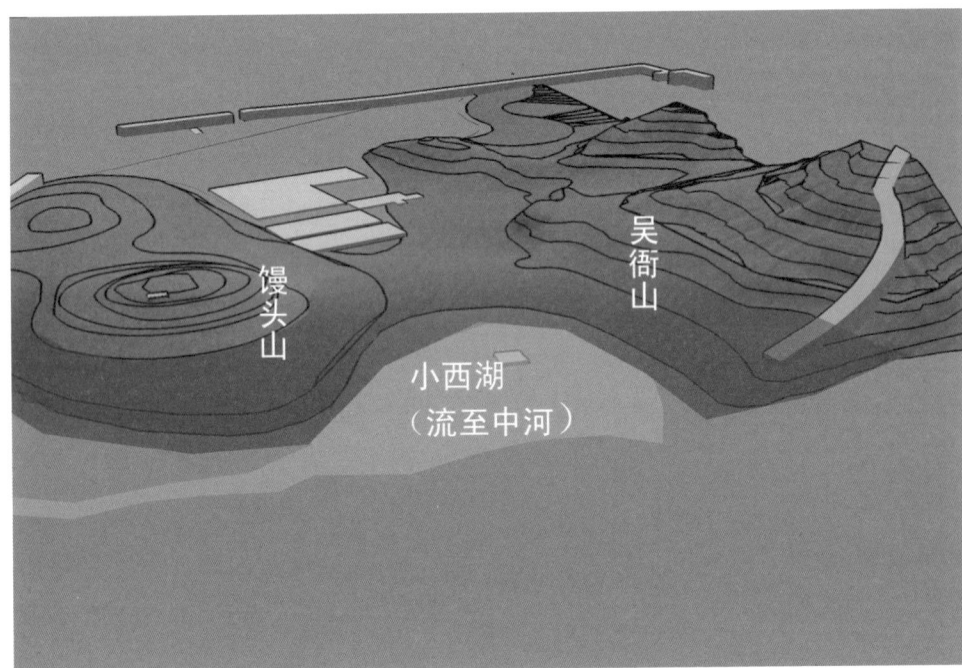

馒头山

吴衙山

小西湖
（流至中河）

皇城后部汇水示意图

南宋临安大内复原推测图（朱光亚绘）

　　后部汇水区主要由八蟠岭东坡、中间山梁的北坡、馒头山的东北坡和北坡组成。该区域没有两山组成的山谷向凤凰山延伸，所以也没有来自山坡的大型溪流。因此，有的学者认为小西湖位置应该在馒头山东北角，或者干脆与中河相连（见傅伯星所绘南宋皇城内分布示意图），以中河水来解决小西湖的水源问题。

　　历史数据常常被后人以不同的方式解读，而自然山水却能历经岁月而不变，所谓"青山依旧在，几度夕阳红"。朱光亚等在《江南丘陵地带遗址布局研究中的方法论介绍》中，对皇城地形研究提出了几点原则：①古代高的地方经过八百年的风雨已经变低了，但它在现状中仍是较低处为高的地方。②古代低的地方经过沧海桑田的变迁，原有湖泊、池塘可能已经湮没、淤塞，标高也已升高，但与周围高的地方相比，它仍然是低的。以此，无论变高变低，绝对标高变了，但相互关系没有变。③山地建筑最合理的选址，要么平行于等高线，要么垂直于等高线。因此，对地形地貌的解读，是揭开南宋大内之谜的重要钥匙。考古试勘发现的夯土台轴线，基本与吴衙山、八蟠岭的山脊线平行居中的轴线重合，从一个侧面证实了南宋皇城选址与地形的必然联系。

单从历史记载来看，水堂近小西湖，翠寒堂近水堂，碧琳堂近翠寒堂，而碧琳堂是一处洞穴石室（见《南宋皇城历史文化地理综合研究》），因此小西湖应该离山体很近，如果在中河边就太远了。纵观整个山体后部地区，最低点标高位置基本位于原杭州五四中学操场附近，该处经杭州市文物考古所挖掘，至3米以下才到元代地层，也就是说其宋代标高更低，是一处洼地，上述汇水面的水最终必然汇集到此处，因此推论该处即是内苑小西湖。在这一点上，我们与朱光亚等的研究是一致的，所不同的是朱先生等认为宫廷后苑是沿凤凰山麓向西延伸，而我们认为后苑是向东扩展，包括馒头山北麓地区。我们认为，《南渡行宫记》记载的"山下一溪萦带，通小西湖"，应该是该路水系经馒头山脚向中河排水，考古人员在东墙附近发现的大型地下排水道可作旁证。

皇城水系分析图

五、边界与范围

经过考古人员的努力，目前发现三段较为明确的城墙遗迹——南侧及西南角、西北侧、东侧，由此产生两个问题：第一，这三段墙是否都是皇城城墙？第二，如果是，三段墙之间是如何连接的？城门位置何在？实际上也就是学者们争论的问题。

关于皇城南墙和丽正门，学者们基本认定在今天宋城路一带，但具体位置有不同的说法：有的认为在"凤凰山脚路与宋城路交界处"（浙江省第一测绘院编绘《杭州详图》），有的认为在"凤凰山脚路与宋城路交界处偏西20米"（阙维民），有的认为在"笤帚湾偏北"（王士伦），有的认为在"馒头山与吴衙山中间部分"（根据傅伯星复原图推测）。虽然学者们所述地区基本为同一地块，但是我们认为凤凰山脚路是后来产生的通道，作为坐标轴可能误导丽正门的位置。参考《咸淳临安志》所记载的《京城图》《皇城图》，及赵彦卫说的"所谓余杭之凤凰山，即今临安府大内丽正门之正面"，南墙位置正对凤凰山脚。现场踏勘，从军区仓库院落西望，明确看到两座山势如《皇城图》所示。

宋城路尽端处发现的城门与《皇城图》大内西南角（图左上）记载的朝马院、府后门位置吻合。因此，皇

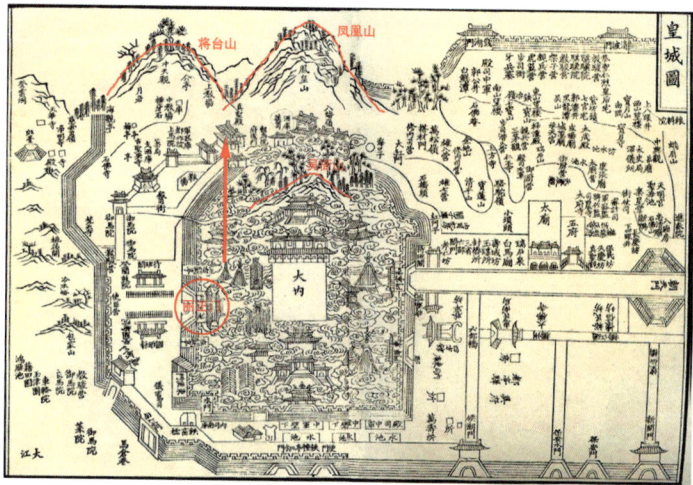

皇城南界分析图

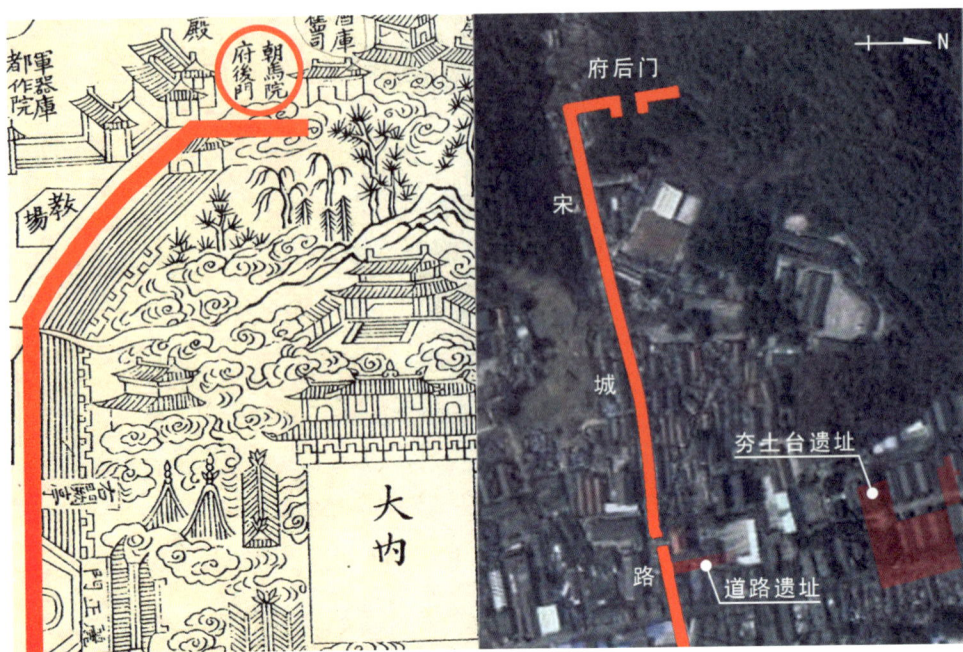

皇城西南界分析图

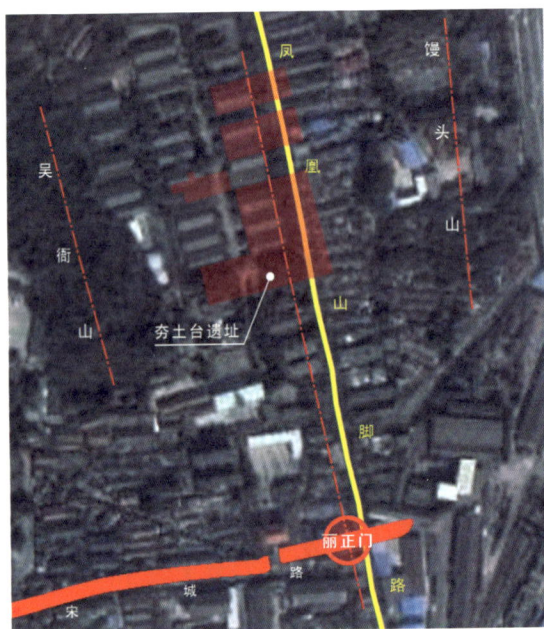

丽正门位置分析图

城南墙应该就在宋城路沿线，现在发现的南侧、西南侧的城墙遗址就是皇城南墙。

而该墙内侧发现砖砌道路，正是皇城内通道之一。场地内几个大型夯土台形成的轴线，与馒头山、吴衙山之间的中轴线基本重合，推测为皇城的主要中轴线，因此该轴与城墙（约为今宋城路）交界处是丽正门的可能性最大。

关于皇城的北墙与和宁门的位置，基本有三种不同的意见。其一，和宁门的位置在今凤山门水门遗址附近（傅伯星及根据朱光亚的复原图判断）。其二，和宁门在凤凰山脚路与万松岭路交界处（阙维民、浙江省第一测绘院编绘《杭州详图》、《中国古代建筑史》、《中国古代建筑技术史》）。其三，和宁门在万松岭的东部偏南，万松岭在皇城之外（王士伦）。万松岭古道，自古就是沟通杭城南北的要道，据《梦粱录》记载："殿司衙山上万松岭，在和宁门外孝仁坊西岭上，夹道栽松，今第宅内官民居，高高下下，鳞次栉比，多居于上。"[1] 由此可见，皇城并未将万松岭古道包入。从地图查看，对照赵彦卫对于凤凰山山势的描写，凤山门所对清平山，山后已经是太庙，即赵彦卫所说的"第三包"，如果皇城范围至此，则第二包相府就没有地方安排。因此，我们认为和宁门位于凤山门水门附近不太可信。

西北侧城墙沿八蟠岭山脊兴建，现在仍保留有暴露于地面上的夯土墙遗迹。城墙起于山脊，其原因是避免山体汇水造成的冲刷。城墙沿山脊下行，是否直接到万松岭路边呢（如《杭州南宋临安皇城考古勘探调查》中所推测的）？按《皇城图》所示，城墙在西北角有一南向斜锐角，不符合一

八蟠岭山脊北城墙遗迹

般的夯筑规律。但从地形分析，该角是城墙沿山脊到达山脚后，既为了在北城墙与万松岭古道之间留出空间，又能使城墙与御街形成正交。《梦粱录》记载："内后门名和宁……门外列百僚待班阁子，左右排红杈子，左设阁门，右立待漏

---

[1] 〔宋〕吴自牧：《梦粱录》卷一一，浙江人民出版社，1980年。

院、客省四方馆，入登平坊。"[1]可以知道和宁门外尚有大量建筑，因此我们倾向于第三种专家意见。我们在地形图上作图推论，北墙应该位于万松岭古道以南，中药材仓库遗址以北，现在凤山新村中心的区域。而北门的位置应该是城墙与鼓楼、严官巷御街遗址的连接线与城墙交界处。该推论希望能在下一步的考古发掘中得到验证。

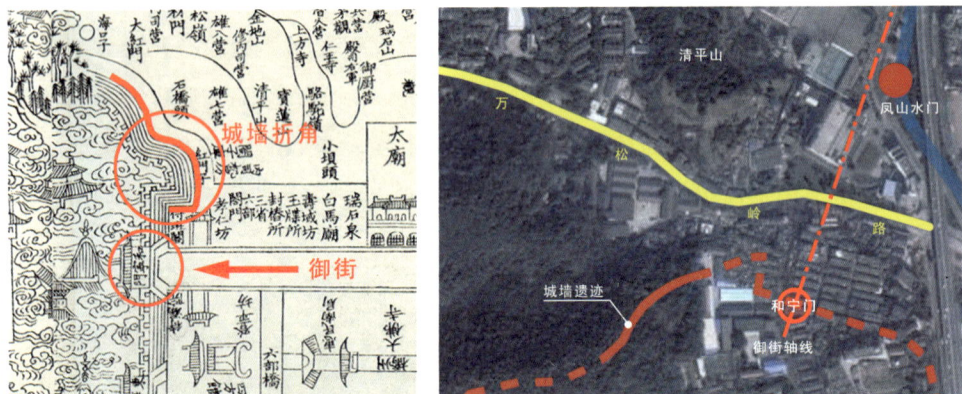

和宁门位置分析图

对于皇城的东部界线，有两种意见：一是中河在皇城内，支持这一观点的专家有陈桥驿、傅伯星、宁越敏、斯波义信等；二是浙江省第一测绘院、中国科学院自然科学史研究所、复旦大学历史地理研究中心等机构以及林正秋、王士伦、朱光亚、阙维民等专家学者均把中河南段放在皇城东墙外。而现在发现的东墙仅仅是在馒头山东侧山脚，这到底是怎么一回事呢？这里不得不对南宋临安城南部城墙和水系的演变进行一番梳理。

南宋的三本志书《乾道临安志》《淳祐临安志》《咸淳临安志》都记载，临安城内有运河四条：清湖河（西河）、市河（小河）、盐桥运河（大河）和茅山河，与大内地块临近的是盐桥运河（大河）和茅山河。而龙山河一直归入城外运河。我们现在看到的中河南段，实际上是原来的盐桥运河与龙山河的连接体，是元代以后重新疏浚的结果。"临安三志"记载盐桥运河南端起于碧波亭，《乾

---

[1]〔宋〕吴自牧：《梦粱录》卷八，浙江人民出版社，1980年。

道临安志》说碧波亭"在旧治子城北门外。五代史载，钱氏大阅兵于碧波亭亭阶临水，面阔数丈"[1]。吴越国的子城，沿袭唐代州治，位于凤凰山之右，也就是南宋皇城的区域，其北门、碧波亭也就是在万松岭路、杭州卷烟厂、元代的凤山水门一线。北宋苏轼的《申三省起请开湖六条状》讲："盐桥河，南至州前碧波亭下，东合茅山河。"茅山河，志书记载"东自保安水门，向西过榷货务桥转北，过茅山并蒲桥，至梅家桥"[2]，大概位置在盐桥运河（大河）和菜市河（东河）之间。直到民国，有了现代测绘地图，我们可以看到盐桥运河通过保安桥直街与城外相连，保安桥直街现已并入江城路。也就是说，城内运河与南宋皇城地块并无直接联系。而龙山河与城内河道的连接，苏轼讲得很清楚，"龙山浙江潮水径从茅山河出天宗门"，也就是说龙山河是连接到保安水门的茅山河的。

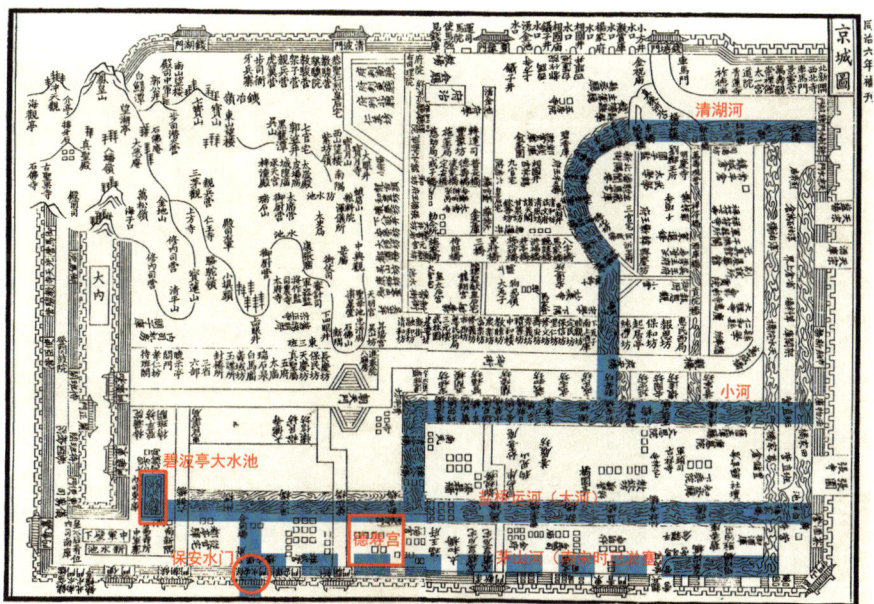

南宋时期城内运河

---

[1]　〔宋〕周淙：《乾道临安志》卷二，《丛书集成初编》本，中华书局，1985年。

[2]　〔宋〕施谔：《淳祐临安志》卷一〇《山川三》，台北成文出版社有限公司，1975年。

那么为什么南宋"临安三志"记载龙山河"南自龙山浑水闸，由朱桥自南水门入城"呢？这不得不说到南宋临安城东南角城墙的变迁。《宋会要辑稿》记载，绍兴十三年（1143），大理寺丞吴镛说："伏自车驾驻跸东吴，城壁仍旧，未暇改作。近日创建前殿，肇新典礼，每遇朝会，宰执百官缘朝在城之外，遂自五鼓后启外城二门之钥，不惟密迩皇城，而又迫临江渚富商大贾风帆海舶往来之冲，岂所谓九重严邃、君门万里之义乎？乞下所属措置，若城外朝路难以移改，只于朝路之外东量添城壁，免致未旦启钥。"[1] 这是说，自从定都临安后，临安的城墙仍然沿用北宋的，所以官员们上朝要先出城，天没亮就要开城门，造成安全隐患，而上朝的道路靠近商贾通行的水路，有失体统，所以要把城墙外扩。这里的水道就是指龙山河。而二门是指哪两个门呢？绍兴十五年（1145），为了皇帝的亲耕籍田大典，礼部太常寺要求"其利涉门、候潮门早三刻开，放令经由出入"[2]。候潮门的位置大概在今天江城路东、六部桥直街中段的位置，而利涉门的位置猜测也在万松岭路、杭州卷烟厂、元代的凤山水门一线。这个时候是没有南水门的，龙山河还在城外，"临安三志"所讲的龙山河自南水门入城，是绍兴二十八年（1158）以后的事情了。

《宋会要辑稿》记载，绍兴二十八年六月三日，诏："皇城东南一带未有外城，可令临安府计度工料，候农隙日修筑。"七月二日，殿前都指挥使杨存中言："降下展城图子，令臣相度。臣看详所展城离隔墙五丈，街路止阔三丈，只是通得朝马路。今乞更展八丈，通一十三丈，以五丈作街路，六丈令民居。将来圣驾亲郊，由候潮门经从所展街路，直抵郊台，极为快便。"张俊、杨倓又言："今相视合修筑五百四十一丈，计三十余万工，用砖一千余万片，矿灰二十万秤。"[3] 这里透露出几层信息：第一，直到绍兴二十八年，皇城东南无外城。

---

[1]〔清〕徐松辑，刘琳、刁忠民、舒大刚等点校：《宋会要辑稿·方域二》，上海古籍出版社，2014 年。

[2]〔清〕徐松辑，刘琳、刁忠民、舒大刚等点校：《宋会要辑稿·礼六》，上海古籍出版社，2014 年。

[3]〔清〕徐松辑，刘琳、刁忠民、舒大刚等点校：《宋会要辑稿·方域二》，上海古籍出版社，2014 年。

第二，绍兴十三年（1143）吴镛的建议有没有被采纳呢？应该是采纳了一半，并未筑城墙，而是建了一道隔墙，隔开的就是朝路和龙山河。第三，从现代地形图上测量，从包家山到候潮门走一个折线，距离大概是1600多米，这个基本等于上述所说的"五百四十一丈"，也就是说，从候潮门往南的城墙都是这次新建的。民国地图上有候潮门直街、候潮门外直街，中间跨过龙山河的是回驾桥，这条路线应该就是杨存中所说的"由候潮门经从所展街路，直抵郊台，极为快便"的那条道路。第四，这次建设后，把龙山河纳入城内，由于龙山河在这一段先向北，再向东北，因此在短短的候潮门到嘉会门之间有了南、北两座水门，见于《咸淳临安志》的《京城图》。

绍兴二十八年（1158）九月二十二日，措置修城所言："契勘新城添置便门，今欲移用'利涉'为名，所有旧利涉门系于园墙大路修盖，乞别立门名。"因此，"诏新南门可名嘉会门"。[1] "园墙大路"可能是原墙大路的意思，就是说原来利涉门是跨在大路上的，这时可能也没有被拆除，所以新南门就取了新的名字。由此可以看出，北宋时杭州城市很可能是子城、罗城分置的，子城在南城外，南宋时因为子城变为皇城，所以外城南扩到了包家山一线，而元以后皇城被毁，元末张士诚修杭州城时很可能就退回了北宋时的南界。这也是猜测利涉门的位置在万松岭路、杭州卷烟厂、元代的凤山水门一线的原因。

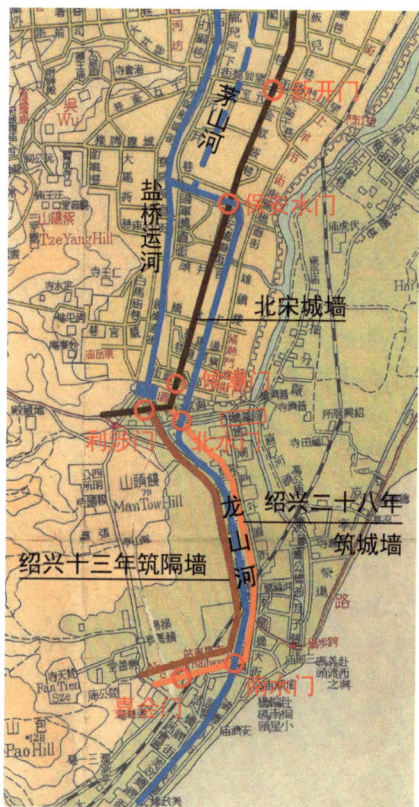

南宋临安城东南角变迁图

---

[1]〔清〕徐松辑，刘琳、刁忠民、舒大刚等点校：《宋会要辑稿·方域二》，上海古籍出版社，2014年。

至于茅山河，苏轼的《申三省起请开湖六条状》说得很清楚，用途是沉淀江潮中的泥沙，"今宜于钤辖司前创置一闸，每遇潮上，则暂闭此闸，令龙山浙江潮水，径从茅山河出天宗门，候一两时辰，潮平水清，然后开闸，则盐桥一河过阓阓中者，永无潮水淤塞、开淘搔扰之患。而茅山河纵复淤填，乃在人户稀少村落相半之中，虽不免开淘，而泥土有可堆积，不为人患"[1]。当时的设想是茅山河周边居民较少，便于清淤，但是南宋一旦定都临安，茅山河周边也很快会遍布居民，河道淤塞不再疏通，所以在南宋早期，很可能茅山河已经淤塞了，后来很多官方建筑德寿宫、佑圣观都是建在原来河道之上的。

那么，我们现在发现的东侧城墙是不是皇城东墙呢？有了两种可能：第一，我们发现的东墙是皇城东墙；第二，在中河与现在发现的馒头山脚城墙之间还有一道城墙，这次发现的是禁城遗迹。《宋会要辑稿》明确记载："刑部状：'检准律：诸越殿垣者绞，宫垣流三千里，皇城减宫垣一等，京城又减一等。'"[2]可见是有禁城城墙的。究竟哪种推论正确，可能最终需要考古发现来证明。但我们有另外一种逻辑推论，即如果有另一道皇城东墙，那么这两道墙之间的用地是干什么的呢？在各家的研究中，不论是傅伯星、朱光亚还是复旦大学历史地理研究中心的研究，都把这一区域当作东宫、慈宁宫的所在。但是，历史上记载，宋高宗自己说慈宁宫"行宫地隘，只依山修筑"[3]。而李心传记载东宫"其地甚隘"[4]。而从中河到现在发现的东侧墙体之间距离约240米，即便皇城只取其一半的用地，也有120米，已经与馒头山和吴衙山之间的大朝会用地接近了。若真有此处用地，断不会有用地狭隘之语了。所以中河与现在发现的馒头山脚城墙之间的那道墙很可能就是绍兴十三年（1143）到绍兴二十八年（1158）之间使用的隔墙。

《皇城图》所示，东南角（图左下）还有向外突出一部分及东便门、水门等。

---

[1]〔宋〕苏轼撰，〔明〕茅维编，孔凡礼点校：《苏轼文集》卷三〇，中华书局，1986年。

[2]〔清〕徐松辑，刘琳、刁忠民、舒大刚等点校：《宋会要辑稿·方域二》，上海古籍出版社，2014年。

[3]〔宋〕熊克著，顾吉辰、郭群一点校：《中兴小纪》卷二七，福建人民出版社，1985年。

[4]〔宋〕李心传撰，徐规点校：《建炎以来朝野杂记》乙集卷三，中华书局，2000年。

皇城东界分析图

城墙在此处的曲折，从地形上看完全没有必要，似乎是专为把馒头山前的土地包入皇城而作。《中兴小纪》记载，绍兴十六年（1146），临安知府张澄受到褒奖，"除澄庆远军节度使，从官得旌钺"，熊克评价说："本朝绝少，中外荣之。"[1]而褒奖的功绩是："展皇城"、"创修外阙"和亲耕的准备工作。绍兴十五、十六年对于南宋王朝来说是非常重要的年份，高宗第一次举行了大庆礼会和亲耕

---

[1]　〔宋〕熊克著，顾吉辰、郭群一点校：《中兴小纪》卷三二，福建人民出版社，1985年。

礼，标志着一个王朝正式在临安安定下来，所有的制度基本具备，"创修外阙"是指上述隔开龙山河的隔墙建设，"展皇城"很可能就是为东宫用地做准备。因为在绍兴十二年（1142），韦太后回来后，慈宁宫已经占据了皇城东侧、馒头山前半部（见下文慈宁宫论述）。这里从侧面印证了皇城在馒头山以东没有更多的用地，现在发现的东墙或为皇城东墙。从现状地形图上看，皇城东南部至少包含杭州地铁南星桥站的一部分。因此，我们推论现在发现的东墙应为皇城城墙。

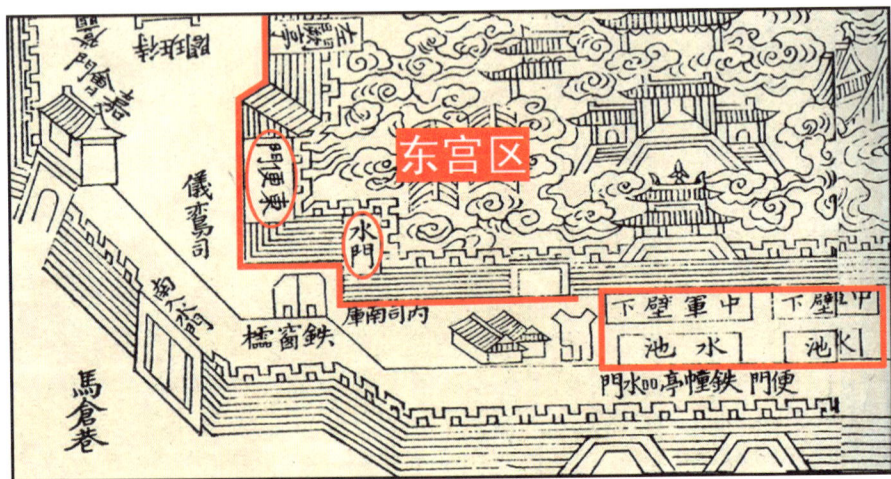

皇城东南角分析图

对于皇城西侧，《杭州南宋临安皇城考古勘探调查》提出"西墙有南段，大部分是利用了凤凰山的自然山体"，此说值得商榷。《宋会要辑稿·方域二》明确记载："刑部状：'检准律：诸越殿垣者绞，宫垣流三千里，皇城减宫垣一等，京城又减一等。'"凤凰山山坡虽然较陡，但绝对不是不能翻越的，作为皇城的管理必须要明确地界线，因此皇城应是围合的。从现查明的两段城墙可以看出，其修筑基本是沿着山体的脊线，主要是防止山体汇水对墙体的冲刷，以此推论，我们基本可以断定西侧范围应该沿山脊线到现在凤凰亭位置封闭。当然，位于山坡上的不一定是城墙的形式，很可能是一般的墙体，我们在清代承德避暑山庄可以看到类似墙体。

那么，禁城城墙又何在呢？《宋史》记载，绍兴三十一年（1161）五月乙

凤凰山山脊城墙遗迹

承德避暑山庄城墙

亥"增筑禁城"。[1]有两种解释：一种是原来有禁城，进行增补；另一种是原来没有禁城，现在补上。从南宋皇城断断续续的建造历史上看，早期很可能是没有禁城的，此时的禁城也可能仅仅是在南北宫门处部分增补，东西两侧很可能是皇城、禁城同一道城墙的。

六、皇城布局

1. 轴线

对于轴线的考证，前辈学者大多认同大庆、垂拱两条轴线，而朱光亚等进一步根据皇城的地形提出，皇城的轴线可能难以由南至北完全拉通，但一座宫殿建筑可能仍然体现出自己的轴线。在此基础上，我们的研究结合新的考古发现提出两点意见：第一，大庆殿、垂拱殿两条轴线是有主次的，大庆殿的轴线向前一直延伸到丽正门，但与和宁门不通；第二，很可能还存在第三条轴线。在地形研究的论述中，已经阐述了地理轴线与皇城中轴线基本重合，南宋皇城因为地形限制，其轴线主要表现在前朝区域，从目前已知的考古资料来看，应是分为两组轴线，其中"L"形主夯土台的主轴与馒头山—吴衙山的对称轴线基本重合，

---

[1]〔元〕脱脱等：《宋史》卷三二《高宗九》，中华书局，1985年。

我们推测其为朝会大庆殿轴线，其西侧"L"形伸出部分轴线，推测为常朝垂拱殿轴线。其东侧暂时缺乏考古资料，但也有可供建筑的平地，中轴线至西侧山边为110米，至东侧山边为80米。根据记载，大庆殿、垂拱殿尺度规模一样，为了保持轴线和均衡感，其东也必定有相应建筑。根据《建炎以来朝野杂记》记载："内中神御殿，东都旧有之，号钦先孝思殿。绍兴十五年秋始创，在崇政殿之东。"[1]《宋会要辑稿》记"欲于射殿东修盖神御殿一座"[2]。《宋史》记载："休兵后，始作崇政、垂拱二殿……紫宸殿，遇朔受朝则御焉；文德殿，降赦则御焉；集英殿，临轩策士则御焉；大庆殿，行册礼则御焉；讲武殿，阅武则御焉。其实垂拱、崇政二殿，权更其号而已"，"时行宫止一殿，乃更作崇政、垂拱二殿。御史台请以射殿为崇政殿，朔望权置帐门以为紫宸殿，宣赦书、德音、麻制以为文德殿"。[3]因此，这时的崇政殿即为绍兴十二年（1142）建成的文德殿（大庆殿），也就是再早的原有州衙的射殿。参考北宋宫廷布局，我们可以推论，在南宋后期，大内前朝基本已经具备与北宋宫廷类似的三组轴线，即

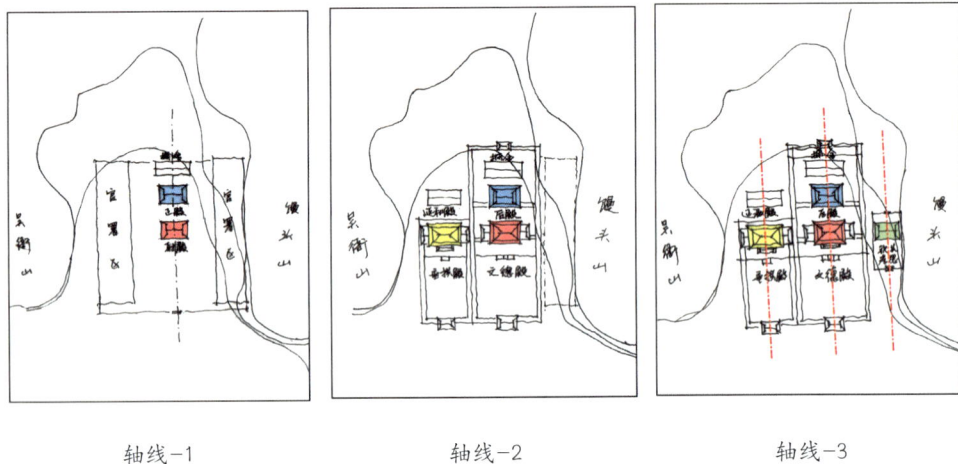

轴线-1　　　　　　轴线-2　　　　　　轴线-3

［1］〔宋〕李心传撰，徐规点校：《建炎以来朝野杂记》甲集卷二，中华书局，2000年。

［2］〔清〕徐松辑，刘琳、刁忠民、舒大刚等点校：《宋会要辑稿·方域二》，上海古籍出版社，2014年。

［3］〔元〕脱脱等：《宋史》卷一五四《舆服六》、卷一四三《仪卫一》，中华书局，1985年。

垂拱殿轴线、大庆殿轴线、钦先孝思殿轴线。《马可·波罗游记》中记载的也可作为旁证："它系国王所居……方圆十里，围以高墙，分成三大部分。"[1]

2. 道路

南宋皇城沟通南北的主要道路为三条：

中轴道路，也就是大朝会路线，从丽正门经南宫门、大庆殿门至大庆殿为礼仪通道，一般臣子到此为止。故此大多史料至此而止，《西湖老人繁胜录》记载："岁节四更，诸厅人从各往本厅，请官纠内前待班阁子内坐，待大内门开，文武百官入至殿阶列班，法物仪仗罗列，禁卫待班齐邀圣驾登宝殿。"[2]《梦粱录》"元旦大朝会"条载："宰执百僚待班于宫门之次，犹见疏星绕建章。但禁门未启，而虾蟆梆鼓并作，攒点即放鱼钥，阊阖门下方启龙阖。执梃人传呼，头帽号纷然，卫士杂廷绅报到。阖开，百僚联辔入宫城，簇拥皆从殿庑行。遇大朝会，驾坐大庆殿。"[3]该道路实际还继续延伸至福宁、坤宁宫。按现有考古资料及小仙林寺、尊胜寺史料推测，该道路应该一直贯穿中轴。

西路为常朝道路，《西湖老人繁胜录》记载："每日常朝，诸百官僚亦是

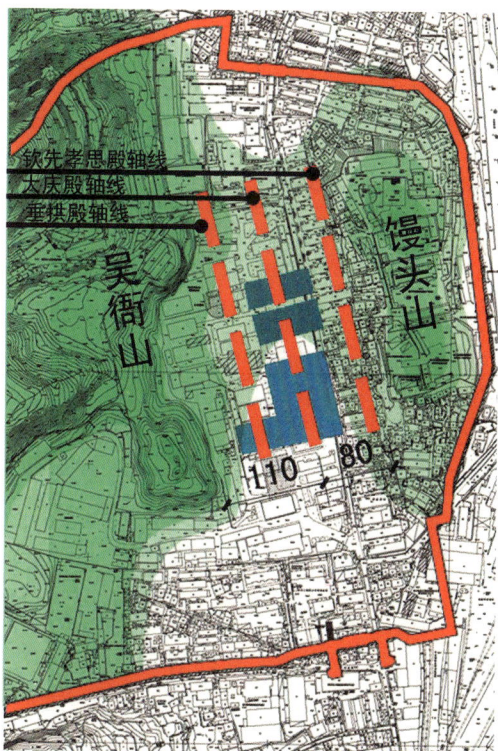

南宋皇城朝会区遗址轴线分布

---

[1]〔意〕马可·波罗：《马可·波罗游记》，陈开俊、戴树英、刘贞琼等译，福建科学技术出版社，1981年。

[2]〔宋〕西湖老人：《西湖老人繁胜录》，中国商业出版社，1982年。

[3]〔宋〕吴自牧：《梦粱录》卷一，浙江人民出版社，1980年。

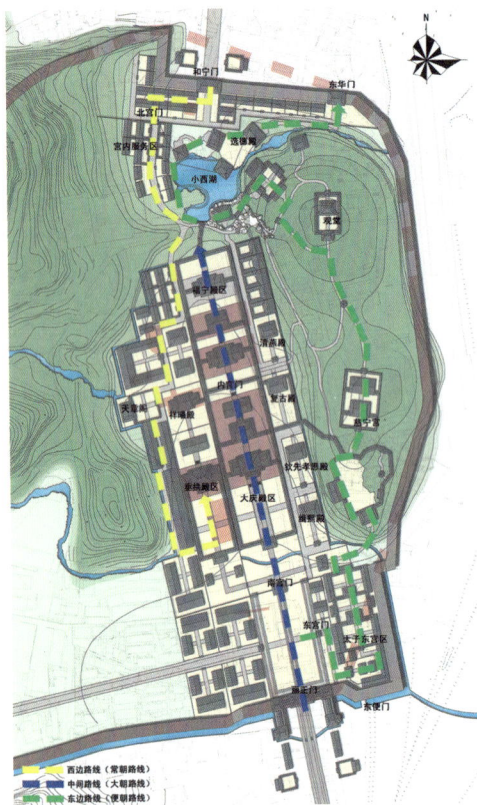

皇城内道路分析图

四更至和宁门，等候门开入内，至垂拱殿下……"[1] 陈世崇的《南渡行宫记》也记载了由和宁门入经北宫门、宫内服务区、祥曦殿、天章阁、垂拱殿，过大庆殿前，至东宫，过慈宁宫、后苑、选德殿，经东华门出宫的环形道路。其中和宁门至垂拱殿的道路，《西湖老人繁胜录》《梦粱录》《南渡行宫记》三者可以互相印证，此为皇城内的日常主通道。

东路经东宫、慈宁宫、后苑，依馒头山东麓地形布置，应该较为灵活。陈世崇仅仅记述东西两路，这与他的身份有关，他担任太子侍读，所以对出入皇城的日常路线及东宫区描写得较为详细，而对最主要的大朝会却简单略过。

3. 区域

皇城内分区唯一的依据就是《南渡行宫记》，对这篇文章的解读是解开南宋大内布局之谜的关键。《南渡行宫记》的724个字，讲到了大内各主要区域，但所用笔墨是不同的。其中从"入和宁门"到"对军器库"共计91个字，讲述北门附近附属设施，这一部分又分为两块，即北宫门外和北宫门内；从"又转便门"到"曰讲武"共计102个字，主要讲朝会区域，包括常朝和大朝会两组院落。

从"东宫在丽正门内"到"便门通绎己堂"共计136个字，主要讲东宫，是《南渡行宫记》的重点，讲了如下几层意思：第一，东宫在丽正门与南宫门之间；第二，入门后有一长长的空间，结合东城墙的考古，这一空间不可能是东西

---

[1]〔宋〕西湖老人：《西湖老人繁胜录》，中国商业出版社，1982 年。

向，距离太短，只能是南北向，而"二里"应该是个虚数，因为如果真有二里，向南要到江边，向东要跨过中河了；第三，东宫主要由三个院子组成——节堂、讲堂、正殿，其中节堂与后两建筑不是在一条轴线上，因为要"转外窑子"；第四，东宫可以与内苑相通。

紧接东宫内容后讲慈宁宫，计16个字。从"前射圃"到"翚飞翼拱"共280个字，讲内苑，是《南渡行宫记》的又一重点。内苑又分几个部分：一是慈宁宫前东宫后的射圃区域；二是环小西湖的亭榭；三是馒头山顶的观堂；四是馒头山后山的芙蓉阁。

《南渡行宫记》分段研究

"翚飞翼拱"后提到"凌虚楼对瑞庆殿"，讲的是东华门附近的便朝宫殿。再以下20个字讲东路的神御殿等，有29个字把内寝部分草草带过，最后24个字略过东华门附属设施。

通过对这些文字的划分，我们基本把大内的主要部分勾勒出来了。其中北门服务区、朝会区、东宫区、内苑区所用笔墨较多，尤其是东宫。南宋东宫极狭隘，而作者却用第二多的笔墨来描写，说明对它的熟悉程度，这可能与作者作为东宫掌书的身份有关。

根据对《南渡行宫记》的解读，再结合我们对皇城地形、轴线、道路、水系的分析，我们认为皇城内部大的分区可以分为两个部分，即宫城内和宫城外。宫城南以南宫门为界，北至北宫门，东至馒头山脊，西至吴衙山脊。宫城内分为朝会区、后寝区、后苑区、宫内服务区、东华门宫殿区、慈宁宫区。宫城外区域北侧主要为北宫门、东华门服务区，南侧丽正门东为东宫区，西为内府衙署区。

朝会区的位置基本已经为考古数据所印证，前端较长部分为并列的垂拱殿和大庆殿，大庆殿后的夯土台较长是因为其后有后殿和延和殿。宋亡后，以垂拱殿为报国寺，可能这时大庆殿已毁，故以延和殿为小仙林寺，实际还是按两路轴线布置。

> （乾道）九年正月九日，诏："后殿门系车驾入出经由门户，其屋宇低小，入出妨碍，令工部委官计会修内司，照辇院合用高低丈尺，相视计料，重别修盖。"
>
> ——《宋会要辑稿·方域二》

> 损斋、缉熙、崇政殿之东，为钦先孝思、复古、紫宸等殿。
>
> ——《南渡行宫记》

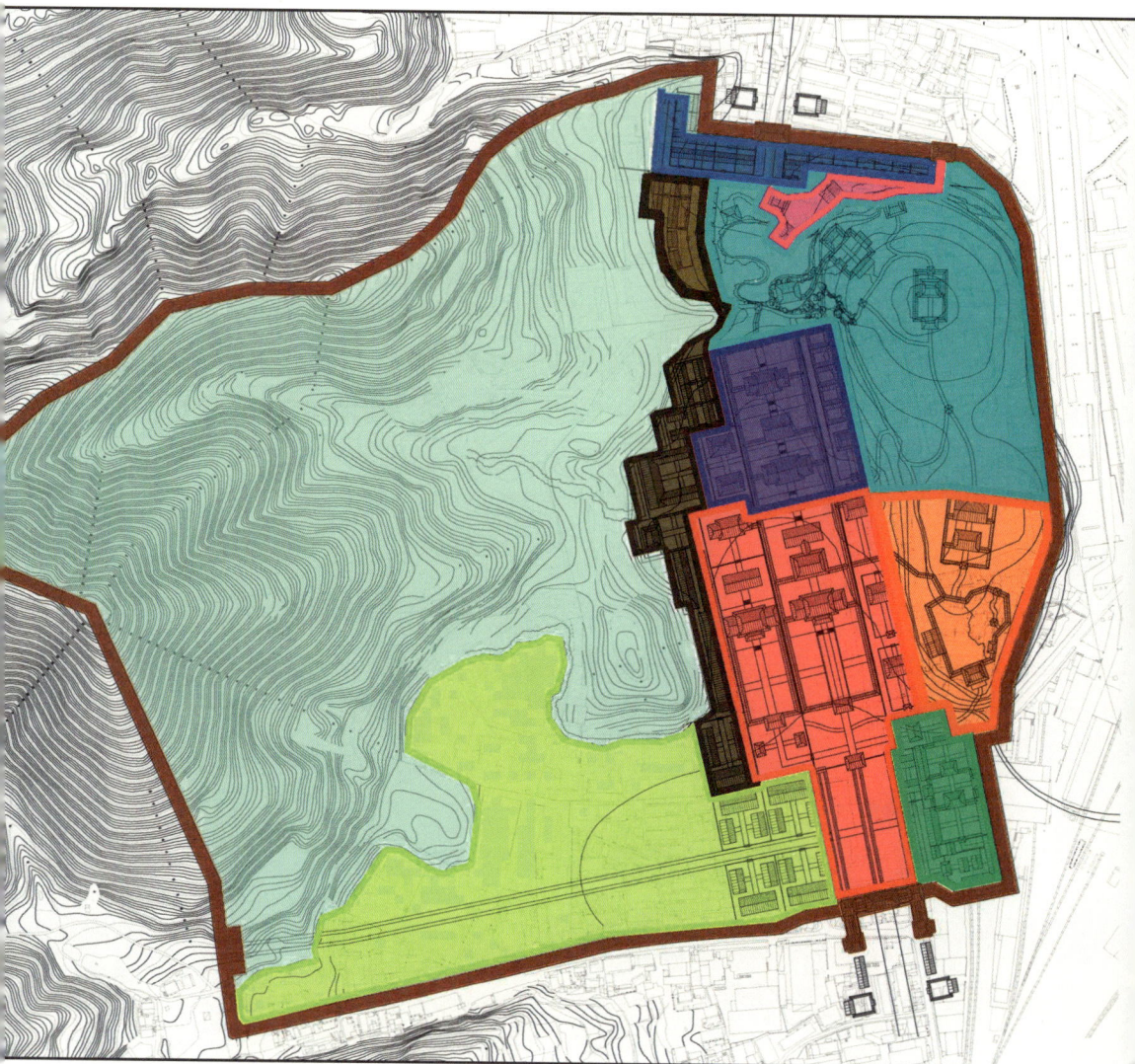

府衙署区　东宫区　后苑区　宫内服务区　北宫门、东华门服务

朝会区　后寝区　慈宁宫区　东华门宫殿区

皇城分区图

至北宫门，循廊左序，巨珰幕次，列如鱼贯。祥曦殿朵殿，接修廊为后殿。

————《南渡行宫记》

内中神御殿，东都旧有之，号钦先孝思殿。绍兴十五年秋始创，在崇政殿之东。

————《建炎以来朝野杂记》甲集卷二

垂拱殿，常朝，四参官起居，绍兴十二年建。

————《咸淳临安志》卷一

垂拱殿五间十二架，修六丈，广八丈四尺。檐屋三间，修广各丈五。朵殿四，两廊各二十间，殿门三间，内龙墀折槛。殿后拥舍七间，为延和殿。右便门通后殿。殿左一殿，随时易名：明堂郊祀，曰端诚；策士唱名，曰集英；宴对奉使，曰崇德；武举及军班授官，曰讲武。

————《南渡行宫记》

丽正门内正衙，即大庆殿，遇明堂大礼、正朔大朝会，俱御之。如六参起居，百官听麻，改殿牌为文德殿；圣节上寿，改名紫宸；进士唱名，易牌集英；明禋为明堂殿。

————《梦粱录》卷八

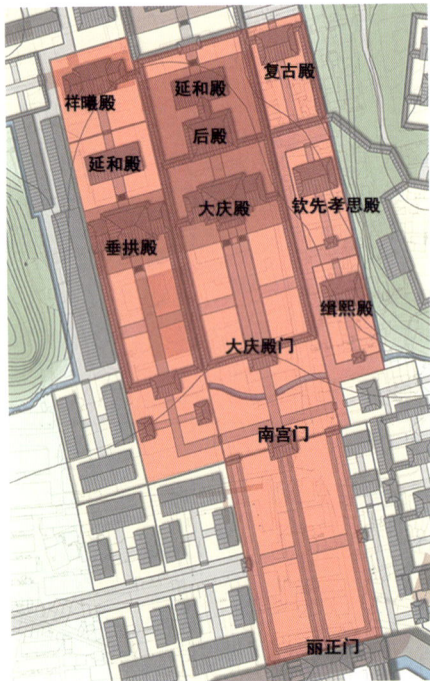

朝会区布局推测图

太常展宫架乐于殿庭横街之南。

——《宋史》卷一四三

缉熙殿，理宗皇帝辟旧讲殿为之。

——《咸淳临安志》卷一

（绍兴三年正月）十六日，中书门下省奏："勘会行宫南门里并无过廊，百官趋朝，冒雨泥行。"诏令梁汝嘉同修内司官就东廊旧基营盖。

——《宋会要辑稿·方域二》

大内正门曰丽正。其门有三，皆金钉朱户，画栋雕甍，覆以铜瓦，镌镂龙凤飞骧之状，巍峨壮丽，光耀溢目。左右列阙亭、百官待班阁子。登闻鼓院、检院相对，悉皆红杈子，排列森然，门禁严甚，守把钤束，人无敢辄入仰视。

——《梦粱录》卷八

　　后寝区：大庆殿主夯土台后轴线上还有两进夯土，根据文献推测应为福宁宫区。福宁宫在元代改为尊胜寺，尊胜寺有白塔、望江亭等。元代郭畀《客杭日记》载："尊胜寺门，俗云望江亭，俯视钱塘江水。"按作者的游线，先游般若寺后游尊胜寺，由北而南，故尊胜寺门在北高岗上。以此推测夯土遗迹北端为以福宁宫为主的后寝区域。关于《梦粱录》所记勤政殿及嘉明殿，勤政殿为进食殿，嘉明殿与殿中省、御厨相对，《梦粱录》记载"勤政即木帏寝殿"，有的专家认为记载有误，我们则认为二者基本属于一个区域，勤政殿及嘉明殿属于福宁宫的辅助宫室，位于福宁宫轴线西侧靠近御厨部位。尊胜寺白塔是杨琏真加为镇压南宋王气而建，位于回峰之上，即吴衙山顶，故此《湖山便览》说："名镇南塔……亦名白塔，其形如瓶，俗呼一瓶，属尊胜寺，又呼尊胜。"正因为白塔不在尊胜寺内，所以才需明确归属。

113

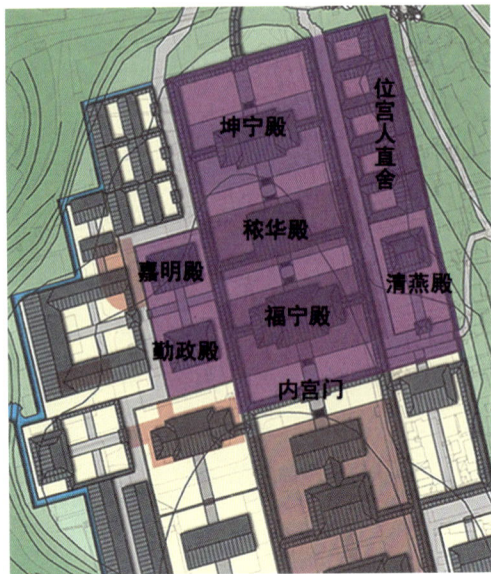

后寝区布局推测图

坤宁殿，贵妃、昭仪、婕好等位宫人直舍蚁聚焉。

——《南渡行宫记》

《武林旧事》云：坤宁、秾华二殿，皆皇后所居。

——《湖山便览》卷一○

嘉明殿相对东廊门楼，乃殿中省六尚局御厨，祗应内侍人员俱集于此。殿上常列禁卫两重，时刻提警，出入甚严，内皆近侍中贵。殿之廊庑，皆知省、御药、御带、门司、内辖等官幕次，听候宣唤。

——《梦粱录》卷八

供进御膳，即嘉明殿，在勤政殿之前。勤政即木帷寝殿也。

——《梦粱录》卷八

（立春）前一日，临安府造进大春牛，设之福宁殿庭。

——《武林旧事》卷二

初二日进早膳讫……官家亲至殿门恭迎，亲扶太上降辇，至损斋进茶，次至清燕殿闲看书画玩器。

——《武林旧事》卷七

宫内服务区：按《南渡行宫记》所记，"入和宁门，左，进奏院玉堂；

右，中殿外库。至北宫门，循廊左序，巨
珰幕次，列如鱼贯。祥曦殿朵殿，接修廊
为后殿，对以御酒库、御药院、慈元殿外
库、内侍省内东门司、大内都巡检司、御
厨、天章等阁。廊回路转，众班排列。又
转内藏库，对军器库"。即北宫门到垂拱
殿便门前的道路两侧用房，依宋代官制，
御厨、御酒库属殿中省，殿中省分六尚
局，即尚食、尚药、尚酝、尚衣、尚舍、
尚辇等。御药院、内东门司、造作所、
天章等阁属内侍省。《梦粱录》记载进食
殿、嘉明殿与殿中省、御厨相对。天章
阁，《梦粱录》记载："宝瑞之阁，建于
六部山后。"[1]因此，整个区域应该在
西侧靠山的位置。

宫内服务区布局推测图

嘉明殿相对东廊门楼，乃殿中
省六尚局御厨，祗应内侍人员俱集
于此。殿上常列禁卫两重，时刻提警，
出入甚严，内皆近侍中贵。殿之廊庑，
皆知省、御药、御带、门司、内辖等官幕次，听候宣唤。小园子、快
行、亲从、辇官、黄院子、内诸司属人员等上番者，俱聚于廊庑，祗
候服役。如宫禁买卖进贡，皆由此入。惟此处浩穰，每遇进膳，自殿中
省对嘉明殿，禁卫成列，约栏不许过往。

——《梦粱录》卷八

谨按：祖宗诸阁皆以藏御制、御书、图籍、宝瑞等，惟天章阁自

[1]〔宋〕吴自牧：《梦粱录》卷八，浙江人民出版社，1980年。

东京时以奉列圣御容，中兴以来，驾所幸处必择地安奉，恭称曰天章阁神御。绍兴二十四年十一月始讨论制度，重建天章一阁，而诸阁所藏皆在其中。自龙图至显文之阁，凡二十四字合为一扁。

——《咸淳临安志》卷二

更有天章诸阁，奉艺祖至理庙神御、御书、图制之籍。宝瑞之阁，建于六部山后。

——《梦粱录》卷八

乾道七年五月十三日，诏："行在宫门以西旧隔城通内军器一库，增造库屋十间，改筑土墙，并将南库门筑合，止留旧北库门出入。"

——《宋会要辑稿·方域二》

东华门宫殿区：主要是皇帝单独接见大臣所用。其主殿为选德殿。周必大《选德殿记》："独辟便殿于禁垣之东，名之曰选德。"选德殿是孝宗一朝重要的活动场所，周必大记述："午时，入东华门，过选德殿，其后即球场也，相对有大堂曰水堂，其左为芙蓉阁，右为凌虚阁。"[1]该组建筑在宋亡后就成为以芙蓉阁为中心的兴元寺。

选德殿《行在所录》云：孝宗建，以为射殿。御座后有大屏，分画诸道，列监司、郡守为两行，各标职位、姓名。又图疆域于碑阴，诏周必大为记。《玉海》云：殿在禁垣之东。

——《湖山便览》卷一〇

---

[1] 〔宋〕周必大：《文忠集》卷一〇四《玉堂类稿四·选德殿记》、卷五一《平园续稿一一·丁酉岁恭和内宴御诗草跋》，文渊阁《四库全书》本。

东华门宫殿区布局推测图

慈宁宫区：慈宁宫建于绍兴九年（1139），位于馒头山，《中兴小纪》载高宗为慈宁宫命名时说："行宫地隘，只依山修筑。"而且慈宁宫位于较高处，宋代王仲言《慈宁殿赋》中说："观其巨镇在南，长江在东，前拥后顾，盘错洼隆……"[1]能看见南边城墙，东面大江，只有馒头山顶部的位置。慈宁宫位置还接近东宫。《南渡行宫记》

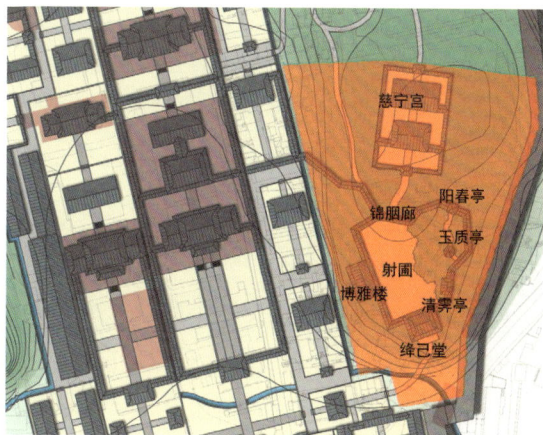

慈宁宫区布局推测图

[1]〔清〕陈元龙：《御定历代赋汇》卷七三，文渊阁《四库全书》本。

117

所记："左彝斋，太子赐号也。接绣香堂便门，通绎己堂。重檐复屋，昔杨太后垂帘于此，曰慈明殿。"因此，慈宁宫区位于馒头山南部的山头上。《南渡行宫记》对于慈宁宫的描写极为简单，而对慈宁宫前的描写较详细："重檐复屋，昔杨太后垂帘于此，曰慈明殿。前射圃，竟百步，环修廊。右转，博雅楼，十二间。左转数十步，雕阑花甃，万卉中出秋千。对阳春亭、清霁亭，前芙蓉，后木樨。玉质亭，梅绕之。由绎己堂过锦胭廊，百八十楹，直通御前廊外，即后苑。"这段文字说明东宫之后、慈宁宫之前，馒头山前坡的园林，核心是射圃，周边有围廊。射圃是射箭游戏的场所，用地必须较为平坦，而馒头山前坡这样的区域只有一处。

> （绍兴九年七月）丁卯，宰执表上皇太后宫殿名，上曰："行宫地隘，只依山修筑，至于器用、供帐、衣衾之类，朕皆亲临视。"
>
> ——《中兴小纪》卷二七

> 左彝斋，太子赐号也。接绣香堂便门，通绎己堂。重檐复屋，昔杨太后垂帘于此，曰慈明殿。前射圃，竟百步，环修廊。右转，博雅楼，十二间。左转数十步，雕阑花甃，万卉中出秋千。对阳春亭、清霁亭，前芙蓉，后木樨。玉质亭，梅绕之。由绎己堂过锦胭廊，百八十楹，直通御前廊外，即后苑。
>
> ——《南渡行宫记》

内苑区：内苑区主要以小西湖为中心，小西湖位置如前述自然环境一节中推测，沿湖分布各种亭榭，而内苑位置前接慈宁宫，后通选德殿，基本包含了整个馒头山西北麓。整个内苑的制高点——观堂，位于馒头山北侧山头，山背即是芙蓉阁。

> ……即后苑。梅花千树，曰梅岗亭、曰冰花亭，枕小西湖，曰水月境界、曰澄碧，牡丹曰伊洛传芳，芍药曰冠芳，山茶曰鹤，丹桂曰天

阙清香，堂曰本支百世，佑圣祠曰庆和，泗洲曰慈济，钟吕曰得真，橘曰洞庭佳味，茅亭曰昭俭，木香曰架雪，竹曰赏静，松亭曰天陵偃盖。以日本国松木为翠寒堂，不施丹臒，白如象齿，环以古松。碧琳堂近之。一山崔嵬，作观堂，为上焚香祝天之所。吴知古掌焚修，每三茅观钟鸣，观堂之钟应之，则驾兴。山背芙蓉阁，

内苑区布局推测图

风帆沙鸟履舄下。山下一溪萦带，通小西湖，亭曰清涟。怪石夹列，献瑰逞秀，三山五湖，洞穴深杳，豁然平朗，翚飞翼拱。

——《南渡行宫记》

宫墙以外则有：

东宫区：《南渡行宫记》对东宫的记载最为详细："东宫在丽正门内，南宫门外，本宫会议所之侧。入门，垂杨夹道，间芙蓉，环朱阑。二里至外宫门节堂，后为财帛、生料二库，环以官属直舍。转外窑子，入内宫门廊。右为赞导春坊直舍，左讲堂七楹，扁新益，外为讲官直舍。正殿向明，左圣堂，右祠堂，后凝华殿、瞻箓堂，环以竹。左寝室，右齐安，位内人直舍百二十楹。左彝斋，太子赐号也。接绣香堂便门，通绎己堂。"按图索骥即为丽正门东侧，慈宁宫山前的位置，也即绍兴十五年（1145）皇城扩张的区域。

东宫旧无有。孝宗及信王未出阁，但听读于资善堂。绍兴三十二年，孝宗为皇太子，始居东宫，在丽正门内，其地甚隘。

——《建炎以来朝野杂记》乙集卷三

　　绍兴三十二年五月，孝宗皇帝为皇太子，始有诏讨论东宫典故，越旬日，即受禅。乾道元年，庄文太子受册，尝下礼工部、太常寺，皆无典故可稽，惟武臣张孝杰能记政和制度，止系厅堂并诸官属人从屋宇。七年，光宗皇帝升储，乃诏于丽正门内之东盖造太子宫门。

——《咸淳临安志》卷二

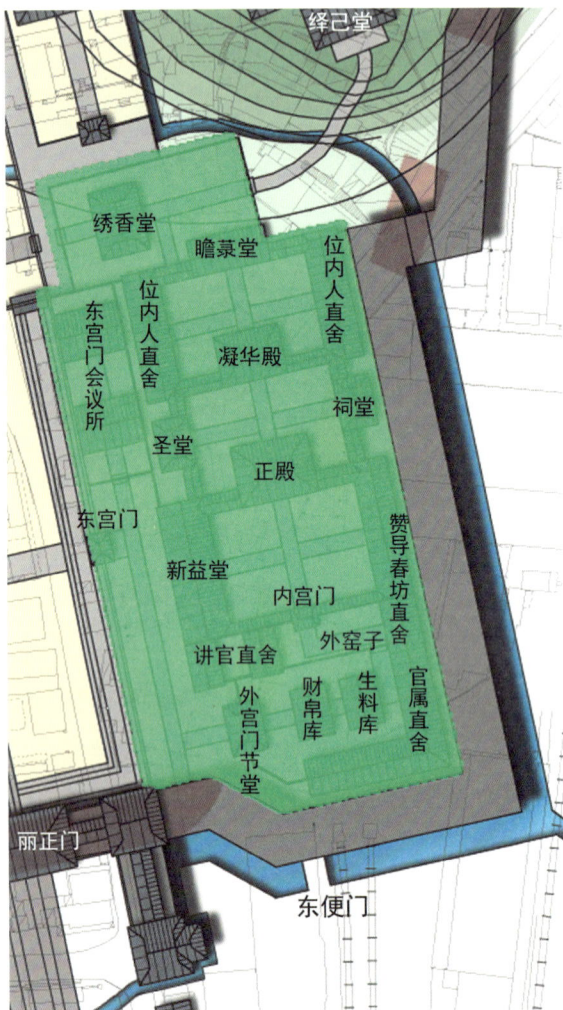

东宫区布局推测图

　　东宫在丽正门内，南宫门外，本宫会议所之侧。入门，垂杨夹道，间芙蓉，环朱阑。二里至外宫门节堂，后为财帛、生料二库，环以官属直舍。转外窑子，入内宫门廊。右为赞导春坊直舍，左讲堂七楹，扁新益，外为讲官直舍。正殿向明，左圣堂，右祠堂，后凝华殿、瞻菉堂，环以竹。左寝室，右齐安，位内人直舍百二十楹。左彝斋，太子赐号也。接绣香堂便门，通绎己堂。

——《南渡行宫记》

　　寨门外左右俱置护龙水池。沿寨向南，有便

门，谓之东便门。

——《梦粱录》卷八

北宫门、东华门服务区：位于北侧宫墙外。北宫门内有学士院、中殿外库，东华门内有阁子库、睿思殿、仪鸾、修内、八作、翰林诸司。周必大《玉堂杂记》记载，学士院"今在行宫和宁门内。盖沿北门之制，地迫皇城，极为窄隘"。吴泳《鹤林集》记载："学士院至禁庭有一街之隔。"[1]故此，本区域为沿皇城北墙的狭长区域。和宁门外还有待漏院、登闻鼓院、登闻检院、四方馆等[2]，这些以和宁门为中心的建筑残余在元代被改为般若寺。

　　内后门名和宁，在孝仁登平坊巷之中，亦列三门，金碧辉映，与丽
正同，把守卫士严谨，如人出入，守阘人高唱头帽号。门外列百僚待班
阁子，左右排红杈子，左设阁门，右立待漏院、客省四方馆，入登平坊。

——《梦粱录》卷八

　　入和宁门，左，进奏院玉堂；右，中殿外库。……又东过阁子库、
睿思殿、仪鸾、修内、八作、翰林诸司，是谓东华门。

——《南渡行宫记》

　　学士院，在和宁门内，盖沿唐北门之制也。高宗用淳化二年赐承
旨苏易简故事，书"玉堂"二字赐学士周麟之等，刻石厅上。庆元五年
更造，即以玉堂为名。堂后东西两阁，以处词臣，宁宗用政和五年赐承
旨强渊明故事，书"摛文堂"扁，赐学士高文虎等。

——《湖山便览》卷一〇

---

[1]〔宋〕吴泳：《鹤林集》卷一九《论今日未及于孝宗者六事札子》，文渊阁《四库全书》本。
[2]《咸淳临安志》卷八："登闻检院、登闻鼓院，中兴初建于和宁门下，绍兴二十八年移置丽正门外，左右阙之南。"

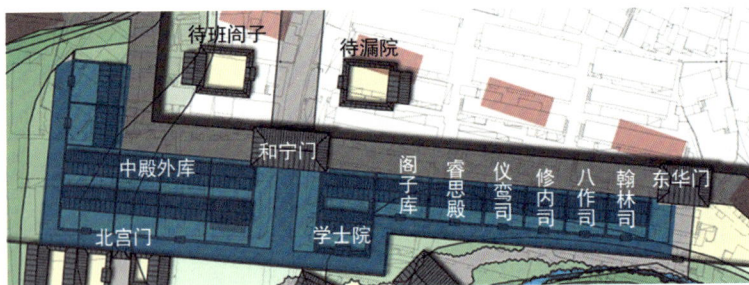

北宫门、东华门服务区布局推测图

南宫门前、丽正门西侧区域文献记载较少，《皇城图》上有朝马院、酒库等名称，从西南角府后门的名称就可以看出该区域应有较多衙署等辅助设施。

元代就皇城部分宫室改建五座佛寺，并于馒头山北建白塔。五寺一塔相关记载可与南宋皇城格局相印证，作为皇城内主要宫室区域定位和相对位置关系推测之佐证。

表7　元代五寺与宋代宫殿一览表

宫名	寺名
垂拱殿区（西轴线）	报国寺
大庆殿区（中轴线前半段）	仙林寺〔延和殿（《西湖游览志》），后殿（《七修类稿》）〕，实质即大庆殿一路建筑，盖大庆殿此时已毁
福宁宫区（中轴线后半段）	尊胜寺
东华门宫殿区	兴元寺，以芙蓉阁为核心，盖选德殿已毁
和宁门、门外四方馆、门内学士院	般若寺

般若寺

和宁门

学士院

小西湖

芙蓉阁

流杯亭

兴元寺

观堂

白塔

坤宁殿

尊胜寺

福宁殿

内宫门

延和殿

后殿

仙林寺

延和殿

垂拱殿

报国寺

垂拱殿门

N

0 20 40 60 80m

元代五寺与南宋宫殿对照图

皇城格局推测图

皇城复原示意图

七、主要建筑

历史文献中明确记载有建筑尺度的是垂拱殿，《建炎以来朝野杂记》记载："每殿为屋五间十二架，修六丈，广八丈四尺。殿南檐屋三间，修一丈五尺，广亦如之。两朵殿各二间，东、西廊各二十间，南廊九间。其中为殿门，三间六架，修三丈，广四丈六尺。"《南渡行宫记》记载："垂拱殿五间十二架，修六丈，广八丈四尺。檐屋三间，修广各丈五。朵殿四，两廊各二十间，殿门三间。"《宋史·舆服志》沿用《建炎以来朝野杂记》的说法。

对于这段建筑尺度的研究，较完整的是郭黛姮《中国古代建筑史》第三卷的研究。该研究把该殿理解为五开间，明间广20尺（6.22米）、次间广17尺（5.29米）、梢间广15尺（4.67米），抱厦明间广20尺，次间广10尺。核心的问题在于对"殿南檐屋三间，修一丈五尺，广亦如之"的理解，该书认为把"广亦如之"理解为开间处理如同殿身。但是参看《南渡行宫记》，记载更明确："修广各丈五。"因此，把抱厦明间设为20尺明显是错误的。

若按宋尺1尺等于0.311米，垂拱殿长18.66米，宽26.12米，抱厦三间，修广各丈五即是4.67米，4.67米如果做三间明显尺度不合理，因此我们认为《南渡行宫记》所载"修广各丈五"是指每开间进深和开间各4.67米。如果如此，那么主殿的明间、次间从结构上应该柱网对齐，因此主殿明间、次间都为4.67米，而总长26.12-4.67×3=12.11米，如果均分每个稍间6米，明显不对。《宋史》记载，"高宗移跸临安，殿无南廊，遇雨雪，则日参官于南阁内起居。宰执、使相立檐下"，因此，"绍兴十二年十月，有司请行正、至朝贺礼……乃更作崇政、垂拱二殿"。[1]由此推测，早期无南廊的建筑不合使用，故此新建建筑增加了廊，根据现有尺寸很可能两侧也增加廊，成为"五开间加副阶周匝"的格局。殿门三间，修三丈，广四丈六尺，其实际尺寸为9.33米×14.3米，这宽度与抱厦三间的宽度、正殿明间加次间的宽度是一致的。

这种明间次间开间相同的做法在《营造法式》中有记载："当心间须用补

---

[1] 〔元〕脱脱等：《宋史》卷一四三《仪卫一》，中华书局，1985年。

间铺作两朵"，"若逐间皆用双补间，则每间之广丈尺皆同"。垂拱殿、大庆殿的中间三间尺度相同，都应用双补间。现在研究者采用三等材至七等材推测如下：

表8　三等材至七等材推测数据

用材	材份	斗拱尺寸	间距
三等材	1份=0.5寸=15.55毫米	1430.6毫米	124.4毫米
四等材	1份=0.48寸=14.93毫米	1373.4毫米	184.2毫米
五等材	1份=0.44寸=13.68毫米	1258.9毫米	294.6毫米
六等材	1份=0.4寸=12.44毫米	1144.5毫米	414.2毫米
七等材	1份=0.35寸=10.88毫米	1001.42毫米	552.3毫米

参照宋代、辽、金时期保存至今的遗构，大部分建筑斗拱中距在150—300厘米之间（见《中国古代建筑史》第三卷第651页表10-5）。故此，此二殿用三、四、五等材都是合适的，而《营造法式》规定四等材本为三间殿、五间厅堂的用材，与文献记载南宋行宫"如大郡之设厅"是一致的。因此，垂拱殿、大庆殿的用材可以考虑为四等材，而其他建筑依次递减。

垂拱殿复原示意图

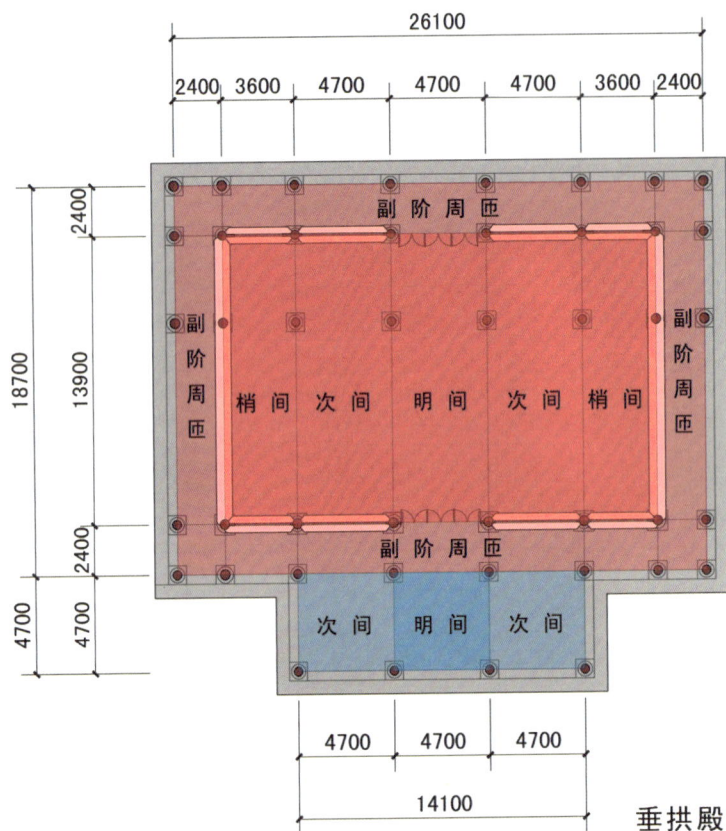

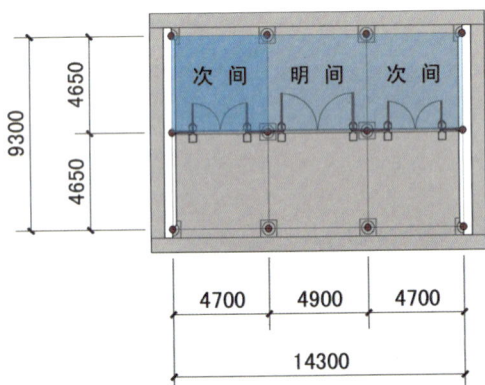

垂拱殿正殿、檐屋平面

垂拱殿殿门平面

垂拱殿正殿、檐屋与殿门平面推测图

（单位：mm，取整数）

表9 《营造法式》成书前后木构建筑遗物铺作分布一览表（单位：厘米）

建筑名称	年代	用材等第	间数	开间位置	开间尺寸	补间铺作数(朵)	铺作中距	铺作中-中递减差	斗拱间空当	当心间至梢间总递减值
山西平遥镇国寺万佛殿	963	四	3	当心间	452	1	226	50	61	100
				梢间	352	1	176		11	
福建福州华林寺大殿	964	一	3	当心间	648	2	216	-13	32.16	190
				梢间	458	1	229			
天津蓟县独乐寺山门	984	三	3	当心间	610	1	305	43.3	115	86.5
				梢间	523.5	1	261.7		71.5	
天津蓟县独乐寺观音阁	984	三	5	当心间	454	1	227	11.5		156
				次间	431	1	215.5	66.5		
				梢间	298	1	149			
江苏苏州虎丘云严寺二山门	995—997	五	3	当心间	600	2	200	25		250
				梢间	350	1	175			
浙江宁波保国寺大殿	1013	五	3	当心间	562	2	187.3	29.8		247
				梢间	315	1	157.5			
辽宁义县奉国寺大殿	1020	一	9	当心间	590	1	295	5	100	89
				次间	580	1	290	23.5	95	
				次间	533	1	266.5	16.5	71.5	
				次间	501	1	250.5	0	55.5	
				梢间	501	1	250.5		55.5	
山西太原晋祠圣母殿	1023—1031	五	5	当心间	498	1	249	45	68（隐刻）	124
				次间	408	1	204	17	28（隐刻）	
				梢间	374	1	187		12（隐刻）	

　　丽正门是皇城内第二重要的建筑，其开间尺寸及用材不可能超越大庆殿、垂拱殿。考虑到北宋皇宫正门宣德门为单檐庑殿顶，因此暂且假设南宋丽正门也为单檐庑殿顶，而大庆殿、垂拱殿为重檐庑殿，以显示殿宇的等级差别。

丽正门复原示意图

《瑞鹤图》

宋代用瓦有素白瓦、青辊瓦、琉璃瓦。北宋画作《瑞鹤图》表现的宣德门就是绿色琉璃瓦。南宋宫殿用瓦很可能已经有部分琉璃瓦，宋代琉璃瓦大多为青、绿色，南宋皇城很可能主要殿宇用青绿琉璃，而其他建筑用青辊瓦。

宋代是古建筑油饰彩绘趋向成熟的时期，《营造法式》记载"五色之中，唯青、绿、红三色为主"，书中记载的彩画有五种，由高到低为"五彩遍装""碾玉装""青绿棱间""解绿装""丹粉刷饰"。按等级推论，可能大朝会诸殿用五彩遍装、碾玉装，寝宫用碾玉装、青绿棱间，苑囿用青绿棱间、解绿装，其他建筑用丹粉刷饰。上述木作、瓦作、彩画仅为推测，需要进一步的考古印证。

宋《营造法式》彩画作图样
五彩额柱 豹脚

宋《营造法式》彩画作图样
碾玉额柱 豹脚

五彩遍装　碾玉装　青绿叠韵装　解绿装　丹粉刷饰
宋《营造法式》彩画作图样　椽飞名件

宋《营造法式》彩画作图样（引自孙大章编著《中国古代建筑彩画》）

附记：龙图、天章诸阁考

宋代的宫殿建筑中有一类非常特殊的建筑，这就是始于宋真宗的龙图阁、天章阁，而后成为一种典章制度，为每个皇帝死后建一个专属的阁，仿佛是现代专门的皇家图书馆和纪念馆的翻版。同时又通过各个建筑设置各种荣誉职衔，其中最为著名的就是所谓"包青天"包拯的龙图阁直学士职衔，通过小说家的演绎，变得家喻户晓。而事实上龙图阁、天章阁也的确是宋代皇家建筑中很有特色的部分。

1. 北宋诸阁建阁始末

诸阁之中第一个修建的是龙图阁，宋真宗赵恒非常钦佩他的父亲，所以建造了龙图阁来收藏其父亲的书。这里所谓的书并不是指正式的书籍，而是指太宗皇帝平时处理政务所作的批示、小文章之类。真宗自己说："先帝圣文神笔，朕集缀既久，至于题记时事，片幅半纸，及书在屏扇或微损者，悉加装褙，已三千七百五十卷矣。"[1]龙图阁的始建年代，大多数史籍记载建于大中祥符中期，如《宋会要辑稿》记载："廊北龙图阁，大中祥符初建。"[2]大中祥符是宋真宗的第三个年号，始于公元1008年，终于1016年。但是《续资治通鉴长编》有一条史料记载，真宗咸平二年（999），"诏三馆写四部书二本来上，一置禁中之龙图阁，一置后苑之太清楼，以备观览"[3]。咸平是宋真宗即位后的第一个年号，因此龙图阁的设置很可能在宋真宗即位初就开始了，而真正的大规模建设则是在大中祥符初。

到了宋真宗的晚年，他相当重视自己的政治遗产和后世声誉，天禧四年（1020）十一月，真宗有一次与近臣在龙图阁翻阅诗文时说："我在听政之余，常常以文墨自娱自乐，虽然不足以作为文章的模板，但实在是用平生心血写成

---

[1] 〔宋〕李焘：《续资治通鉴长编》卷五三，中华书局，1975年。

[2] 〔清〕徐松辑，刘琳、刁忠民、舒大刚等点校：《宋会要辑稿·方域一》，上海古籍出版社，2014年。

[3] 〔宋〕李焘：《续资治通鉴长编》卷四四，中华书局，1975年。

的。"皇帝有如此明白的暗示，大臣们马上表示：应该雕版出书以传世啊！隔一天，皇帝就拿出了准备好的文章七百二十二卷。皇帝如此热情，大臣们不得不加码，要求除了印刷出书外，还要"颁赐馆阁"，"藏名山胜境"，"内臣规度禁中严净之所，别创殿阁缄藏"，于是决定在龙图阁后修筑新阁，起名天章阁。次月，天章阁正式开工，皇帝很高兴，在龙图阁大宴辅臣。史载："（十二月）乙巳，宴辅臣于龙图阁，以天章阁兴功也。"[1]

真宗皇帝对于天章阁的兴建非常高兴，也相当重视。天禧五年（1021）正月己亥，再次在承明殿宴请近臣。二月丙辰，天章阁的配殿蕊珠殿、群玉殿上梁，再次"宴近臣于承明殿"。二月癸酉，皇帝亲自观看天章阁主体建筑的上梁仪式，又宴请从臣，并赏赐。三月，天章阁完工。庚子日，把皇帝的御集（书）、御书（书法）供奉到阁内。当日，皇帝就在阁下大宴辅臣。过了几天，参与兴建天章阁的大臣都获得了升迁。[2]

同样，续任的宋仁宗，在其第六个年号庆历初，就把原来的寿昌殿改名为宝文阁。嘉祐八年（1063），宋仁宗过世后，继位的英宗皇帝下令，将仁宗御书藏于宝文阁，并命令翰林学士王珪撰记立石。宝文阁在此之后可能进行了翻建。四年后，治平四年（1067）英宗过世，神宗即位，该年五月，《宋史·神宗本纪》记载："宝文阁成，置学士、直学士、待制官。"

英宗皇帝在位时间很短，所以没有建阁。后任神宗皇帝在位一十八年，锐意改革，但也未臻长寿之年。神宗皇帝死后，当时的翰林学士苏辙请示继任的哲宗皇帝是否按龙图、天章、宝文阁的惯例来处理神宗皇帝的文书："《神宗皇帝御制集》凡著录九百三十五篇，为九十卷，目录五卷。内四十卷皆赐中书、密院及边臣手札，言攻守秘计，先被旨录为别集，不许颁行。仍御制集序一篇，以纪盛德，发明大训。臣窃见祖宗御集皆于西清建重屋，号龙图、天章、宝文阁，以藏其书，为不朽计。又刻板模印，遍赐贵近。欲乞降付三省，以故事施

---

［1］〔宋〕李焘：《续资治通鉴长编》卷九六，中华书局，1975年。

［2］〔宋〕李焘：《续资治通鉴长编》卷九七，中华书局，1975年。

行。"[1]当时皇帝命令将神宗的御集也收藏在宝文阁，这是元祐四年（1089）的事。元祐是哲宗初期的年号，此时由祖母太皇太后高氏临朝听政，高氏与神宗政见不合，不满神宗的新法改革，所以没有大力地推崇神宗留下的政治遗产，包括文书之类也得不到重视。哲宗亲政，后到了元符元年（1098），他也是一个改革派，力图恢复他父亲实行的新法，当时知枢密院事曾布就上书："恭惟神宗皇宗圣学高明，出于天纵，中外之议谓宜卜日相地建延阁，为一代图书之府。"而权发遣提举河东路常平等事邓洵仁说："伏见祖宗朝置龙图、天章、宝文阁，以藏列圣御制述作。况自陛下绍隆丕烈，通明先志，而宝宇未新，徽名未揭。伏望明诏有司祗循旧章，亟加营建。"[2]这个意思很明显，大臣们在劝告皇帝，你要继承你父亲的事业，最好的方式就是将他的书信、文档、墨宝建阁收藏，昭示天下。元符元年四月十八日，诏建阁，藏神宗皇帝御集，以"显谟"为名。这就是北宋的第四座皇家藏书阁。

哲宗皇帝过世后，继任的徽宗于大观二年（1108）二月十三日下诏："朕惟哲宗皇帝英文睿武，沉潜无方，事天治人，彰善瘅恶，训迪在位，攘却四夷，号令指麾，若揭日月。盖自亲览庶政，一话一言，罔不仪式刑神考之典故。缉熙绍复，著在简编，与熙宁、元丰之所行相为始终。比命有司，载加裒辑，成书来上，本末粲然，诚可传无穷、施罔极矣。若昔祖宗述作，皆有宝藏之所，参列广内，揭为嘉名，世择儒臣，以资访纳。今将祗率成宪，匹休前烈，则夫名以出信，不可无所考也。在《诗》有之，'君子有徽猷'。其哲宗皇帝御书建阁以'徽猷'为名，仍置学士、直学士、待制。"[3]这些洋洋洒洒的文章，无非就是对先帝的歌功颂德，建阁似乎已经成了纪念过世皇帝的标准动作，这也是北宋建立后的最后一个皇家藏书阁。

［1］〔清〕徐松辑，刘琳、刁忠民、舒大刚等点校：《宋会要辑稿·职官七》，上海古籍出版社，2014 年。

［2］〔清〕徐松辑，刘琳、刁忠民、舒大刚等点校：《宋会要辑稿·职官七》，上海古籍出版社，2014 年。

［3］〔清〕徐松辑，刘琳、刁忠民、舒大刚等点校：《宋会要辑稿·职官七》，上海古籍出版社，2014 年。

2. 诸阁的方位布局与作用

据《宋会要辑稿》记载，龙图阁的位置在整个宫廷的西北角，集英殿之北。其门称为含和门，含和门对着西北角的景晖门。门内有横廊，廊北就是龙图阁，龙图阁两侧列着四个殿宇，东侧是资政、崇和二殿，西侧是宣德、述古二殿。此外还有六个阁，名字分别是：经典、史传、子书、文集、天文、图画。这六阁是单独的建筑还是龙图阁内的分阁，史籍没有详细的说明，但从记载来看："阁东序资政、崇和二殿，西序宣德、述古二殿。又列六阁：曰经典，曰史传，曰子书，曰文集，曰天文，曰图画。"[1] 又列六阁，似乎是分开，另有六阁的意思。

从这些殿宇的名称来看，龙图阁就是一个辅助君王政事的皇家数据库、图书馆，它的作用就是殿名——资政、崇和、宣德、述古，而排列的六阁实际是图书分类保管的方式而已。《宋会要辑稿》记载龙图阁所藏："太宗御制、御书、文集总五千一百十五卷轴册，又有御书纨扇数十。其下列六阁：经典阁三千三百四十一卷，史传阁七千二百五十八卷，子书阁八千四百八十九卷，文集阁七千一百八卷，天文阁二千五百六十一卷，图画总七百三轴卷册，瑞总阁奇瑞二十三、瑞木十六、众瑞百一十三、杂宝百九十五。"[2]

天章阁在龙图阁后，《宋史》记载"东曰群玉殿，西曰蕊珠殿，北曰寿昌殿，南曰延康殿"[3]，而《宋会要辑稿》记载"阁东曰群玉殿，西曰蕊珠殿，北曰寿昌殿，东曰嘉德殿，西曰延康殿"[4]。二者相较，《宋会要辑稿》的记载更为准确，天章阁南是龙图阁，所以不可能是延康殿，而《宋会要辑稿》的说法，实际上指的是北侧正殿是寿昌殿，嘉德殿、延康殿为其东西配殿，这比较符合建筑排列的逻辑。寿昌殿也就是后来的宝文阁，龙图、天章、宝文应该排成了

---

[1]〔清〕徐松辑，刘琳、刁忠民、舒大刚等点校：《宋会要辑稿·方域一》，上海古籍出版社，2014 年。

[2]〔清〕徐松辑，刘琳、刁忠民、舒大刚等点校：《宋会要辑稿·职官七》，上海古籍出版社，2014 年。

[3]〔元〕脱脱等：《宋史》卷一六二《职官二》，中华书局，1985 年。

[4]〔清〕徐松辑，刘琳、刁忠民、舒大刚等点校：《宋会要辑稿·职官七》，上海古籍出版社，2014 年。

一条轴线。

天章阁初成时收纳的主要是真宗皇帝的文字，当时记录有："辅臣集御制三百卷，凡颂、铭、碑文十八卷，赞八卷，诗三十七卷，赐中宫歌诗手书七卷，赐皇太子歌诗箴述五卷，龙图阁歌诗四卷，西凉殿水殿歌诗一卷，清景殿书事诗二卷，宜圣殿四园歌诗三卷，读经史诗四卷，《维城集》三卷，奉道诗十卷，《岁时新咏》五卷，歌十五卷，词四卷，乐章一卷，《乐府集》三卷，《乐府新词》二卷，论述十卷，序八卷，箴七条各一卷，记六卷，文三卷，祭文、挽歌词一卷，书十卷，《正说》十卷，《承华要略》二十卷，《静居集》三卷，《法音集》七卷，《玉宸集》五卷，《春秋要言》五卷，试进士题目一卷，密表、密词六十九卷。又有《玉京集》三十卷，《授时要录》二十四卷。又取至道元年四月讫大中祥符岁中书、枢密院《时政记》、史馆《日历》、《起居注》善美之事，录为《圣政记》，凡一百五十卷，并命工镂板。又以御书石本为九十编。"[1]

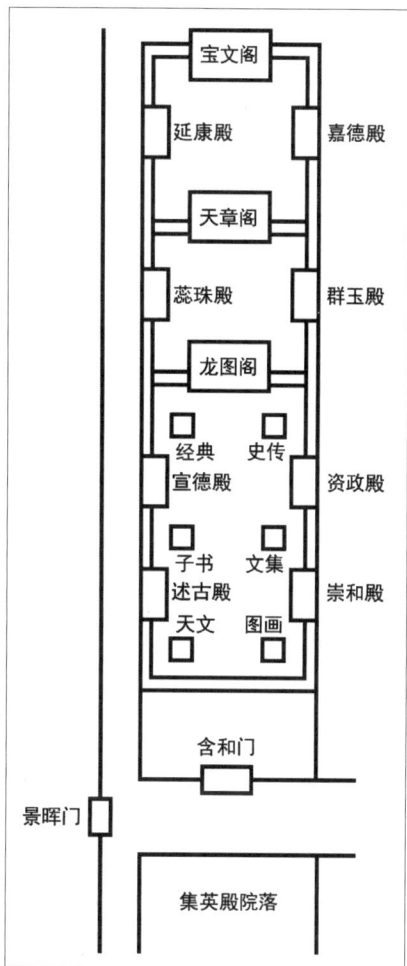

北宋诸阁布局推测图

龙图、天章阁建成后，到这两处建筑观摩御书成为皇帝与群臣培养感情、沟通内外的重要活动。仁宗朝有多次这样的庆典，如：天圣八年（1030）八月丁亥，"诏近臣宗室观祖宗御书于龙图、天章阁，又观瑞谷于元真殿，遂宴蕊

---

[1]　〔清〕徐松辑，刘琳、刁忠民、舒大刚等点校：《宋会要辑稿·职官七》，上海古籍出版社，2014年。

珠殿"[1]；嘉祐七年十二月（1063年1月）"丙申，幸龙图、天章阁，召群臣宗室观祖宗御书。又幸宝文阁，为飞白书分赐从臣。作《观书诗》，命韩琦等属和，遂宴群玉殿。庚子，再召从臣于天章阁观瑞物，复宴群玉殿"[2]。关于后一次宴会，《宋会要辑稿》记录了更多细节："酒行，帝宣谕曰：'天下久无事，今日之乐，与卿等共之，宜尽醉，勿复辞。'因召宰相韩琦至御榻前，别赐一大卮。又出禁中名花，以金盘贮香药，令各持以归。从臣莫不沾醉，至暮而罢。"[3]一片君臣其乐融融的景象。

天章阁也是皇帝遇到问题时向"祖宗成法"寻求解脱，问对近臣的地方。庆历三年（1043）九月丁卯，"诏辅臣对天章阁"[4]。庆历八年（1048）三月十六日，宋仁宗幸龙图、天章阁，召近臣宗室观太宗《游艺集》、三朝瑞物，乃出手诏赐辅臣曰："朕承祖宗大业，赖文武荩臣夙夜兢兢，期底于治。间者西陲御备，天下驿骚，辄募兵师，急调军食。虽常赋有增，而经用不给，累岁于兹，公私匮乏。加以承平浸久，仕进多门，人浮政滥，员多阙少。又牧宰之职，以惠绥吾民，而罕闻奏最；将帅之任，以威制四夷，而艰于称职。岂制度未立，不能变通于时邪？简擢靡臻，不能劝励于下邪？西北多故，虏态难常。献奇谲空言者多，陈悠久实效者少。备豫不虞，理当先物。思济此务，罔知所从，悉为朕条画之。"[5]正因为这是皇帝思考、决断的地方，所以"宋制，以优行义文学之士备顾问、与议论、典校雠……置直学士、学士、待制，其后沿为定制"[6]。也就是说，各阁设置学士等职位的初衷也就是设置顾问、参谋人员的意思。

[1]〔元〕脱脱等：《宋史》卷九《仁宗一》，中华书局，1985年。

[2]〔元〕脱脱等：《宋史》卷一二《仁宗四》，中华书局，1985年。

[3]〔清〕徐松辑，刘琳、刁忠民、舒大刚等点校：《宋会要辑稿·礼四五》，上海古籍出版社，2014年。

[4]〔元〕脱脱等：《宋史》卷一一《仁宗三》，中华书局，1985年。

[5]〔清〕徐松辑，刘琳、刁忠民、舒大刚等点校：《宋会要辑稿·帝系九》，上海古籍出版社，2014年。

[6]〔清〕嵇璜、曹仁虎等：《钦定续通志》卷一三〇，上海图书集成局，1901年。

哲宗绍圣二年（1095）春正月己未，朝廷把供奉于太平兴国寺的三朝御容迁到天章阁。所谓"三朝御容"，就是指太祖、太宗、真宗三人的画像或者是塑像，从此天章阁又有了一个新的功能，就是它从一个皇家专属的图书馆变成了一个皇家纪念馆，成为皇城中另一处供奉祖先的地方。

总的来说，龙图阁建设时所设想的规制一定是用于咨询政事，有实际的辅政功能，天章、宝文阁，是皇帝活着的时候为自己建的阁，也是日常使用的阁，有点为子孙作范的意思，而显谟、徽猷阁是后任皇帝为前任建阁，是单纯的纪念性的阁。龙图、天章、宝文三阁的位置相对明确，后来建的显谟、徽猷二阁则只有很少的数据留下来，我们不知道这两座阁是沿着既有的轴线继续向北延伸建设呢，还是向东西扩展择地另建，这可能要留待将来的考古发现了。

3. 官职与阁

龙图、天章诸阁最初设置学士、待制等职位，是为皇帝提供参谋顾问人员，但建阁的纪念意义大于实际功能后，相应的官职也成为一种待遇和荣誉。宋代官制极为复杂，前代所留的三公、六部、九卿等仅仅是代表官阶、领取俸禄的多少，又称为寄禄官，而真正的实际职务称为"差遣"，差遣名称中常带有判、知、权、直、试、管勾、提举、提点、签书、监等字，如知县、参知政事、知制诰、直秘阁、判祠部事、提点刑狱公事等。而龙图、天章诸阁的学士等属于贴职，也就是专为文官而设的荣誉称号。贴职中最著名的就是殿阁学士的制度。

殿阁学士起于唐代，唐高宗让一名弘文馆学士始终在武德殿西门等待诏命，以备使用，到了唐宪宗元和二年（807）才正式设置集贤御书院学士、直学士，都是五品官。宋代分殿学士和阁学士。殿学士等级较高，主要有三种：观文殿大学士、学士，资政殿大学士、学士，端明殿学士，都需要资望极高的人担任。这些学士并没有具体的分工职责，只是跟随皇帝出入的侍从官，准备顾问而已。观文殿大学士一定是做过宰相的。观文殿学士、资政殿大学士及学士一定是前任重臣。端明殿学士是其他学士中的最资深者才可以担任。

阁学士制度始于宋真宗，主要分为三等，称为学士、直学士、待制。另有为庶官所带职名的直阁。大中祥符三年（1010）初置学士，以杜镐为之。[1]天章阁学士设于仁宗朝，天圣八年（1030）置待制，庆历七年（1047）又置学士、直学士。天章阁学士排班的位置在龙图阁学士之下。天章阁学士很少任命，整个仁宗朝，才王赞一人。根据《宋会要辑稿》引《神宗正史·职官志》："观文殿大学士从二品，观文殿学士、资政殿大学士、资政殿学士、端明殿学士、枢密直学士、龙图、天章、宝文阁学士并正三品，龙图、天章、宝文阁直学士从三品，龙图、天章、宝文阁待制从四品。"[2]显谟、徽猷二阁的学士、直学士、待制设置一直要到宋徽宗。

除了学士、直学士、待制，龙图、天章、宝文阁真正的职守人是勾当官四人，都以内侍（太监）充任。他们的任务是"掌藏祖宗文章、图籍及符瑞宝玩之物，而安像设以崇奉之"[3]，就是收藏各种物件，给祖先像上香上供；还包括收纳宗正所进的属籍、世谱，遇到大的礼仪活动则要陈设瑞物，如元日、皇帝生辰等契丹国贺使来朝，则要收受其礼币，等等。阁内设吏员六人。

4. 南渡后的天章诸阁

北宋灭国后，龙图、天章诸阁内的宝物，应该是被掳掠一空的。其后，高宗曾经派人迎取太庙的神主，这应该包括天章阁所藏祖宗神御，然后一路南迁，应该也包括天章阁神御。《建炎以来系年要录》记载："（绍兴元年八月）诏奉安天章阁祖宗神御于法济院。"这是为什么？因为逃难，"神御犹在舟中故也"。绍兴二年（1132），"天章阁祖宗神御，可先行趁潮汛过江"，到达杭州，"诏天章阁祖宗神御二十四位权于临安府院奉安"。[4]南宋初年的天章阁并没有真正的阁，我们应把这一时期史籍中提到的天章阁当作这个机构，而不是建筑。

［1］〔元〕脱脱等：《宋史》卷一六二《职官二》，中华书局，1985 年。

［2］〔清〕徐松辑，刘琳、刁忠民、舒大刚等点校：《宋会要辑稿·职官七》，上海古籍出版社，2014 年。

［3］〔元〕脱脱等：《宋史》卷一六六《职官六》，中华书局，1985 年。

［4］〔宋〕李心传：《建炎以来系年要录》卷四六、卷四九，上海古籍出版社，1992 年；〔清〕徐松辑，刘琳、刁忠民、舒大刚等点校：《宋会要辑稿·方域二》，上海古籍出版社，2014 年。

南渡以后，天章阁也主要是收藏祖宗神御和贵重对象，不再有资政参谋的作用。绍兴元年（1131）四月二十六日，办理隆祐皇太后丧礼的太监汇报："得旨传写大行隆祐皇太后御容三轴，内一轴天章阁，一轴内中钦先孝思殿，一轴下宫崇奉。"[1]绍兴十四年（1144）九月二十一日，翰林司汇报说："今年冬至、来年正旦大朝会，本司自来排办殿内臣僚合用金银器皿件物，并系于天章阁收附，宴设家事库关请。"[2]

北宋立阁主要是彰显皇帝的文治之功，像英宗这样在位短暂的皇帝是没有这个待遇的。按理，徽宗、钦宗作为亡国之君也是没有这个待遇的，但是高宗为了彰显帝位传承的合法性，也要为他的父亲建阁。《宋史》记载：绍兴十年（1140），以徽宗皇帝御集成，诏特建阁，以"敷文"为名，置学士以下官，在徽猷阁之下。当然这也仅仅是建立一个名目而已，直到此时，天章诸阁仍未恢复。到了绍兴二十一年（1151）"七月二十二日，诏修盖天章阁神御殿"[3]，这时才开始天章阁建筑的恢复。

比较有意思的是，南宋恢复的建阁制度，从本质上来说应该叫作"建阁名制度"，不管是为徽宗定的敷文阁，还是为高宗定的焕章阁，以及后来的华文阁、宝谟阁，都不是重建新阁，而是在原来的阁的牌匾上添字。宋宁宗庆元二年（1196）八月十三日，中书门下省汇报：孝宗皇帝的阁以"华文"为名，请求在如今阁的牌匾"焕章"二字下添加二字，称为"龙图天章宝文显谟徽猷敷文焕章华文之阁"[4]。到了咸淳年间（1265—1274），《咸淳临安志》记载"自龙图至显文之阁，凡二十四字，合为一匾"。而南宋集诸阁为一体的天章阁的位置，

---

[1]〔清〕徐松辑，刘琳、刁忠民、舒大刚等点校：《宋会要辑稿·礼五一》，上海古籍出版社，2014年。

[2]〔清〕徐松辑，刘琳、刁忠民、舒大刚等点校：《宋会要辑稿·礼八》，上海古籍出版社，2014年。

[3]〔清〕徐松辑，刘琳、刁忠民、舒大刚等点校：《宋会要辑稿·礼一三》，上海古籍出版社，2014年。

[4]〔清〕徐松辑，刘琳、刁忠民、舒大刚等点校：《宋会要辑稿·方域三》，上海古籍出版社，2014年。

我们仅能看到《南渡行宫记》的记载："入和宁门，左，进奏院玉堂；右，中殿外库。至北宫门，循廊左序，巨珰幕次，列如鱼贯。祥曦殿朵殿，接修廊为后殿，对以御酒库、御药院、慈元殿外库、内侍省内东门司、大内都巡检司、御厨、天章等阁。廊回路转，众班排列。又转内藏库，对军器库。"从位置看，天章阁在皇城北侧，从北门出入比较方便，而从功能看，天章阁居然与御酒库、御药院、慈元殿外库等归为一类，似乎也显示着天章阁在南宋地位的没落。

第四章

大哥，俟老者百岁后

——德寿宫

一、历史背景

宋金二次议和后，两国的注意力都集中在各自的国内，如前文所述，南宋朝廷在进行宣示政权合法性的礼仪和建设活动，而同一时期，北方的金人政权则开始了一波汉化的过程。金皇统九年（1149），完颜亮杀死金熙宗自立。金天德五年（1153），完颜亮迁都到燕京（今北京），并完全以中原正统王朝自居。据说，他读到柳永的《望海潮》，对南方"东南形胜，三吴都会，钱塘自古繁华"及"有三秋桂子，十里荷花。羌管弄晴，菱歌泛夜，嬉嬉钓叟莲娃"的风光心向往之，就萌生了统一天下的雄心，写下了名篇："万里车书一混同，江南岂有别疆封？提兵百万西湖上，立马吴山第一峰！"

绍兴三十一年（1161）五月，金国来使索取淮、汉地，并告知钦宗的死讯。七月，完颜亮又迁都汴京，"命其臣刘萼由唐、邓瞰荆、襄，张中彦、王彦章据秦、凤，窥巴、蜀，苏保衡、完颜郑家奴由海道趋两浙"，大战一触即发。九月庚午，高宗命大臣朝飨太庙。辛未，宗祀徽宗于明堂，以配上帝，大赦。诏告天下金人背盟，降敕榜招谕中原军民，双方互有攻防。十月，金人的兵锋已经到达长江边，高宗诏将亲征，并"以金人渝盟告于天地、宗庙、社稷"。十一月，虞允文督建康诸军与完颜亮在采石大战，挫其锋芒。[1]当月因为金世宗完颜雍已在北方自立，完颜亮因前线部队哗变被杀。因此意外，南宋朝廷得脱大难，可以想见朝廷内部主战、主和力量的对比也发生了变化。

孝宗赵伯琮，是宋太祖赵匡胤一系的子孙，因为高宗无子，绍兴二年（1132）就被养在宫中，绍兴三十年（1160）二月癸酉被立为皇子，更名玮，史称"制出，中外大悦"。[2]可见孝宗已经是当时的人望，《宋史·孝宗本纪》记载了如下故事：绍兴三十一年，"金人犯边，高宗下诏亲征，而两淮失守，朝臣多陈退避之计，帝不胜其愤，请率师为前驱"。十二月，"遂扈跸如金陵"。绍兴三十二年（1162）

---

[1]〔元〕脱脱等：《宋史》卷三二《高宗九》，中华书局，1985年。

[2]〔元〕脱脱等：《宋史》卷三三《孝宗一》，中华书局，1985年。

宋孝宗像

五月甲子，"立为皇太子，改名眘"。十三天以后，六月甲戌，御笔赐字元永。乙亥，内降御札："皇太子可即皇帝位。朕称太上皇帝，退处德寿宫，皇后称太上皇后。"丙子，召帝入禁中，朝会后，太上皇帝即驾之德寿宫。

从入选宫中，到封为皇子，孝宗整整用了二十八年，从请命出征到受封皇太子，只有半年，而从受封皇太子到即位，只有十三天，其中发生了什么，史书为尊者讳。从金陵回到临安后，主战派的大臣陈康伯求去，实际上也是对高宗对金政策的不满，史书写"高宗复以倦勤谕之"[1]，这是不是暗示高宗已经意识到朝内的主战派的不满，所以要把孝宗推到第一线来呢？一两个月以后，也就是绍兴三十二年（1162）七月，孝宗召见主战派的张浚，"以张浚为少傅、江淮宣抚使，封魏国公"，同时"追复岳飞元官，以礼改葬"。[2]隆兴元年（1163）五月，孝宗任命张浚为北伐主帅，展开隆兴北伐。隆兴北伐先胜而后败，隆兴二年（1164），南宋被迫再次与金人媾和。

而高宗内禅之后，孝宗立刻"诏有司议太上皇帝、太上皇后尊号以闻，在内诸司日轮官吏应奉德寿宫，增置德寿宫提点、干办等官，德寿宫宿卫依皇城及宫门法"[3]。第二天，孝宗率领百官到德寿宫朝见，并定下每月朔望皇帝率百

---

[1]〔元〕脱脱等：《宋史》卷三三《孝宗一》，中华书局，1985年。

[2]〔元〕脱脱等：《宋史》卷三三《孝宗一》，中华书局，1985年。

[3]〔元〕脱脱等：《宋史》卷三三《孝宗一》，中华书局，1985年。

官朝见的规制，除此以外，每月的初八、二十三日"诣德寿宫起居，如宫中仪"[1]，所谓起居，就是行礼问安的意思。同时诏令宰臣率百官于初二、十六日诣德寿宫起居。而遇到冬至、元旦等节令，孝宗皇帝也要率领群臣进行祝贺。也就是说，德寿宫每个月至少有六次大大小小的礼仪活动，两次是皇帝率领群臣的大朝会，两次是百官朝见太上皇的中等规模朝会，两次是皇帝率领内宫的小型问安仪式，这是多么精巧的政治安排！如果我们看懂了政局的变化，或许对南宋独特的南北两宫体制能有更多的理解。内禅是宋高宗这个政治高手一次精心策划的以退为进的行动，德寿宫并不仅仅是宋高宗的退休住所，而是临安城内的另一个政治中心。

有逸事两则很能说明高宗与孝宗的微妙关系。一则是："上每侍光尧，必力陈恢复大计以取旨。光尧曰：'大哥，俟老者百岁后，尔却议之。'自此不敢言。"光尧是宋高宗的尊号。另一则是："德寿生日，每岁进奉有常数。一日忽减数项，德寿大怒，孝宗皇惧，召宰相虞允文语之，允文曰：'臣请见而解之。'孝宗曰：'朕立等卿回奏。'允文入到宫，上谒，德寿盛气语之曰：'朕老不死，为人所厌。'允文曰：'皇帝圣孝，本不欲如此，罪在小臣，谓陛下圣寿无疆，生民膏血有限，减生民有限之膏血，益陛下无疆之圣寿。'德寿大喜，酌以御酝一杯，因以金酒器赐之。允文回奏，孝宗亦大喜，酌酒赐金如德寿。"[2]"德寿"就是宋高宗，居德寿宫，以宫名为讳。虞允文死于淳熙元年（1174），这一则逸事应该发生在孝宗即位的头一个十年内。

---

[1]〔元〕脱脱等：《宋史》卷一一〇《礼一三》，中华书局，1985年。

[2]丁传靖：《宋人轶事汇编》卷三，中华书局，1981年。

二、考古成果

自 2001 年起，德寿宫地块已经先后进行了四次考古，主要集中在望江路及其以北区域。2001 年 9 月至 12 月，在配合望江路拓宽工程的考古发掘中，第一次发现了德寿宫的东宫墙、南宫墙和部分宫内建筑遗迹。2005 年 11 月至 2006 年 4 月，在望江地区旧城改造过程中，对原杭州工具厂地块进行了发掘，又一次发现与南宋德寿宫密切相关的西宫墙与便门、水渠、水闸与水池、砖铺路面、柱础基础、墙基、大型夯土台基、水井等重要遗迹。2010 年 4 月至 7 月的第三次

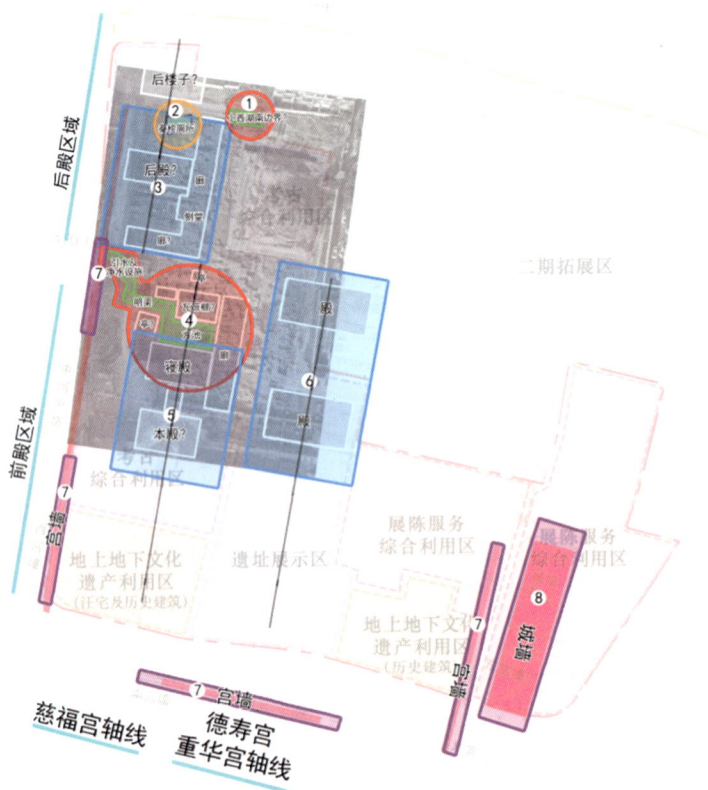

各期考古综合示意图

考古，发现了南宋德寿宫遗址多处建筑遗迹，包括夯土基础、宫殿建筑基址及水井、暗沟等，基本明确了德寿宫遗址中轴线南部殿堂类建筑遗迹的大致分布情况。2017年4月至2020年1月的这次发掘，历时近三年，发掘揭示了德寿宫南部中轴线及其西侧次轴线的多个建筑组群，包括宫殿基址、假山基础、大型砖砌道路、水池驳岸及排水设施等。根据其上下层叠关系，可将南宋时期遗迹分为四期，包括南宋早期和德寿宫一期、二期、三期，考古发现的遗迹参见各期考古综合示意图。目前发现的考古遗迹虽然不足以支撑起我们对德寿宫的整体想象，但对于我们理解历史文献中关于德寿宫的记载还是有很大的帮助。

三、位置、环境与边界

关于德寿宫的位置和边界，历史典籍中的记载似乎很丰富，《宋史·舆服志》记载："德寿宫在大内北望仙桥，故又谓之北内，绍兴三十二年所造，宫成，诏以德寿宫为名，高宗为上皇御之。"德寿宫的选址，据岳珂《桯史》的说法是出于风水考虑，是王气所钟："旧传谶记曰：'天目山垂两乳长，龙骞凤舞到钱塘。山明水秀无人会，五百年间出帝王。'……朝天之东，有桥曰望仙，仰眺吴山，如卓马立顾。绍兴间，望气者以为有郁葱之符，秦桧颛国，心利之，请以为赐第。其东偏即桧家庙，而西则一德格天阁之故基也。……高宗将倦勤，诏即其所筑新宫，赐名德寿居之，以膺天下之养者二十有七年，清跸躬朝，岁时烨奕……"[1]但是不管何种资料文献，都仅仅指出了德寿宫与望仙桥的关系，对于德寿宫的边界范围，并没有确切的记载。

从2001年的考古挖掘以来，已经发现了德寿宫前部的南宫墙、东宫墙和西宫墙，南宫墙的遗迹位于望江路南侧人行道边，东宫墙在直吉祥巷西侧，基本沿直吉祥巷南北向延伸，西宫墙在中河中路西侧人行道绿化带内。虽然有了这样的

---

[1]〔宋〕岳珂撰，吴企明点校：《桯史》卷二，中华书局，1981年。

基本认识，但进一步研究仍然充满困惑：作为正门的南宫门，在目前发现的南墙以南还是以北？德寿宫的北侧到何处为止？德寿宫的后苑与前朝宫室部分的边界有什么不同？

作为南宋宫廷的礼仪制度，当进行大型礼仪活动，如"进圣政""上册宝""上寿"时，往往会在南宫门内外设置各种临时性设施。进圣政时，"仪鸾司设《圣政》幄次于德寿宫殿门内西，东向；设大次于德寿宫殿门外之东，南向；小次于殿门内东廊，西向；设权安奉《圣政》幄次于德寿宫门外，随地之宜；设御案于殿上之西北，设《圣政》匣卓子于殿上西壁；设文武百官幕次于宫门之内外"[1]。上册宝时，"前期有司设大小次于德寿宫大门内及殿东廊上，设权安册宝幄于大门内"[2]。上寿时，"前一日，有司设大次于德寿宫门内，南向；小次于殿东廊，西向"[3]。由此可见，南宫门内外应有相当大的空间安置此类设施，即在宫门前后各有一个广场或开敞的院落。从现存《咸淳临安志》所存的《京城图》，我们就可以看到，新开门以内的望仙桥街正对朝天门东侧，望仙桥街北就是德寿宫，而街南就是牛羊司。这种格局一直保持到了晚清民国，在清中期传统地图和1929 年的测绘地图中都可以看到平行的望仙桥街和牛羊司巷（元宝街）。不论是南宋、清代的传统地图还是民国时期的地图，望仙桥始终是正对朝天门侧面，基本可以推测，现在的望江路的南侧应与原来望仙桥街重合。考古发现的南宫墙到如今的元宝街深度大约是 77 米，南宫门如果位于墙体南侧或者横跨在南宫墙上，那么南宫门前广场就应与牛羊司巷（元宝街）衔接，而不是与望仙桥街相连。因此现在发现的南墙，更可能是南宫门前广场的南墙，而南宫门应该还在其北。

德寿宫的北界，史书记载极为粗略，岳珂《桯史》卷二记载："重华继御，

---

[1]〔清〕徐松辑，刘琳、刁忠民、舒大刚等点校：《宋会要辑稿·礼七》，上海古籍出版社，2014 年。

[2]〔清〕徐松辑，刘琳、刁忠民、舒大刚等点校：《宋会要辑稿·礼四九》，上海古籍出版社，2014 年。

[3]〔清〕徐松辑，刘琳、刁忠民、舒大刚等点校：《宋会要辑稿·礼五七》，上海古籍出版社，2014 年。

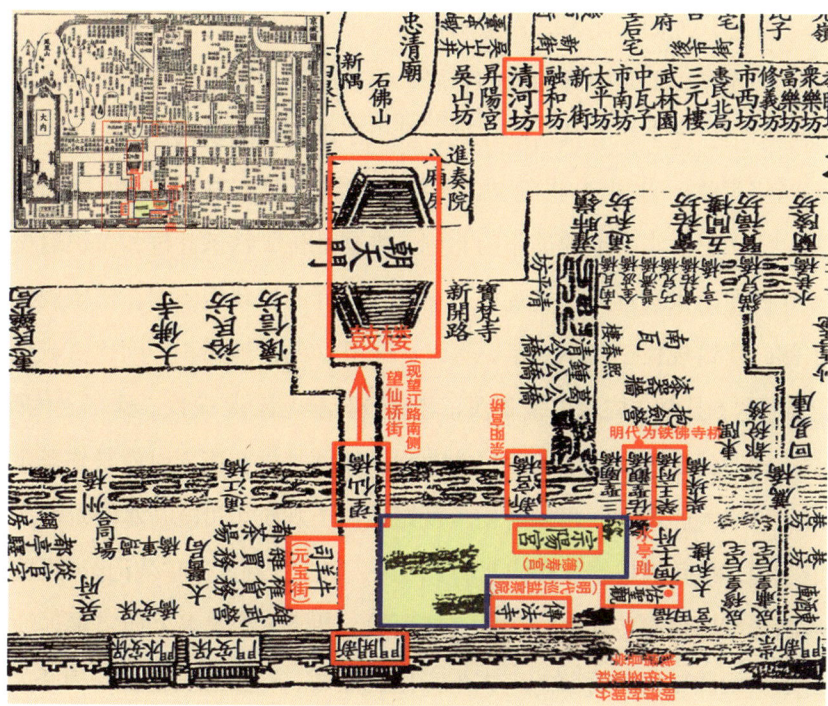

《咸淳临安志》中的《京城图》

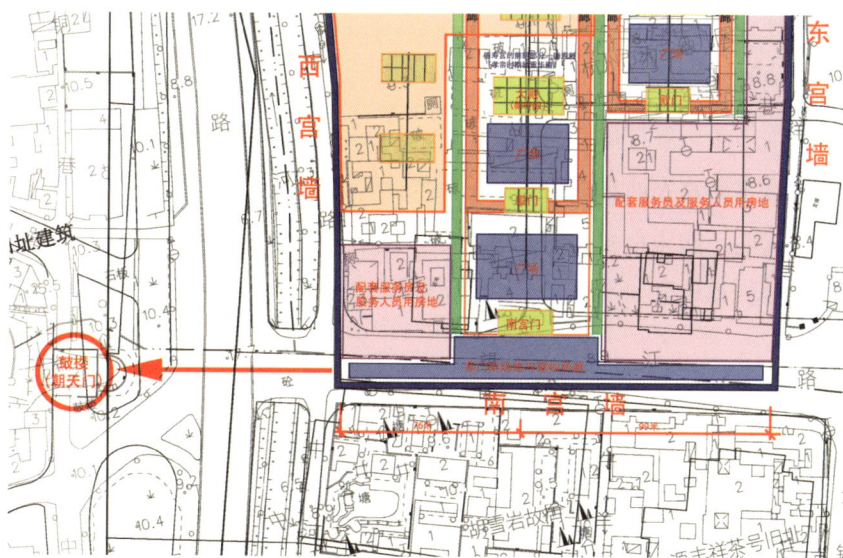

望仙桥路、南宫门位置图

更慈福、寿慈,凡四侈鸿名,宫室实皆无所更。稍北连甍,为今佑圣观,盖普安故邸。""连甍"就是屋脊相连的意思,也就是说,德寿宫的北侧就是佑圣观。佑圣观是孝宗、光宗未登基前的住处,胜极于南宋,到了元大德七年(1303)毁于火,同年重建。直到20世纪初的《浙江省城全图》中,仍然可以找到佑圣观的位置,位于正对水亭址的道路的北侧。水亭址位于铁佛寺桥和荣王府桥之间,而铁佛寺桥在南宋被称为佑圣观桥。在清代中叶的杭州地图上,佑圣观位于钱塘县学东侧,建筑规模已经不大了,远远小于县学的占地面积。明代《成化杭州府志》记载:"(县学)构地佑圣观西,其地旧有奉老氏堂一十二楹。"[1]所谓"奉老氏堂"者,就是道观,因此很可能明清的钱塘县学在南宋时就是佑圣观的一部分。由此可以大胆推测,南宋时佑圣观路接佑圣观桥(可能在水亭址南),路北就是佑圣观,路南就是德寿宫的北墙。因此,周必大在《玉堂杂记》中记载:"必大尝自德寿宫后垣趋传法寺,望见一楼巍然。朝士云太上名之曰'聚远'。"[2]《梦粱录》记载城内外寺院:"太平兴国传法寺,在佑圣观东。"周必大很可能走的就是这条道路。

南宋晚期,宋度宗改德寿宫为宗阳宫,《梦粱录》记载:"度庙临政,以地一半营建道宫,扁曰宗阳……一半改为民居,圃地改路,自清河坊一直筑桥,号为宗阳宫桥。"[3]宗阳宫桥又名新宫桥。新宫桥以及相应的宗阳宫街,基本上就是目前河坊街延伸段的位置,由此可以判断,目前河坊街到望江路之间的区域是德寿宫主要宫室所在的位置,而河坊街以北是后苑的区域。现代的考古勘探基本已经探明,南宋杭州城的东城墙基本是沿着吉祥巷、城头巷南北延伸的,而东河在宋代就是护城河。考古发现的东宫墙基本就是沿着吉祥巷建的,也就是说,

[1]〔明〕陈让、夏时正等:《成化杭州府志》卷二五《学校三》"钱塘县儒学"条,浙江图书馆藏影抄本。

[2]〔宋〕周必大:《玉堂杂记》卷上,载李栻《历代小史》卷四〇,明万历甲申年(1584)刊本。

[3]〔宋〕吴自牧:《梦粱录》卷八,浙江人民出版社,1980年。

清代杭州城图

德寿宫的宫室部分基本占满了城墙以内到中河边的空间。后苑的边界又如何呢？我们找不到南宋时期后苑的边界记载，但可以找到关于宗阳宫东界的，明代的《西湖游览志》记载："佑圣观街自宗阳宫折而北，东为巡盐察院，北为市舶司，佑圣观之东为武林驿，西为钱唐学、水亭子。"[1]清代记载："巡盐察院，在布政司东，旧为太平兴国传法寺基。"传法寺出现在周必大《玉堂杂记》中，因此与德寿宫是并存的关系。清代开国不久就废除了巡盐察院制度，史料记载"织造府二所并在布政司东旗纛庙西"。从清代中叶的地图看，织造府就在宗阳宫的东北方向，很可能织造府的位置与明代的巡盐察院相同，织造府也就是太平兴国传法寺的故址，反过来可以推论德寿宫的东界并没有到城墙，也就是城头巷一线，仅仅是在目前的佑圣观路附近。因此，德寿宫的边界很可能是一曲尺形，南侧宫室部分从中河边（靴儿河下）一直到城墙边，北侧从河边到佑圣观路，中间的转折点是新宫桥直对的宗阳宫路（如今的河坊街），最北侧大约是在佑圣观桥（铁

---

[1]〔明〕田汝成：《西湖游览志》卷一三，上海古籍出版社，1980年。

佛寺桥，今水亭子南）一线，南侧就是目前望江路的南侧。由此可见，中路、西路目前已经考古发掘的区域，也仅仅是前朝后寝的一部分，离传说中的德寿宫园林还有很大的距离。

德寿宫的遗物中最为有名的就是芙蓉石和梅花碑，德寿宫的东侧有梅花为主的香远堂、芙蓉冈，梅花碑与香远堂，芙蓉冈与芙蓉石是不是有某种关联呢？《西湖游览志》记载："市舶司，本宋德寿宫后圃也。……内有芙蓉石，高丈许，窦穴玲珑，苍润可爱。"[1] 市舶司在哪儿？《万历杭州府志》记载："工部分司，在巡盐察院之西，改市舶司为之。"[2] 民国初年的《浙江省城全图》明显地注出，

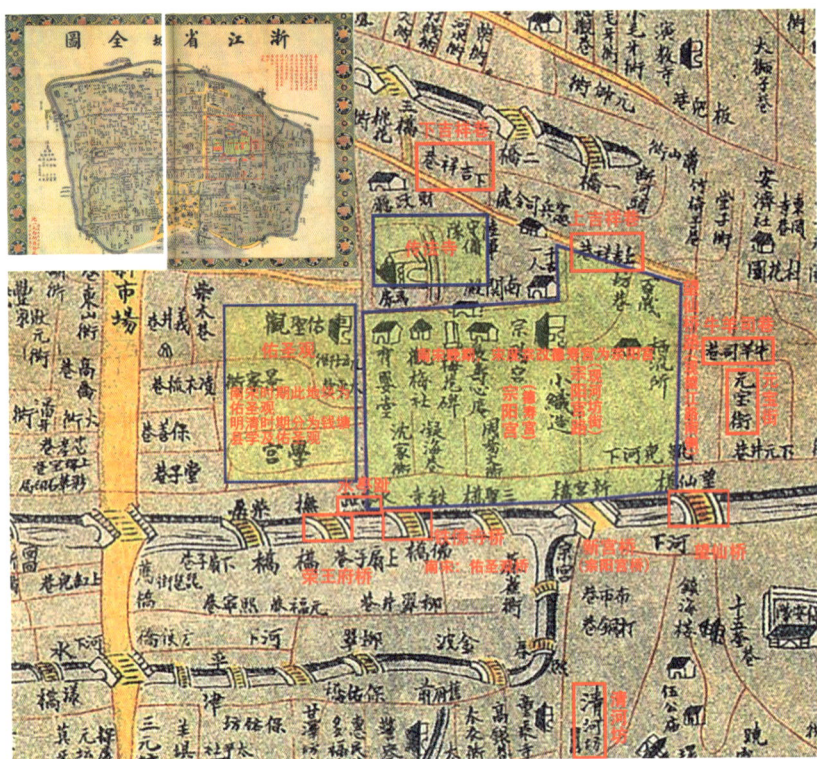

民国《浙江省城全图》

---

［1］〔明〕田汝成：《西湖游览志》卷一五，上海古籍出版社，1980年。

［2］〔明〕刘伯缙等修，陈善等纂：《万历杭州府志》卷三七，《中国方志丛书》本，台北成文出版社有限公司，1983年。

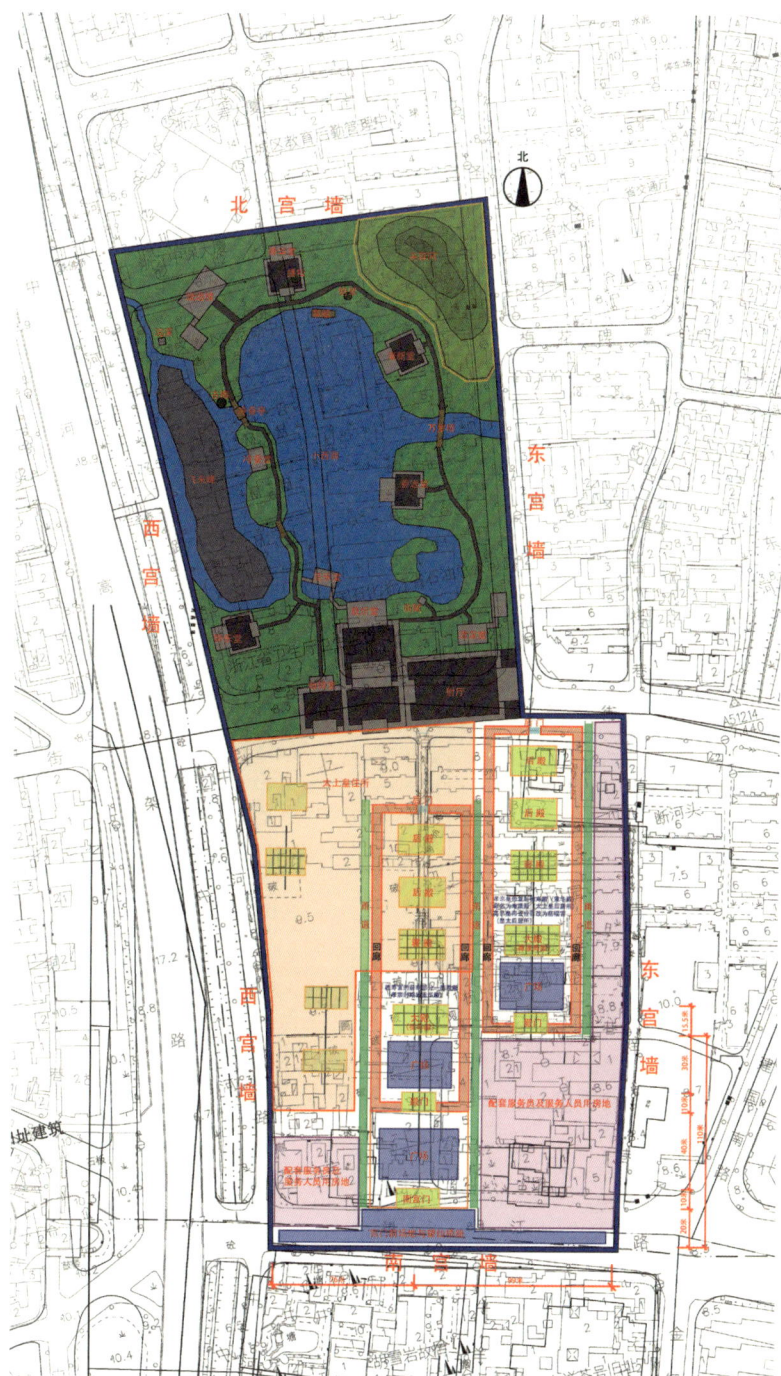

德寿宫推测总平面图

梅花碑在佑圣观路以西，宗阳宫以北。这个位置应该就是德寿宫东北角（后苑布局推论见后）。

四、轴线与分区

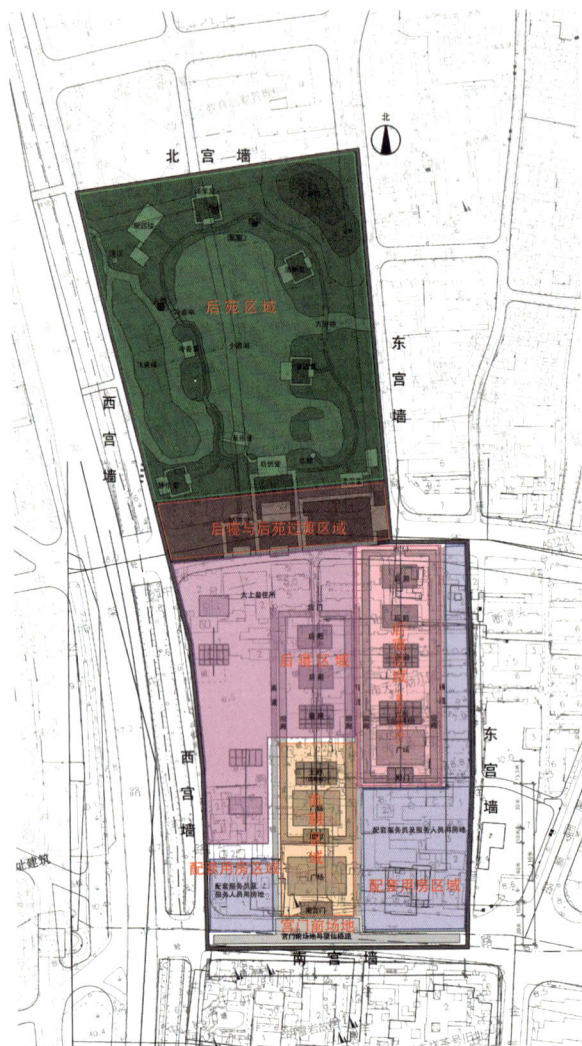

德寿宫主要分区图

把文献中记载的在南宋德寿宫开展的相关活动进行分类，基本可以分作如下几类：一类是皇帝、群臣对太上皇的朝觐，我们可以把它当作朝会的部分；一类是皇帝、宫室内眷参拜太上皇、太上皇后，我们可以把它看作生活的部分；还有一类是太上皇、皇帝游憩宴乐，我们把它看作游乐的部分。因此，基本可以把德寿宫的建筑群分为前朝部分、后寝部分、园林部分以及文献不会提及的服务部分四大功能分区。

1. 前朝区域

德寿宫仅仅是宋高宗的退休养老所在吗？当然不是。继位的孝宗，由太祖一系而被高宗收养，最后入继大统，因此孝宗对于高宗既有感激又非常敬畏。高宗内禅之后，孝宗立刻"诏有司议太上皇帝、太上皇后尊号以闻，在内诸司日轮官吏应奉德寿宫，增置德寿宫提点、干办等官，德寿宫宿卫依皇城及宫门法"[1]。

第二天，孝宗率领百官到德寿宫朝见，并定下每月朔望皇帝率百官朝见的规制，除此以外，每月的初八、二十三日"诣德寿宫起居，如宫中仪"。所谓起居，原是指从唐明皇开始的规定，群臣每五天跟随一位宰相入见的礼仪，这里引申为皇帝带群臣入见太上皇的意思。同时诏令宰臣率百官于初二、十六日诣德寿宫起居。而遇到冬至、元旦等节令，孝宗皇帝也要率领群臣进行祝贺。也就是说，德寿宫每个月至少有六次大大小小的礼仪活动，两次是皇帝率领群臣的大朝会，两次是百官朝见太上皇的中等规模朝会，两次是皇帝率领内宫的小型问安仪式。因此，德寿宫并不仅仅是宋高宗的退休住所，而是临安城内的另一个政治中心，反映在建筑布局上，德寿宫应该与其他前朝后寝的宫廷一样，有一个相当规模的"前朝"区域。

从已经完成的考古来看，目前已经明确的有西侧和中部两组院落，其中中部院落的轴线距发现的西宫墙约 76 米，距发现的东宫墙约 99 米，基本处于整个地块的中心位置，因此，此轴线是德寿宫的前朝区域的可能性很大。在此轴线上发现有两处五开间建筑的遗址，这两个建筑中南侧的一个，距离发现的南宫墙约 110 米。按文献记载，德寿殿前依次排列为德寿宫门前场地、宫门、宫门与殿门间广场、殿门、殿门与大殿间广场（有两廊），其中抑或还有一到两道隔门。考古发现的南侧大殿柱间残迹进深仅为 15.5 米，按基本的建筑体量估计，南宫门和殿门按约 10 米进深估算，整体空间南宫墙到南宫门约 20 米，南宫门到殿门约 40 米，殿门到大殿约 30 米，就已经把大殿遗址到南宫墙遗址之间 110 米的距离瓜分完了，并无富余，而且这仅仅是建筑柱子间距，如果算上台阶、站台，实在算不上宽敞，这与史书记载的德寿宫空间有限，朝会时必须是一定品级之上的官员才有资格参与的历史吻合。《宋会要辑稿》记载："每月宰臣率文武百僚于初

---

[1]〔元〕脱脱等：《宋史》卷三三《孝宗一》，中华书局，1985 年。

宋高宗吴皇后像

二日、十六日诣德寿宫，缘内外窄隘，或值雨沾湿，百官别无立班去处。今后遇立班日，本台用文臣监察御史已上，阁门用武臣横行御带已上趁赴起居如仪。"[1]

2. 后寝区域及服务辅房

周密《武林旧事》卷七记载："乾道三年三月初十日……次日进早膳后，车驾与皇后、太子过宫起居二殿讫。"所谓"过宫起居二殿讫"是指分别给太上皇和太上皇后请安。南宋时常常以宫殿名代称主人，比如常以"德寿宫"指高宗，而以"康寿殿"代称高宗的吴皇后，如《宋人轶事汇编》记："德寿在北内，颇属意玩好。孝宗先意承志，时网罗人间以供怡颜……"[2]而宋代所传的《千里江山图》上有两方印：一为"康寿殿宝"，一为坤卦印。《玉海》记载："隆兴二年三月二十四日，德寿宫康寿殿生金芝十有二茎，宰臣皆贺，御制七言诗"[3]。而坤卦象征的是妇德，所以"康寿殿宝"就是吴皇后的印章，而康寿殿就是吴皇后的住处。因此，除了作为礼仪中心的前朝区域，德寿宫还有两个分别以太上皇居所和太上皇后居所为中心的居住组团。《武林旧事》记载庆寿册宝的礼仪："上乘辇从至德寿宫，俟太上升御座，宫架乐作，皇帝北向再拜，奏起居……礼毕，次诣太上皇后殿，行礼如前。"[4]乾

[1]〔清〕徐松辑，刘琳、刁忠民、舒大刚等点校：《宋会要辑稿·仪制五》，上海古籍出版社，2014年。

[2] 丁传靖：《宋人轶事汇编》卷三，中华书局，2003年。

[3]〔宋〕王应麟：《玉海》卷一九七，广陵书社，2003年。

[4]〔宋〕周密：《武林旧事》卷一，浙江人民出版社，1984年。

道三年（1167）八月二十一日，吴皇后生日，"先十日，车驾过宫，先至太上处起居，方至本殿进香"，"十二日，婉容到宫，至西便门廊下，先至太上处奏起居，次入本殿进香"。[1] 从上述信息可以分析出，"太上处"和"太上皇后殿"是两个地点，后文所指"本殿"即是"太上皇后殿"。太上皇和太上皇后是分居两处的，其中太上皇居所靠近西边，所以从西便门廊下可以先到太上处奏起居。

淳熙十五年（1188），时宋高宗已逝，孝宗一方面修盖慈福宫安置已经升格为太皇太后的"吴皇后"，另一方面则于次年改德寿宫为重华宫，并也把皇位禅让给了儿子，有样学样地当起了太上皇。这个时期，我们可以看到朝廷基本沿袭了前朝的做法，《宋会要辑稿》记载一位臣僚的建言："每月一日、八日、十五日、二十二日，车驾诣重华宫起居，此用至尊寿皇圣帝诣德寿宫之例也。寿皇所诣止是德寿一宫，陛下诣重华宫必诣慈福宫，礼既兼行，文宜并载。"[2] 因此，我们可以推论，孝宗基本全盘接收了高宗在德寿宫的一切，而对于太皇太后，为了显示其孝道，在原来康寿殿的基础上有所扩建，也就是周必大《思陵录》上关于"慈福宫"的记载：

> 己卯，后殿坐，提举修内司刘庆祖申：契勘本司恭奉圣旨指挥，修盖慈福宫殿堂、门廊等屋宇，大小计二百七十四间。
>
> 内殿门三间，朱红门二扇，板壁八扇，鍮石浮沤钉装钉，朱红柱木，头顶真色装造，甋瓦结瓦，安立鸱吻，方砖地面，门外打花铺砌墁地。
>
> 正殿五间，朵殿二间，各深五丈，内心间阔二丈，次间各阔一丈八尺，柱高丈五尺，平棋枋，朱红顶板，里外显五铺，上下昂，真色晕嵌装饰，头顶甋瓦结瓦，安立鸱吻，方砖地面，朱红柱木，窗隔、板壁、周回明窗等，青石压栏，石碇踏道，打花铺砌龙墀，殿上安设龙屏风。

---

[1]〔宋〕周密：《武林旧事》卷七，浙江人民出版社，1984年。

[2]〔清〕徐松，刘琳、刁忠民、舒大刚等点校：《宋会要辑稿·后妃二》，上海古籍出版社，2014年。

殿后通过三间，随殿制作装饰，真绿刷柱。并寝殿五间，挟屋二间，瓦凉棚五间，并是真色晕嵌装造，黑漆退光柱木、窗隔、板壁、周回明窗等，头顶瓪瓦结瓦，方砖地面。

后殿五间，挟屋二间，真色装造，绿漆窗隔、板壁，黑漆退光柱木、周回明窗等，头顶板瓦结瓦，方砖地面。

次后楼子五间，上下层并系青绿装造，黑漆退光柱木、周回明窗等，头顶板瓦结瓦，方砖地面，漆窗隔、板壁、鹊梯、周回避风篕等，绿油柱木，头顶瓪瓦结瓦，方砖地面，打花铺砌涌路花台。

正殿前后廊屋共九十四间，各深二丈七尺，阔一丈二尺，柱高一丈五尺，真色金线鲜绿装造，头顶板瓦结瓦，方砖地面。内殿前廊屋系朱红柱木、窗隔，殿后绿油柱木，黑漆、金漆窗隔、板壁、前后明窗、装折。阁子库务等，并素白椤木。

侧堂二座，各三间，龟头一间，黑漆窗格并明窗等。

殿厨及内人屋六十六间，官厅直舍外库等屋六十五间。

大门一座，三间。中间隔门二座，各一间，深阔不等。并系草色装饰，矾红并黑油柱木、案卓、窗隔、板壁等，板瓦结瓦，砖砌地面。

及诸处砖砌路道，墙壁，黄罗、青罗额道。并疏暖帘共一百五间，鍮石钩条，结子全。及诸处案卓，并系鍮石装钉叶子。并承降下御书"慈福之宫""慈福之殿"八字，及"臣（御名）恭书"八字，制造青地金字朱红漆牌二面。前项生活并于今月十八日一切毕工，并于当日挂牌了当。[1]

慈福宫的轴线包含殿门、正殿、后殿、后楼，以及周边侧堂、廊屋等。目前考古发现的中路大殿进深、开间尺寸与《思陵录》"慈福宫"所记载的尺寸基

---

[1]　〔宋〕周必大：《庐陵周益国文忠公集》卷一七三《思陵录下》，清咸丰元年（1851）欧阳棨续刊本。

本吻合，能否确定这就是慈福宫呢？在孝宗时期，重华宫与慈福宫实际上是并存的格局，基于文献所记载的各种典礼活动推测，目前发现的中轴线院落应该是德寿宫的前朝部分——德寿殿，即孝宗时期的重华殿。如此，德寿宫在孝宗时期很可能有两组规模相同的建筑群体——重华宫与慈福宫，孝宗应该是为了彰显高宗吴皇后的地位，按照德寿殿（重华殿）的规制，复制了一组院落。这种一模一样建设两组宫室的做法在南宋并不是孤例，比如南宋皇城的大庆殿和垂拱殿就是这种做法。那么，我们是否可以通过慈福宫轴线的布置反推德寿宫中轴的布局呢？

　　按照目前的考古成果，慈福宫的位置推测应该在未被发掘的中轴线以东区域。如此，我们基本可以推断，在高宗时期，德寿宫以德寿殿的中轴线为前朝区域，其西侧是太上皇居所，其东侧是太上皇后所居的康寿殿区域，康寿殿区域在

宫室推测平面图

高宗死后被改为皇太后的居所慈福宫。而慈福宫以东、以南的其他用地，应该是德寿宫的配套服务、服务人员的用房所在地。

慈福宫在东虽然还没得到考古的验证（由于目前考古的条件不允许），但是文献上有一条可以作为旁证，《西湖游览志余》记载："光宗在鹤禁，意欲内禅，终难发言，数击鲜于慈福太后。太后疑之，询近侍曰：'大哥屡排当，何故？'旁则有奏曰：'意望娘娘为趣上耳。'后笑。顷之，寿皇至东内，从容间，语上曰：'官家也好早取乐，放下与儿曹。'上曰：'臣久欲尔，但孩儿尚小，未经历，故不能即与之。不尔，则自快活多时矣。'"[1]也就是说，慈福宫是被称为东内的，而这个东是相对于中轴线的重华宫（德寿宫）而言的。

五、后苑

德寿宫另一大部分是后苑区域，值得单独作为一节讲述。孝宗即位后，虽然初期锐意北伐，但是经过隆兴北伐失败，尤其是淳熙之后，采石大捷的功臣虞允文也死了，孝宗基本上就回到了高宗的政治路线。乾淳之间，高宗、孝宗的互动方式，往往以宴乐游赏为主。宋亡以后，南宋遗民对所谓的"故国逸事"津津乐道，留下了不少记录，其中记载最为详细的是周密的《武林旧事》。后苑的格局可以分为早期和晚期两种，《武林旧事》记载了一次赏花游园："乾道三年三月初十日……先至灿锦亭进茶……同至后苑看花。两廊并是小内侍及幕士……次至球场看小内侍抛彩球、蹴秋千。又至射厅看百戏，依例宣赐。回至清妍亭看荼蘼，就登御舟，绕堤闲游……次至静乐堂看牡丹，进酒三盏，太后邀太皇、官家同到刘婉容位奉华堂听摘阮……"[2]这段文字，可以看出早期德寿宫后苑的主要建筑和景观：灿锦亭、射厅、清妍亭、静乐堂、奉华堂，以及湖和堤。

《武林旧事》随后记载，此次赏花后，"自此官里知太上圣意不欲频出劳人，

---

[1]〔明〕田汝成：《西湖游览志余》卷二，上海古籍出版社，1980年。

[2]〔宋〕周密：《武林旧事》卷七，浙江人民出版社，1984年。

遂奏知太上，命修内司日下于北内后苑建造冷泉堂，叠巧石为飞来峰，开展大池，引注湖水，景物并如西湖。其西又建大楼，取苏轼诗句，名之曰'聚远'"[1]。也就是说，乾道三年（1167）后，德寿宫后苑才出现了两个标志性景物：飞来峰和聚远楼。

关于后苑的景物，各家众说纷纭，大同而小异。周必大在孝宗朝深得皇帝的信任，位列宰辅，出入中枢，他的《玉堂杂记》应该是最为可信的第一手资料了。《玉堂杂记》："宫中分四地分，随时游览。东地分，香远（梅堂）、清深（竹堂）、月台、梅坡、松菊三径（菊、芙蓉、竹）、清妍（荼蘼）、清新（木犀）、芙蓉冈；南地分，载忻（大堂，御宴处）、忻忻（古柏、太湖石）、射厅、临赋（荷花山子）、灿锦（金林檎）、至乐（池上）、半丈红（郁李子）、清旷（木犀）、泻碧（养金鱼处）；西则冷泉（古梅）、文杏馆、静乐（牡丹）、浣溪（大楼子海棠）；北则绛华（罗木亭）、旱船、俯翠（茅亭）、春桃、盘松。其详不可得而知也。"[2]南宋早期记载出现的灿锦亭、射厅、清妍亭、静乐堂，在晚期记载中都属于南地分，说明后苑的扩建由南向北进行。

以周必大的宰辅之尊，对于北内的了解仍然是"其详不可得而知"，而各种文献常常相互引用，误传、误抄使得我们对德寿宫内部的了解更加迷茫。但是，把几种资料相互参看，也会有一些有趣的发现。《咸淳临安志》《梦粱录》《宋史》等记载与《玉堂杂记》基本类似，也是禁苑四分，其不同处参看下表：

[1]〔宋〕周密：《武林旧事》卷七，浙江人民出版社，1984年。

[2]〔宋〕周必大：《玉堂杂记》卷上，载李栻《历代小史》卷四〇，明万历甲申年（1584）刊本。荷花山子，中华书局2000年版《建炎以来朝野杂记》乙集卷三据清光绪十九年（1893）井研萧露浓刻本和清乾隆间李调元刻《函海》本改作"荷花仙子"，《武林旧事》卷四作"荷池"，或山子即假山之意，待考。罗木亭，即椤木亭；木犀，即木樨，桂。

表 10　《玉堂杂记》《咸淳临安志》《梦粱录》《宋史》关于德寿宫后苑景物记载情况

书名	记载	增减差异	异名
《玉堂杂记》	宫中分四地分，随时游览。东地分，香远（梅堂）、清深（竹堂）、月台、梅坡、松菊三径（菊、芙蓉、竹）、清妍（荼蘼）、清新（木犀）、芙蓉冈；南地分，载忻（大堂，御宴处）、忻忻（古柏、太湖石）、射厅、临赋（荷花山子）、灿锦（金林檎）、至乐（池上）、半丈红（郁李子）、清旷（木犀）、泻碧（养金鱼处）；西则冷泉（古梅）、文杏馆、静乐（牡丹）、浣溪（大楼子海棠）；北则绛华（罗木亭）、旱船、俯翠（茅亭）、春桃、盘松。其详不可得而知也。		半丈红（郁李子）冷泉（古梅）俯翠（茅亭）
《咸淳临安志》	禁籞四面：东则香远（梅堂）、清深（竹堂）、月台、梅坡、松菊三径（菊、芙蓉、竹）、清妍（荼蘼）、清新（木犀）、芙蓉冈；南则载忻（大堂乃御宴处）、射厅、临赋（荷花）、灿锦（金林禽）、至乐（池上）、半绽红（郁李）、清旷（木犀）、泻碧（金鱼池）；西则冷香（古梅）、文杏馆、静乐（牡丹）、浣溪（大楼子海棠）；北则绛华（椤木亭）、俯翠（茅香）、春桃，又有亭曰盘松。	南缺忻忻（古柏、太湖石），北缺旱船	半绽红（郁李）冷香（古梅）俯翠（茅香）
《梦粱录》	东有梅堂，扁曰香远；栽菊，间芙蕖、修竹处有榭，扁曰梅坡、松菊三径；荼蘼亭扁曰新妍；木香堂扁曰清新；芙蕖冈。南御宴大堂，扁曰载忻，荷花亭扁曰射厅，临赋；金林檎亭扁曰灿锦；池上扁曰至乐；郁李花亭扁曰半绽红；木犀堂扁曰清旷；金鱼池扁曰泻碧。西有古梅，扁曰冷香；牡丹馆扁曰文杏，又名静乐；海棠大楼子，扁曰浣溪。北有椤木亭，扁曰绛叶；清香亭前栽春桃，扁曰倚翠；又有一亭，扁曰盘松。	东缺清深（竹堂）、月台，南缺忻忻（古柏、太湖石），西将文杏、静乐归为一处，北缺旱船，又将"俯翠"改为"倚翠"，与春	松菊三径中"芙蓉"改为"芙蕖"，"芙蓉冈"改为"芙蕖冈"；清新（木香），清旷（木犀）；半绽红（郁李花）；冷香

续表

书名	记载	增减差异	异名
《梦粱录》		桃归为一处	（古梅）；椤木亭"绛华"改"绛叶"；倚翠（清香、春桃）
《宋史》	禁籞周回，四分之。东则香远、清深、月台、梅坡、松菊三径、清妍、清新、芙蓉冈，南则载忻、欣欣、射厅、临赋、灿锦、至乐、半丈红、清旷、泻碧，西则冷泉、文杏馆、静乐、浣溪，北则绛华、旱船、俯翠、春桃、盘松。		"忻忻"改为"欣欣"

上述记载比较笼统，而《武林旧事》记载了大量的南宋皇室活动，因此提供了更多的细节，这些细节对我们理解上面的信息非常有用。

1.射厅并非荷花亭，与临赋（荷花山子）一定是两个不同的地方，能够射箭、演百戏的射厅应该是一个长方形的院落。

乾道三年三月初十日……次日进早膳后……又至射厅看百戏，依例宣赐。

淳熙三年五月二十一日天申圣节……上侍太上同往射厅看百戏，依例宣赐。

淳熙九年八月十五日，车驾过德寿宫起居……索车儿同过射厅射弓，观御马院使臣打球。

2.椤木亭实系椤木堂，椤木堂、绛华（叶）堂是同一建筑。

（淳熙六年九月）十六日登门肆赦毕……行礼毕，略至绛华堂进泛索。

　　淳熙七年十二月二十八日……上侍太上于椤木堂香阁内说话……

　　3.按《南宋古迹考》，清心即清深，竹堂属东，射厅属南，清心堂与百戏相关，说明清心堂与射厅可能都在东南角。

　　（淳熙三年八月）二十一日卯时……太上邀官里至清心堂进泛索，值雨，不呈百戏。

　　淳熙十一年六月初一日……命小内侍宣张婉容至清心堂抚琴。

　　4."浣溪"不是楼，大楼子海棠可能是品种，而非《梦粱录》所载"海棠大楼子，扁曰浣溪"。浣溪是亭。《汉语大词典》"楼子花"条："形容花冠重叠，呈复瓣的花。"或即指大楼子。

　　（淳熙三年）十月二十二日……从太上至后苑梅坡看早梅，又至浣溪亭看小春海棠。

　　5.飞来峰、冷泉堂、古梅是一组景观，飞来峰与冷泉堂前水面并不宽阔。

　　命修内司日下于北内后苑建造冷泉堂，叠巧石为飞来峰……聚远楼前面面风，冷泉堂下水溶溶……飞来峰下水泉清，台沼经营不日成……皆纪实也。

　　淳熙五年二月初一日，上过德寿宫起居，太上留坐冷泉堂进泛索讫，至石桥亭子上看古梅。

　　淳熙十一年六月初一日……太上邀官里便背儿至冷泉堂进早膳讫……遂同至飞来峰看放水帘。时荷花盛开……堂前假山、修竹、古松，不见日色，并无暑气。

6.香远堂、石桥、芙蓉冈是另一组景观。

晚宴香远堂。堂东有万岁桥，长六丈余，并用吴璘进到玉石甃成，四畔雕镂阑槛，莹彻可爱，桥中心作四面亭，用新罗白罗木盖造，极为雅洁。大池十余亩，皆是千叶白莲。……北岸芙蓉冈一带……

7.德寿宫后苑建筑以"堂"为主，东南西北各面都有一至两处堂作为主景，主要建筑排布南侧，其次为东侧。

表 11　德寿宫后苑建筑排布情况

方位	主建筑	节录
东	香远堂	晚宴香远堂。堂东有万岁桥
	清心堂即清深堂	太上邀官里至清心堂进泛索；命小内侍宣张婉容至清心堂抚琴
	清新堂	木香（《梦粱录》记载为木香，其他多作木犀）
南	至乐堂	约二刻，再请太上往至乐堂再坐；又移坐灵芝殿有木犀处进酒，次到至乐堂再坐；太上留坐至乐堂进早膳毕
	载忻堂	午初至载忻堂排当
	灿锦堂	上与皇太子过宫起居二殿讫，至灿锦堂进茶。（《南宋古迹考》引《德寿宫纪略》记载为灿锦堂，《武林旧事》记载为灿锦亭）
	清旷堂	木犀

续表

方位	主建筑	节录
西	静乐堂	次至静乐堂看牡丹；又移宴静乐堂，尽遣乐工，全用内人动乐
	冷泉堂	太上留坐冷泉堂进泛索讫，至石桥亭子上看古梅；太上邀官里便背儿至冷泉堂进早膳讫
	聚远楼	……开展大池……其西又建大楼，取苏轼诗句，名之曰"聚远"
	飞来峰	同至飞来峰看放水帘
北	绛华堂（椤木堂）	行礼毕，略至绛华堂进泛索；上侍太上于椤木堂香阁内说话（《武林旧事》《南宋古迹考》记载为椤木堂，《玉堂杂记》《咸淳临安志》《梦粱录》记载为椤木亭）

8.《武林旧事》提到而《玉堂杂记》《咸淳临安志》《梦粱录》《宋史》中没有的建筑。

奉华堂："太后邀太皇、官家同到刘婉容位奉华堂听摘阮奏曲罢"，《南宋古迹考》即言"刘婉容所居"。

清华："又移宴清华，看蟠松"，蟠松（一作盘松）在北面，与绛华堂（椤木堂）相近，是否清华就是绛华呢？存疑。

石桥亭子："太上留坐冷泉堂进泛索讫，至石桥亭子上看古梅。"此处石桥亭子与香远堂东万岁桥的亭子应该并非一处，古梅在西侧，因此，此石桥亭子靠近西侧。按《南宋古迹考》，此亭为冷香亭。

把前述对后苑区域边界的研究结合起来，我们可以想象一下后苑的基本轮廓：这是一个东西窄、南北较长的园子，园中有湖，湖水引自西湖，从西北方引入，入口水系边有浣纱亭，东侧有出水口，从香远堂北侧流过，水上有万岁桥。湖中有堤，堤上有桥，可以通舟，因此可以"绕堤闲游"。主要建筑集中于南侧

北

北 宫 墙

西 宫 墙

东 宫 墙

聚华堂
幡松
龟塔
旱船
瀛新堂
芙蓉冈
聚远墙
凉溪
古梅
冷香亭
冷香宫
万岁桥
飞来峰
小西湖
香远堂
载忻堂
拘颓
澄深堂2
蟠桥堂
射厅
浅东堂
庙门

后苑推测平面图

167

和东侧，南侧以载忻堂为主景，从南而东，安排清旷、临赋、清深、香远堂。其中载忻堂、射厅应该是后寝部分与园林部分的交接处，是居住和景观结合的部位。从载忻堂绕湖而西，是灿锦堂、至乐堂、静乐堂，西侧的主景是飞来峰，飞来峰前是冷泉堂，这一组的对应关系，应该与灵隐飞来峰前的冷泉亭类似。西北侧是聚远楼，按周必大的描述，从佑圣观桥到太平兴国传法寺的一路上，只有位于德寿宫的西北、北、东北才能被人从墙外看到，而西北角，在后天八卦上属乾卦，乾为天，天处高而听卑，所以西北侧适于建高楼，与此对应的是东北角，东北属艮，艮为山，所以设置的就是芙蓉冈。正北方就是绛华堂和蟠松，岸边有旱船，点缀亭子春桃、俯翠[1]，俯翠是茅草亭。对于皇家园林，我们对其理解不能过于简单，每个堂可能都是一组建筑，其中主建筑用的是以某某堂为名，其实是亭台楼榭一组。这种情况在晚期明清皇家园林和"西湖十景"中都有体现，因此历史文献能给予我们的提示仅此而已，德寿宫、小西湖真正的原貌需要考古工作的进一步印证。

六、主要建筑

　　德寿宫具体建筑的记载，主要是前述周必大《思陵录》中关于慈福宫的记载，如果我们以现代人所习惯的数据来要求的话，真正有建筑体量感的只有一句话："正殿五间，朵殿二间，各深五丈，内心间阔二丈，次间各阔一丈八尺，柱高丈五尺，平棋枋，朱红顶板，里外显五铺，上下昂。"而更为有趣的信息来自考古现场，2017—2020 年的这次考古发掘，在南部中轴线发现的宫殿基址，其平面尺寸与上述记载有一定的吻合，在这部分遗址中可以看到，其中西侧开间方向上保留有四块柱顶石，从东向西中到中距离分别是 6.24 米、5.62 米、5.62 米，

---

[1]《梦粱录》载："清香亭前栽春桃，扁曰倚翠。"

按宋尺 1 尺 =0.311 米折算，分别约是 20 尺、18 尺、18 尺，与前述慈宁宫明间、次间的尺寸惊人地吻合。其进深方向较为明显地保留了第一、第二列柱子的痕迹，其间距约 6.3 米，折合宋尺也是 20 尺左右，可见在此明间形成了一个正方形空间，这肯定是符合朝会空间需要的。

这个大殿在明间、次间的开间尺度上与慈福宫大殿一致，是否就能说明这就是慈福殿呢？答案是不能说明。除了在前面平面布局中所列的理由外，另有两个原因：第一，文献记载中明确提到慈福宫正殿五间、朵殿两间，这个大殿只有正殿五间，两侧并未发现朵殿的痕迹；第二，以目前发现的三个开间来推算，这个大殿按五开间推论，面阔是九丈二尺，而南宋大内垂拱殿的开间是八丈四尺，进深是六丈，如果如同文献记载慈福宫进深五丈，对比垂拱殿总开间大了，而进深反而缩小了；第三，考虑到遗址已经发现的第一、第二列柱进深也是 20 尺（2丈），基本接近木结构梁常见跨度的极限了，如果总进深只有五丈的话，剩下的三丈安排一列柱，木梁跨度很难达到，安排两列柱则在内部空间或者梁架布置方面非常不合理。

我们根据已有的资料来作进一步的推论：

1. 该大殿进深方向很可能是三跨，每跨 2 丈，如此形成的空间较为开阔，木梁架也比较符合结构特点。因此，本建筑的进深应与垂拱殿近似或略大。

2. 以此建筑的明间 20 尺（6.24 米）来计算建筑用材，同时期保留至今的宋金建筑以三等材居多，其中南方实例，苏州虎丘云岩寺二山门，三开间用五等材，宁波保国寺大殿三开间用五等材，苏州三清观大殿七开间用三等材，此大殿三、四等材都合适，从建筑平面尺度看似乎应该比南内垂拱殿更胜一筹，推测三等材可能性更大。

3. 按《营造法式》卷四《大木作制度一·总铺作次序》规定"当心间须用补间铺作两朵"，"每补间铺作一朵，不得过一尺"。按《中国古代建筑史》第三卷的解释，所谓"每补间铺作一朵，不得过一尺"，是指铺作中到中的距离递减的幅度不超过一尺，那么此德寿殿明间设补间斗拱两朵，斗拱间距六尺七寸，

德寿殿复原示意图

次间、梢间也设补间斗拱两朵，斗拱间距六尺，间距的递减为七寸，正好小于一尺。

综上所述，此遗址发现的应该是德寿宫的正殿德寿殿，并不是文献中的慈福宫慈福殿。而单纯从开间来看，德寿殿的单体建筑规模应该超过了大内的主殿垂拱殿、大庆殿。而慈福殿记载的开间尺寸只有明间、次间，考虑到其进深只有五丈，我们推测其梢间应该进一步减小，实际上慈福宫的建筑体量应该是小于德寿宫的中轴线建筑的。遗址中发现的其他建筑基址，文献和考古实际很难对应，需要在今后继续研究。

第五章

遗址保护展示

一、太庙遗址展示方案

本方案系笔者主持，为 2022 年亚运会所作的环境整治项目。

1. 太庙现状

太庙遗址目前为一片广场，以种植草坪为主，沿边种植鹅掌楸树，东侧有较大的硬化铺地，是周边群众休闲活动的场所。广场内设十字形道路，交叉口做了一段残墙，寓意地下是太庙遗址。目前太庙是一个群众活动的广场，其文化内核并未得到有效利用和展示。

2. 设计立意

（1）设计目的

彰显南宋历史文化，强化城市宋韵特色，打造杭州城面向亚运展示南宋文化特色的新名片。

（2）设计原则

① 保护第一，展示遗址价值。

② 保持遗址研究解读的多元性，挖掘丰富内涵。

太庙广场现状照片

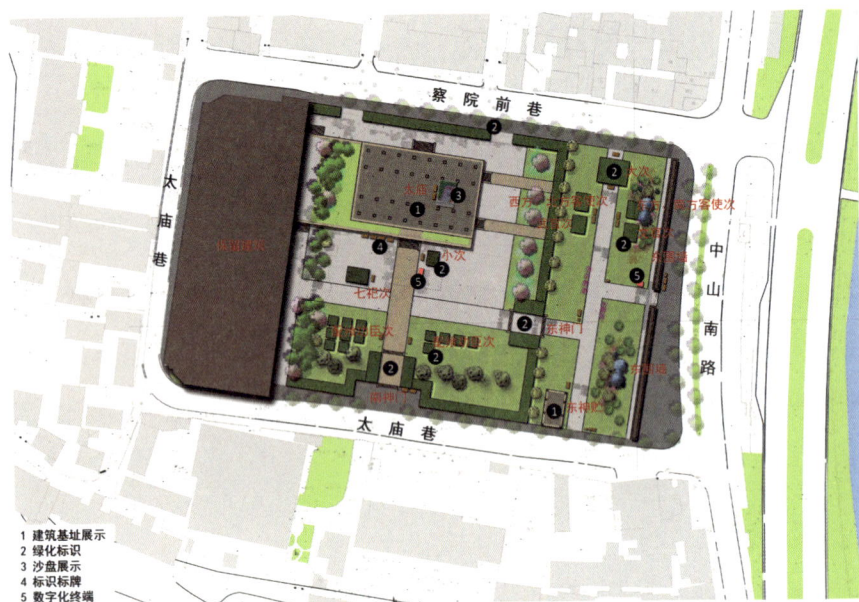

太庙广场总平面设计图

③ 充实遗址参观的可读性。

④ 做好遗址保护展示与周边小区的平衡性。

3. 实施措施

第一，从整体上展示太庙遗址的复杂空间组成，从而引起现代人了解中国传统礼制的兴趣。太庙由主祭空间、陪祭空间、斋戒空间等组成。平面布局方案相应设置主殿广场、大次两大节点。

第二，展示南宋朝廷在偏安一隅的情况下所营建的太庙大殿的巨大尺度，从而激发参观者对周边未考古发掘地块的好奇心，推动南宋皇城的保护整治工作。

第三，根据太庙历史格局研究，以传统材料、宋式形制模拟展示太庙大殿的台基。近期在现状太庙广场区域展示部分遗址格局，以此推动太庙巷以西、以南乃至更远区域的南宋遗址勘察和研究工作，为远期临安城皇家礼仪路线的形成打下基础。

第四，基于对现有太庙广场地块的深入研究，通过空间划分手法，重新组合现有场地，同时满足对遗址内涵展示和周边居民休闲的需求。根据太庙历史格局研究，将太庙广场空间重新划分，东侧形成若干小空间，西侧为大空间。通过空间大小、主次的对比，直观体现等级分明、尊卑有别的礼制秩序。赋予各空间不同功能，满足文化展示、居民活动、城市绿地等多重需求，和谐融入现代社会生活。

第五，增加标识标牌、多媒体中心、照明系统等设施，增加遗址的可读性，讲好太庙故事。

太庙广场鸟瞰效果图

二、皇城遗址展示方案

本方案是笔者主持参加的 2010 年南宋博物院方案的国际招标的中标方案。

175

1. 皇城现状研究

（1）皇城与城市的关系

南宋皇城是罕见的南宫北市格局。遗址的北侧、东侧都是城市建成区，西侧是西湖风景名胜区的山林，发展的余地都较小，只有南侧，由于铁路的关系，发展较慢，铁路搬迁后，其用地成为城市与南宋皇城遗址之间的过渡地块，具有较大的发展空间。历史上南宋皇城的南北大门是有区别的，从总体格局看，南门是比较重要的礼仪入口。结合现状的用地条件，我们认为，对南宋博物院而言，南北两门中更重要的是南门，主要出入口设在南面，南进北出，对于协调城市与遗址的关系、组织交通都是有利的。而北侧、东侧则是通过建设控制，加强文化信息的传递，把皇城遗址与其他历史遗址遗迹联系起来，形成区域的整体文化氛围。

皇城与杭州城关系分析图

（2）皇城遗址的空间特点

南宋皇城位于馒头山、吴衙山之间的谷地山坡，是皇家建筑与杭州自然山水的天作之合，体现了杭州大气精致的和谐之美。根据我们的研究，皇城两翼的馒头山、吴衙山高度分别为海拔 40 米、37 米，主要遗址宫殿区海拔为 18 米，考虑到遗址比现在地面低 2 米左右，也就是说两侧山体比中间地面高 20—25 米（宫殿区位置），而大庆殿的高度（室外地面到屋脊）根据材分制推测，大约是 18—20 米，因此皇城是两侧高、中间低，两山如阙的总体空间格局，轮廓线高差大约 8—12 米（考虑到两侧山体树木高度 5—8 米）。因此，新建的保护棚、展示宫殿格局的复建建筑需遵循这种总体的空间格局和尺度。

皇城总体剖面示意图

（3）皇城遗址的特点

① 遗址分布特点

南宋皇城遗址的分布基本位于宋城路以北、万松岭路以南、中山南路以西的大片区域。从目前情况看，遗址基本保存在地面 2 米以下，上部的单位和民居分为几大块：位于馒头山与吴衙山之间的核心地块的是军区仓库，馒头山顶主要是杭州气象站及军区用房；南侧沿宋城路，以简易民居为主；北面以凤山新村住宅为主，住宅与军区仓库之间是原杭州五四中学。根据历史研究的结论，南宋皇城核心区与现状地形对应如下：

表 12 南宋皇城核心区与现状地形对应情况

遗址内容	对应范围（主要拆迁单位、居民区）	占地面积
朝会区	军区仓库、凤凰山脚路60—160号	38853.28 平方米
后寝区	杭州天和微生物试剂有限公司	15922.39 平方米
后苑区	原杭州五四中学、凤山新村一部分、杭州气象站	30717.08 平方米
宫内服务区	杭州华东医药中成药股份有限公司仓库及原杭州五四中学一部分、凤山新村一部分	28248.29 平方米
东华门宫殿区	凤山新村一部分	3375.31 平方米
慈宁宫区	原南京军区空军杭州房地产管理处及馒头山脚路31—100号	44414.64 平方米
和宁门、北宫门、东华门服务区	杭州华东医药中成药股份有限公司仓库一部及凤山新村一部分	26016.28 平方米
丽正门	杭州市上城区少年军校总校，宋城路1—5号，笤帚湾70—79号	9903.18 平方米
东宫区	杭州铁路分局南新桥站一部分及凤凰新村	12105.62 平方米
南门内府衙署区	军区仓库、宋城路北侧民居和单位	19622.96 平方米

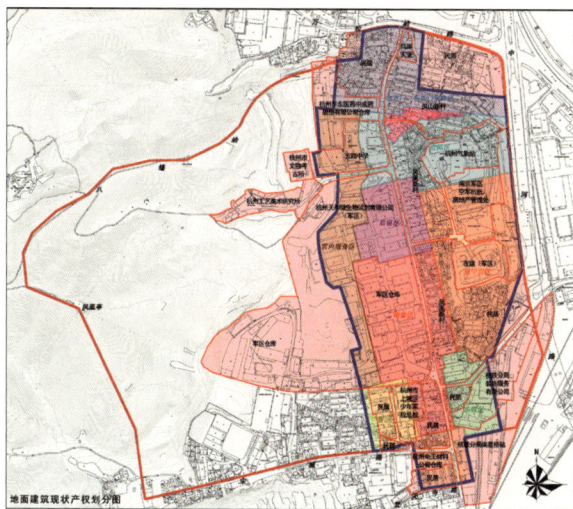

地面建筑现状产权划分图

现状产权划分与遗址区块划分对应情况图

| 一层建筑 | 三层建筑 | 五一六层建筑 |
| 二层建筑 | 四层建筑 | |

地面建筑层数图

从前述研究中可以看到，现在的地块、产权划分与遗址区块的划分是完全不能对应的。

② 遗址保存特点

从目前的基本情况不能看到遗址的状况，现在只能从地面建筑来分析遗址保存状况，地面建筑高大、基础较深者必定对遗址破坏大，地形改变剧烈者必定破坏严重，反之则保存较好。当然，即便是没有大型建筑的遗址部位，也可能在前代受到过较大破坏，元代就曾经有计划地破坏宋代宫殿。同时也要认识到，最大的破坏是由现代工程机械造成的，古人限于工具，在破坏时大多仅仅是破坏地面建筑而已，不太可能把台基、夯土一并损害的。所以，具体的遗址状况必须经过考古清理才能得出。这里所说的保存较好，准确地说，是有可能保存较好。表13是把皇城的历史研究结果与现场信息一一对应的结果。

179

表 13　南宋皇城核心区遗址状况

遗址内容	对应范围	建筑层数	建筑密度	地形改变程度	推测遗址保存状况
朝会区	军区仓库、凤凰山脚路60—160号	1—2层	低	少	好
后寝区	杭州天和微生物试剂有限公司	1—2层	低	少	好
后苑区	原杭州五四中学、凤山新村一部分、杭州气象站	3—4层	凤山路西较低,路东较高	中等	一般
宫内服务区	杭州华东医药中成药股份有限公司仓库及原杭州五四中学一部分、凤山新村一部分	1—2层	低	少	好
东华门宫殿区	凤山新村一部分	2—3层	高	中等	较差
慈宁宫区	原南京军区空军杭州房地产管理处及馒头山脚路31—100号	2—3层	高	严重	差
和宁门、北宫门、东华门服务区	杭州华东医药中成药股份有限公司仓库一部分及凤山新村一部分	1—2层	高	中等	一般
丽正门	杭州市上城区少年军校总校,宋城路1—5号,笤箒湾70—79号	2—3层	高	少	一般
东宫区	杭州铁路分局南新桥站一部分及凤凰新村	2—3层	低	少	较好
南门内府衙署区	军区仓库、宋城路北侧民居和单位	1—2层少量3层	高	少	一般

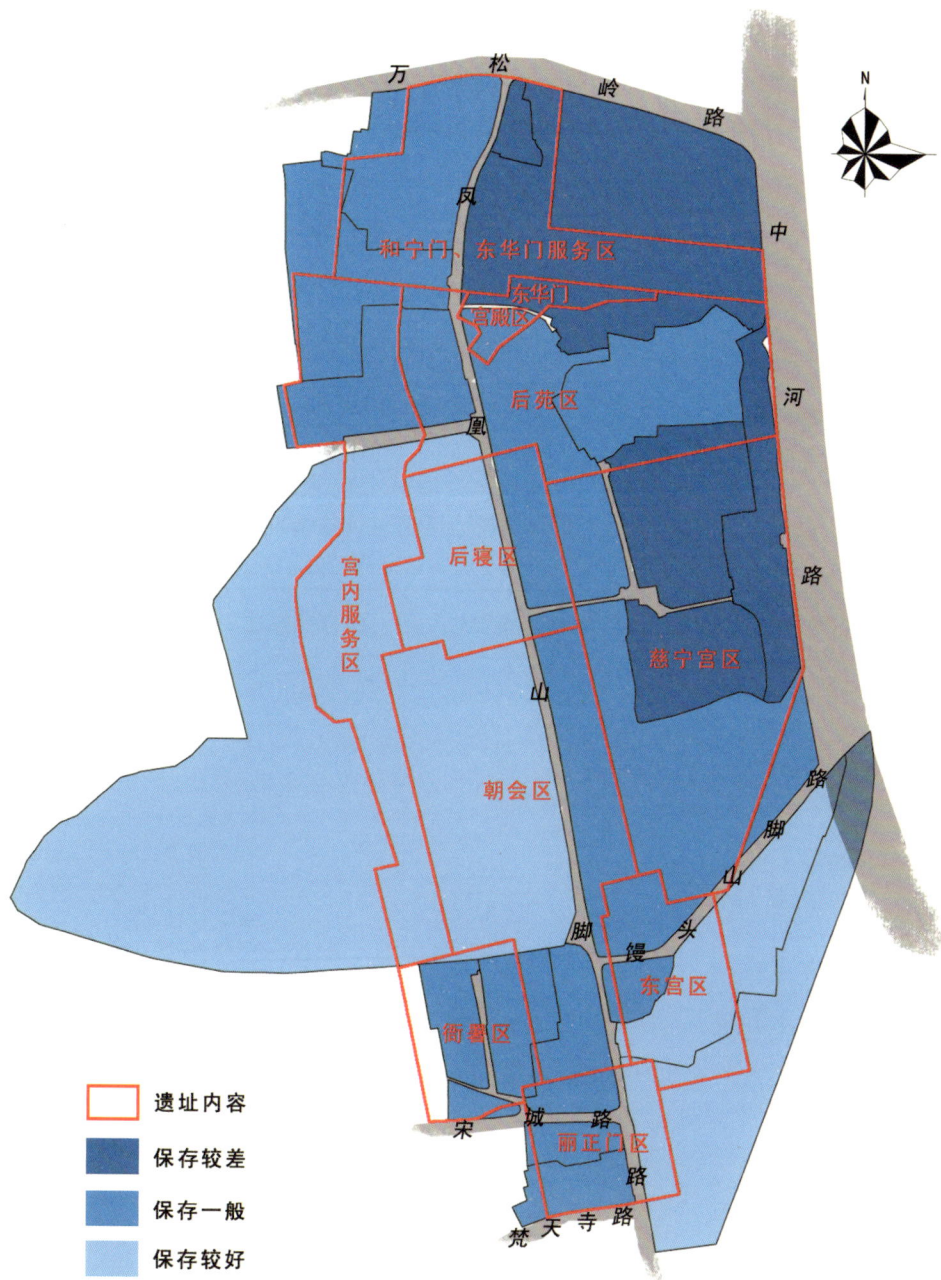

图例

- 遗址内容
- 保存较差
- 保存一般
- 保存较好

遗址保存状况分析图

③遗址展示价值分布特点

为了使将来南宋遗址公园的建设计划有一定的依据，我们根据遗址的信息对各遗址分区的情况作了评估，该评估结果可以作为征地、拆迁、项目分期的依据。一旦完成前期工作，拆迁完毕，必须进行考古发掘，对本评估进行修正。本次评估将遗址的重要性分为三类，依据为各区域在历史上的作用和价值，A 为最佳，B 次之，C 再次之。本次评估将保存完好性分为三类，依据为地形地貌的改变程度及局部考古成果，A 为最佳。按照展示的可看性给予遗址的价值和它的保存状况以及原有建筑的艺术水平，本次评估将展示可看性分为三类，依据各区域的艺术性、完整性，A 为最佳。

表 14　南宋皇城核心区遗址评估情况

遗址内容	遗址重要性	保存完好性	展示可看性
朝会区	A	A	A
后寝区	A	A	B
后苑区	A	C	A
宫内服务区	C	A	C
东华门宫殿区	B	B	B
慈宁宫区	B	C	B
和宁门	A	B	A
丽正门	A	C	A
东宫区	B	B	B
北宫门、东华门服务区	C	B	C
南门内府衙署区	C	B	C

④ 遗址特性

（a）范围大。南宋皇城遗址是真正的大遗址，是若干遗址组成的遗址群，这与杭州曾经保护过的遗址，如雷峰塔遗址、严官巷南宋御街遗址等相比有很大的不同。后两个遗址从性质上说一个是单体建筑遗址，一个是遗址片段；从规模上说仅仅是南宋皇城遗址的几十分之一或几百分之一。因此，南宋皇城遗址不仅仅是建设一两座保护棚能够解决的问题，必须有一个总体保护、分级、分布实施的措施和方案。

（b）埋置深。南宋皇城遗址经过考古勘探，所有的遗址几乎都在地面2米以下，因此一旦开挖、展示，必然会带来一系列的技术问题——坑壁维护、已有建筑加固、考古坑内排水、场地排水、绿化的破坏和修复等，环环相扣，不可能保护做完了再来考虑如何展示，或者是先决定展示效果，不管保护的可能性。因此，遗址的保护和展示实际上是一个问题，完成了保护问题，同时也就解决了展示的问题。

（c）建筑类型多。南宋皇城遗址既有大型单体建筑、建筑群（宫殿），也有小型建筑群体（辅助建筑群），还有园林建筑、较小构筑物（后苑），以及大型构筑物（城墙），所以单一保护展示手段不能解决所有问题。

（d）材料——砖与土。南宋皇城遗址的主要材料是夯土和青砖，而杭州的气候等条件是雨水多、地下水位高、地面潮湿、夏天闷热、冬天阴冷，对于这两种材质的遗址保存是最为不利的。因此，选择保护、展示措施必须考虑这个前提，在北方、在国外可行的保护手段，在杭州未必可行。

（4）文化与展示

南宋博物院的展示特点：

①南宋博物院将是我国第一个专题国史博物馆；

②南宋博物院将是遗址考古公园与博物馆的结合；

③南宋博物院将是"活"的博物馆。

由于对南宋文化的研究和挖掘是不断深化的过程，南宋博物院也是一个不断生长、调整的体系。它不仅包括南宋皇城遗址将来的发现，也应包括已经发现的如南宋官窑、太庙、三省六部等遗址内容，还应包括南宋文化、艺术、园林、市井生活等各方面。南宋博物院应该是一个全面展示南宋文化的博物馆网络，因此在形式上除了是专题的国史博物馆外，它还是整合了各种元素的文化线路、遗址公园、博物馆群体的组合。

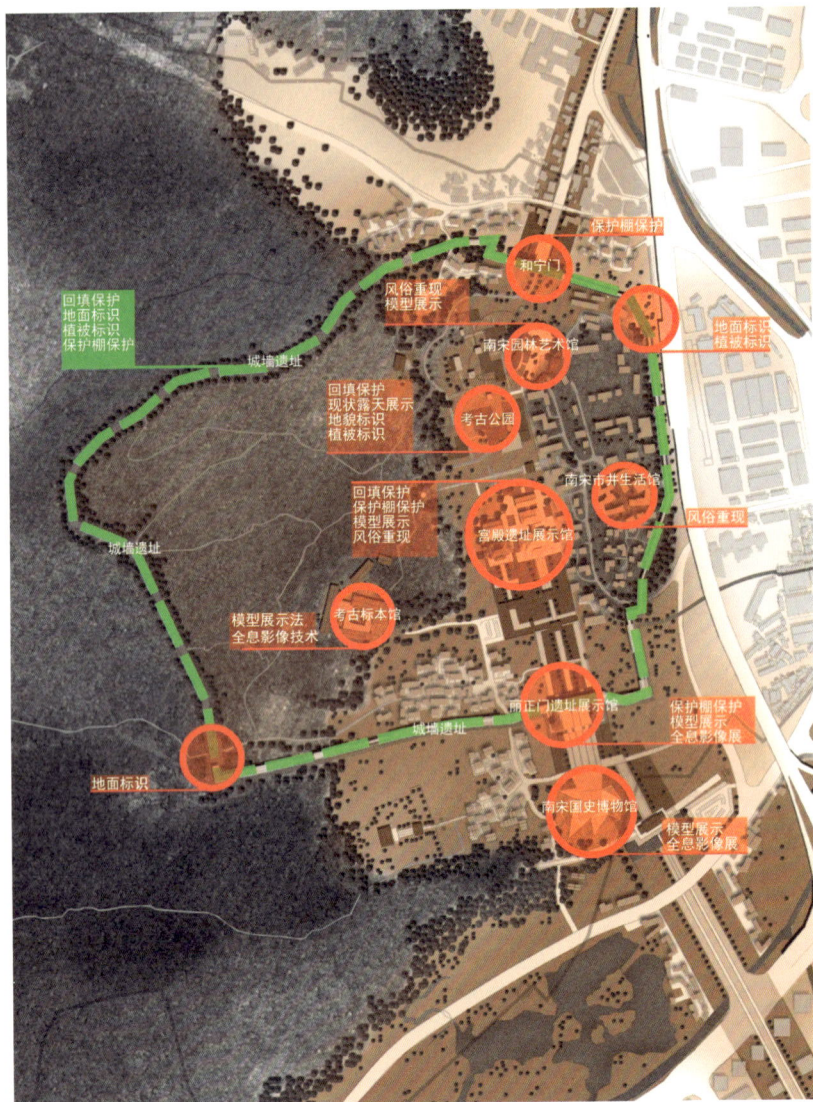

皇城遗址文化展示布局图

（5）遗址公园的容量与开发强度

南宋皇城遗址的保护范围虽然有86万平方米，但其重要遗址的分布相对集中，位于丽正门至和宁门的轴线，约78900平方米，遗址公园内按50平方米/人计算，参观时间为4小时，公园一天开放8小时，整体容量为3200人/天。其中主要宫殿区遗址约23050平方米，可以预见主要的参观人流会集中于主要宫殿区遗址，易形成瓶颈效应，会对遗址造成破坏，考虑极限的参观密度为20平方米/人（参考相关的遗址公园），参观的时间为2小时，整体容量为4600人/天，因此遗址公园的合理游客量为3200人/天，而游客量不超过4600人/天。南宋博物院的其他配套设施可以此为依据设置。

2. 规划的主题：寻找失落的皇城，展示灿烂的文化

规划的目标是：

保护遗址，保护遗产的真实性、完整性。展示遗址，充分体现遗产价值，充分发挥其社会效益。

建设世界级的遗址公园，使之成为杭州的又一张金名片，促进杭州社会、经济、文化的发展。

促进城市区域发展，提高原住民的生活质量。

3. 总体结构格局

（1）博物院的主体：一城、一轴、三核心

①一城。一座展示城墙，展示作为皇城整体格局的重心。

②一轴。一条经过考证的历史轴线贯穿现在博物院的建设，整条轴线起自嘉会门，经南宫门、丽正门、垂拱殿、大庆殿、小西湖结束于和宁门，串起一湖、二殿、四门。根据文献考证及考古成果，我们把皇城的核心区域整合到南宋博物院的建设中，并以此为保护、展示、建设的抓手，展示皇城文化精华。

③三核心。以丽正门博物馆、宫殿区遗址展示及部分建筑复建展示、小西湖南宋园林标识三处为重点，形成南宋博物院的核心。其中丽正门博物馆是遗址

修复展示与博物馆建设的结合。

（2）博物院外围

两大原住民组团。为了体现人与遗产的和谐共生，根据居民住宅与遗址分布的特点，选定对核心遗址影响较小的区域——馒头山西北侧及梵天寺山脚至宋城路两大居民组团，保留原有居住功能，并进行环境、配套设施改造，使得居民的生活方式转变为绿色、低碳，促进人与遗产的和谐共生。

六大外围景点。整个杭州城南地区，历史积淀深厚。对于皇城地块内的其他文化遗迹，我们通过设置六大外围景点——梵天寺经幢及遗址公园、圣果寺遗址、月岩遗址、排衙石、栖云寺、南宋老虎洞官窑遗址，把这些分散的遗址遗迹串珠成链。

南宋博物院总体布局图

4. 主要空间节点与展示

城门的保护与展示。城门是城墙上最重要的节点，对于不同位置的城门采取不同的措施进行保护和展示。

嘉会门：位于皇城遗址的南侧，是打通皇城南侧交通后的第一节点，也是展示皇城与杭州外城关系的重要节点。对于嘉会门的展示，我们以嘉会门遗址为中心，形成交通环岛，环岛内为嘉会门遗址的展示棚和绿化，车行交通在外围，人行交通恢复从城门穿过的格局。

丽正门和城墙：由于丽正门的重要地标作用和象征意义，丽正门和部分城墙将被重建。但该重建并不是传统意义的复建，而是把城墙遗址的保护、重建城墙内部空间的使用及遗址公园博物馆的建设结合起来，充分利用丽正门附近建筑遗址较少的特点及其内外广场的地下空间，形成整个遗址公园的前导区。

丽正门效果图

和宁门：位于南宋御街（中山路）的尽头，既是道路的终点，也是皇城遗址与现代城市的分界线。由于中山南路两侧已经有了不少大体量现代建筑，考虑按原有体量及风格复建和宁门城楼作为原有遗址的保护棚，一方面保护展示遗址，另一方面也是城市的标志性建筑。

东华门：其位置比较难以确定，需要考古发掘，但是从其基本方位来看，应该是馒头山北侧凤山新村内，距离和宁门并不远。因此，东华门并不适合恢复建筑体量，设计采取结合馒头山脚路的改道，东华门作为馒头山脚路穿越城墙的出入口，在城墙线性上进行标识。

西华门：西华门的记载目前仅见《武林旧事》，并未见于其他历史资料，西华门是否存在待考证。考古人员于箔帚湾尽头山路下发现一处城门遗址，对照《皇城图》，该处标有府后门、朝马院，因此该遗址应为府后门。府后门遗址位置现在已经是一片樟树林，整体发掘的可能性不大，设计仅仅是在樟树林中以铺地的形式设置遗址的标识。

博物馆：博物馆是与丽正门遗址保护合一的，主要分为三部分空间，丽正门前广场地下空间、城墙及城楼内空间、丽正门内广场地下空间，三部分结合遗址保护成为一个整体，入口设置在丽正门内广场，内部以大空间陈列南宋文物及遗址。

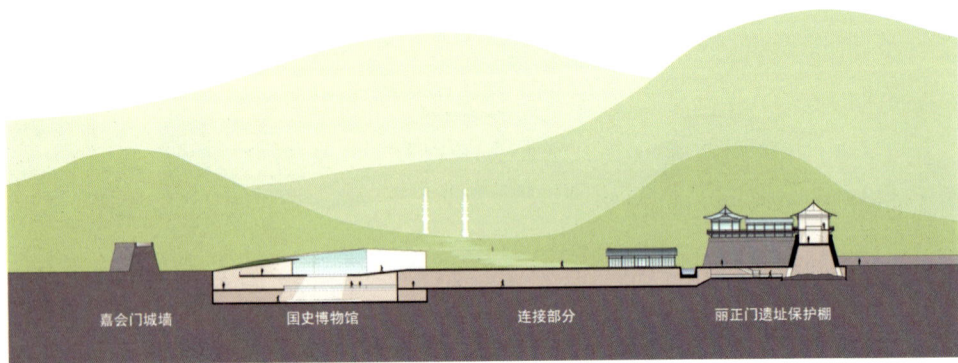

嘉会门城墙　　国史博物馆　　连接部分　　丽正门遗址保护棚

博物馆剖面图

主要宫殿区：这一区域采用不同的手法对遗址进行保护，其中大庆殿、垂拱殿区域采取揭示保护和复原展示的方式，而其他建筑则作为考古储备而暂时不作发掘。同时保护整理清代张曜墓，完善其轴线，利用绿化、围墙等与南宋遗址进行分隔。主要宫殿区的核心是一组大型的遗址保护棚，保护棚的具体位置可以

主要宫殿区效果图

根据将来的考古数据确定。目前暂定为大庆殿建筑群，该建筑以保护棚为核心，结合遗址考古，拓展部分地下空间，将展示、保护与解说结合起来，形成整个博物院的第二中心。当张曜墓割裂南宋宫殿区的整体格局时，考虑采取地下隧道的方式连接不同的保护棚，以反映不同文化地层的叠压。

小西湖：通过考古发掘整理小西湖的岸线，恢复其边界，对于其周边的苑囿建筑，结合现代旅游休闲的需要进行局部性修复，形成博物院的第三中心。

水系：在考古勘探的基础上，厘清护城河、小西湖等主要水体边界，修复其历史边界，沟通凤凰山水系与皇城水系，皇城水系与中河、龙山河及钱塘江的联系，重新盘活整个城南的水网体系。

绿化：以保持原始群落为主，对现状优良的林地进行保护，对生态质量较差的林地进行改造及优化、美化处理。适当、慎重地培育生态景观林带，发展传统植物景观，以常绿树为基调，混交大片色叶树，突出特色植物，适当引进适合本地生态环境的优良花木品种，使各个区块形成富有各自特色的植物景观。充分利用周边山林植被作为山体风景与城市的过渡带，过渡带内建筑的视线高度控制在山脊线的树冠高度以下，避免城市建筑与山脊线直接冲突。适当疏减区域内居住人口，减弱对环境造成的负面影响，禁止使用木材、燃油、煤等燃料，减少二氧化碳的排放，采用清洁能源，贯彻"低碳"理念，实现园区低碳排放和保护绿色生态。为维持南宋皇城遗址周围稳定良好的生态关系，创造良好的生态环境，保护和维持原有生物物种、结构及其功能特征，周边植被应以保护为主，美化、绿化并举，因景植树，寓合主题，体现不同区块的特色和深层次的文化内涵。

外围景点：整个区域形成众星拱月之态，体现杭州深厚的文化底蕴。山路与城墙遗址修复结合，部分山路就可以连接城墙顶部。梵天寺遗址的修复突出经幢及原有寺院的轴线，结合梵天寺路两侧民居的改善，形成在皇城西侧的另一副中心。圣果寺、月岩、排衙石增加解说系统和遗迹保护设施，通过增加文化关联度，形成西部山林内的文化核心。老虎洞窑址可增加与山顶各点的联系通道，同时结合和宁门的建设、万松岭路民居的改造，打通对外联系，整合到整体游线中。

原住民聚落：改善建筑、增加公共空间。一方面通过道路体系的调整把居民与游人的交通适当分离，增加水电气等基础设施，减弱居民对遗址的破坏性影响；另一方面通过建筑整治，以仿宋建筑、新宋风建筑、带宋式元素的建筑等不同的手法，整治两大居住组团的建筑风貌，使保留的居住建筑成为整个博物院有机的组成部分。

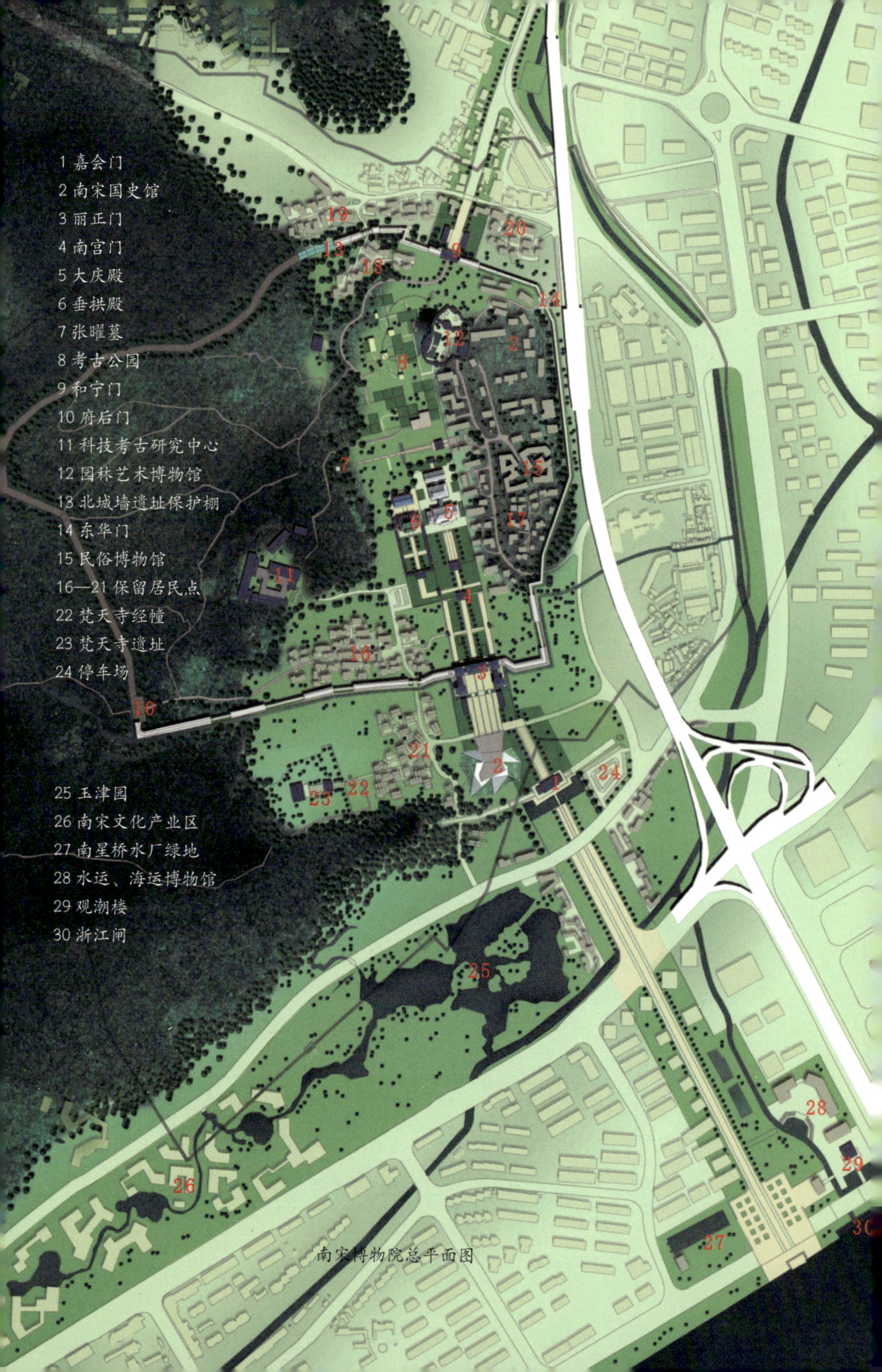

1 嘉会门
2 南宋国史馆
3 丽正门
4 南宫门
5 大庆殿
6 垂拱殿
7 张曜墓
8 考古公园
9 和宁门
10 府后门
11 科技考古研究中心
12 园林艺术博物馆
13 北城墙遗址保护棚
14 东华门
15 民俗博物馆
16—21 保留居民点
22 梵天寺经幢
23 梵天寺遗址
24 停车场

25 玉津园
26 南宋文化产业区
27 南星桥水厂绿地
28 水运、海运博物馆
29 观潮楼
30 浙江闸

南宋博物院总平面图

南宋博物院鸟瞰效果图

三、德寿宫遗址展示方案

本方案由笔者主持设计，在 2012 年杭州市政府对工具厂地块招标的中标方案，与最后实施的德寿宫保护展示方案有所不同。

1. 现状

工具厂地块西侧是中河路，中河路边是杭州城主要的市内运河——中河，也是宋代三条市内运河（府河、盐桥河、茅山河）中唯一保留下来的一条，中河及中河绿化带串起了诸多杭州历史节点。越过中河高架，望仙阁、鼓楼遥遥相对，背后是吴山耸立。吴山山脉的终结处即鼓楼，鼓楼在宋代即朝天门的位置，鼓楼南侧是中山南路御街，近年新建的望仙阁及沿街的一些新宋风建筑。鼓楼北侧是大井巷、清河坊历史街区，是杭州晚清民国时期商业繁华之地。吴山、御街、朝天门、中河自南宋以来就是城市地标。高架道路虽然割裂了本地块与这些要素之间的联系，本地块进行遗址保护展示和旅游配套开发后，主要的人流必然来自西侧。地块南侧现在是拓宽后的望江路，路南是全国重点保护单位胡雪岩故居。地块内的汪宅本是胡雪岩管家的住宅，在望江路拓宽工程中平移至现在的位置。该地块北侧、西北侧都已经是居民小区，越过河坊街，在德寿宫遗址范围内甚至有高层建筑出现。地块西侧是建国南路，道路狭窄。

德寿宫地块照片（2013 年摄）

　　杭州城南地区在历史上是城市的中心区，在 20 世纪 80 年代后，城市的中心逐步北移，城南地区发展建设较为缓慢，但因此也保留了较多的历史元素。2000年以后进行的清河坊保护工程、中山路综合保护与有机更新工程利用城南地区的历史文化资源，发展了旅游，提升了质量。整个城南地区的建筑城市风貌展现出多元拼贴的状态，宋元的遗址、明清古建筑、民国历史建筑、现代住宅楼交织在一起，显示出一个城市发展的复杂和多元。本地块正是这复杂多元中重要的一环。

　　该地块周边分布着五柳巷历史文化街区、中山南路美食街、南宋御街、吴山广场、清河坊、鼓楼、大井巷历史文化街区、胡雪岩故居等景点，游客集散量较大，停车需求较大，尤其是周边严重缺乏旅游大巴停车位，停车问题已经成为制约周边地区发展的瓶颈。本地块的开发可以为周边地块提供服务及停车配套，并改变高架两侧西热东冷的格局，把胡雪岩故居、中山南路、鼓楼、大井巷串联成一个整体。

工具厂地块位于德寿宫遗址的南部和西部，南侧沿望江路，长约 200 米，厚度约 80 米，西部沿中河路，长度约 200 米，厚度约 80 米，地块内已经考古发掘的遗址主要分为四部分：沿望江路的宫墙遗址保存状况较好，而且有相当的观赏价值，但是因为交通的需要，现在遗址已经被望江路填压，没了展示的可能；沿吉祥寺弄是城墙遗址，比较单调，保存状况尚可，但用于展示的可看性不强；汪宅北侧地块遗址情况不太明确，仅仅打过几条探沟，知道有大型建筑基址存在的可能，但是遗址南面是晚清历史建筑，北侧是住宅，遗址展示受到局限，整体氛围较差；沿中河区块已经发掘出较多的遗址，而且遗址种类比较丰富，遗址周围的建筑也已经拆迁，场地较大，便于开展考古工作，进一步弄清遗址，也便于进一步进行保护展示工作，缺点是靠近中河，地下水位较高，遗址和地下水位之间的矛盾需要解决。

望江路沿线在古代是西湖与钱塘江相连的入江口，唐代中期因为钱塘江沙

德寿宫遗址：
1. 南宫墙遗址（2001 年考古）
2. 水渠遗址 （2006 年考古）
3. 排水沟遗址（2010 年考古）
4. 城墙遗址
保留建筑：
1. 靴儿河下 6-3 号建筑
2. 汪宅
3. 望江路 220—226 号、直吉祥巷 5 号建筑

遗址
保留建筑
地块范围

德寿宫地块内历史信息

涨，形成了陆地，唐代开三条沙河泄水，吴越国筑城才把这个区域归于城内。宋以后，钱塘江进一步东移，才有后来城市东西方向上的扩张。此区域内虽然没有准确的地质数据，但参考邻近场地的地质勘察数据，基本可以肯定：本区域浅层为素填土，承载力特征值为80千帕，其下为较厚的淤填土（靠近鼓楼处无此土层），承载力特征值为50千帕。基地内原为陆地的，则素填土厚度约3.5米；原为水系的，则素填土厚度约1.5—1.8米。

德寿宫遗址区内现有住宅楼，水亭址附近有高层建筑。以公安厅宿舍为例，如采用阀板基础，该类型住宅荷载估算为12千牛/平方米，按7层算，则总重12×7=84千牛/平方米，基础面积扩大系数取1.3，则持力层承载力要求为84÷1.3≈65<80，可满足承载力要求。即该筏板基础可以直接利用宋之后的素填土作为持力层，也可以挖至遗址面再进行换填。因此，公安厅宿舍下部的遗址可能尚有部分保存，但是北侧水亭址附近的遗址基本已经被破坏了。

2. 研究的结论与问题

（1）本地块在城市中的作用和地位

① 本地块是南宋皇城大遗址的关键节点。

② 本地块是整合周边各个历史文化节点的抓手。

③ 本地块的建设可以为周边旅游服务提供有效的补充和支撑。

（2）遗址保存状况

① 德寿宫遗址的其他部分基本已经被破坏殆尽，即便仍有一些保存完好的局部，但由于现代城市道路、建筑的叠压，近期内没有进一步考古、展示的可能，本地块是目前唯一能够展示德寿宫这一重要历史片段的区域。

② 工具厂地块历史上确实是德寿宫的一部分，但不是其主要或核心建筑、园林所在的位置。因此在本地块内完整地揭示、展示德寿宫遗址不太可能，也无必要。

3.设计主题：传承共生，和谐发展

工具厂周边城市风貌展现出多元拼贴的状态，宋元的遗址、明清古建筑、民国历史建筑、现代住宅楼交织在一起，希望从遗址保护出发，展示对整个城市发展过程的尊重，使各种要素在地块内传承共生，和谐发展。

从中河高架下看遗址展示区入口

4.设计立意

（1）构思与立意

深埋于城市之下的历史碎片，经过层层揭示，才能逐步露出其历史的真面貌，设计以考古遗址探方为基本网格，把不同地层的城市文脉在地块内进行叠加，最大限度地展示城市发展的历史，同时满足现代生活的需要。

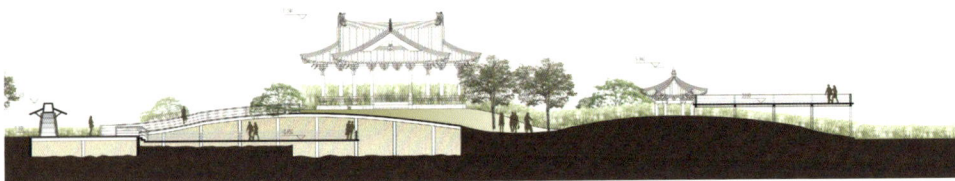

遗址展示剖面示意图

（2）功能分区

设计分为三大区域：

中河区域——主入口，遗址展示，景观

沿中河区域靠近鼓楼、河坊街，是街区人流的主要方向，区块内部已经探明有较完整的宋代建筑遗址，在此区域内以景观设计的方法，以绿化为

功能分区示意图

主，把遗址保护与景观设计相结合，通过地形的塑造，展示宋代德寿宫遗址的精华。同时上部建筑和环境应与吴山、中山南路有效过渡。

沿望江路区块——历史建筑迁建，商业服务

沿望江路区块保留有晚清历史建筑，北侧有幼儿园和住宅小区，有相应的日照和建筑间距要求，在此区间主要安排迁建历史建筑，与已有历史建筑形成整体，并根据晚清建筑的尺度和肌理填补新建筑，使之形成旅游商业服务的内街，建筑采用浅条型基础，如果将来需要进行进一步遗址发掘，一个柱网就是一个遗址探坑，上部建筑就是遗址保护与展示棚。

吉祥寺弄以东区域——停车、配套

相对其他两个区块来说，吉祥寺弄以东区域遗址埋藏较少，只在其西侧有一条11米宽的城墙基础。因此，此区域内的建筑所受到的限制较小，设计在此主要安排以停车功能为主的配套功能服务。

（3）交通组织

工具厂建设完成后，希望能与中山南路、胡雪岩故居、河坊街、御街形成一个大的旅游环线，缓解其他景点的停车难问题。因此，该区块的交通需要考虑三个问题：

第一，区域车辆的进出和停车问题。本区块的周边道路极不方便车辆进入，北侧基本被居民小区隔断，西北口与河坊街中河高架地面路的交叉口过近，车辆进出不便。西侧是中河，望江路以南为北向南单行，本区块现有临时停车场搬迁后，西侧的车行交通实际上是很弱的。东侧是建国南路，道路狭窄。南侧是望江路，是城南主要的东西向干道。因此主要车辆进出方位只可能在西侧和南侧，结合遗址的分布情况，停车楼设置在吉祥寺弄以西。设计认为应该把建国南路设置为由南向北的单行线，沿建国南路设置停车场的主要出入口，沿望江路设置车辆应急出口，形成内部应急车辆线路。在可能的情况下，再拆迁建国南路沿线的一层住宅楼，方便车辆的进出。

第二，分离人行车行流线，加强各个景点间的连接。区域内结合遗址展示，在中河边设置集散广场，通过地下通道、天桥与鼓楼广场、河坊街联系，区域内建步行内街，与停车场联系，形成人行的道路体系。废除中河中路的车行功能，保留其非机动车通行，把中河中路与遗址公园和广场空间整合起来成为一个整体。

第三，本区域建设停车设施，必须考虑对遗址的保护和对景观的协调。因此，停车库在场地的东端集中建设，大巴停车主要在地面解决，小轿车采用机械立体方式停放，尽可能地节省空间和缩小体量。

（4）遗址保护

本地块的遗址被保护工程既是保护工程也是展示工程，不但要为遗址遮风避雨，还要标识遗址，充分体现遗址价值。遗址保护还应该结合环境景观，与周边的景点和谐一致，并提供游人停留休息的场所。

南方地区遗址被破坏的主要因素有日晒雨淋、地下水、潮湿、微生物等，根据杭州地区已有的经验，遗址保护采用保护棚的形式是可取的，但是保护棚应该满足以下条件：

① 遮风避雨，避免暴雨、暴晒；

② 通风透气，能够保持与外部环境一致的温度和湿度；

③ 不扰动环境，隔绝地下水，避免长期人工机械排水。

设计方案根据遗址的不同位置和保存状况采用了五种不同的遗址保护方式，希望能够从保护棚形式或体量上表达遗址的信息，使其真正成为解读、展示遗址的场所，成为地域文化的一部分：

① 遗址复制，对于已经发掘的完好的水渠遗址、建筑遗址群，因为位置较低，地下水位高，原址展示有困难，采用原址复制的方式；

② 对于部分可看性较高，可以在水下保存的遗址，采用蓄水保护坑的方式，蓄水保护坑设计需考虑今后防尘、防霉、换水和进行化学保护的需要；

③ 对于可以地面保存展示的遗址，采用地形处理与遗址坑结合的方式；

④ 对于在景观中心的遗址，采取复建宋式建筑与遗址保护坑结合的方式；

⑤ 对于内街中的遗址保护坑，采用现代的形式，半露天保存。

（5）形式与风格

本地块的周边既有晚清杭州民居、大宅院，也有中山南路的新宋风建筑，还有大量的办公、住宅等新建筑，本地块的建筑风格必须与周边的环境相协调。设计在地块内从东向西，采用传统往现代逐步过渡的风格，沿中河路遗址展示区的展示棚采用仿宋木构形式，其中文杏馆基地位置略微抬高，与朝天门、望仙阁形成呼应。望江路沿线保留历史建筑，并与搬迁至此的历史建筑形成一个完整的组团。历史建筑与西侧遗址保护区之间安排一批与历史建筑肌理协调的新建筑，形成内街。内街分为一层和二层两个平台，安排丰富的室外活动空间。西侧恢复城墙意象，城墙和停车库结合，停车库采用机械立体方式停放车辆，尽可能地节省空间和缩小体量，表面采用垂直绿化，减少噪声、废气污染。停车库顶部设置观景平台。

（6）环境绿化

区域内的主要绿化安排在西侧遗址展示区内，并与遗址展示结合，植物的配置则根据《武林旧事》《梦粱录》中关于西侧的记载，多采用梅花、牡丹、海棠等。东侧停车库采用垂直绿化作为外立面，并与屋顶绿化合为一体。

1. 主入口集散广场
2. 新增地下通道出入口
3. 德寿宫西宫墙展示
4. 木栈道
5. 蓄水遗址保护坑
6. 地面遗址复制展示
7. 西宫门遗址展示
8. 文杏馆（宋式建筑）
9. 宋亭
10. 现存地下通道出入口
11. 中河绿化景观带
12. 德寿桥
13. 新宋风建筑
14. 二层木平台
15. 半露天遗址保护坑
16. 商业内街
17. 新建商业建筑
18. 靴儿河下 6-3 号
19. 汪宅
20. 原中河中路 28 号
21. 原百岁坊巷 20 号
22. 原百岁坊巷 14 号
23. 望江河 220-226 号
24. 生态停车场
25. 机械立体停车库
26. 停车库主要出入口
27. 商业观景平台
28. 过街天桥

德寿宫遗址展示总平面图

遗址展示空间意象

望江路与新开门空间意象

参考文献

1. 文渊阁《四库全书》（电子版），上海人民出版社、迪志文化出版有限公司，1999 年。

2. 〔清〕朱彭：《南宋古迹考（外四种）》，浙江人民出版社，1983 年。

3. 梁思成：《中国建筑史》，百花文艺出版社，2005 年。

4. 周峰主编：《南宋京城杭州》（杭州历史丛编之四），浙江人民出版社，1997 年。

5. 傅伯星、胡安森：《南宋皇城探秘》，杭州出版社，2002 年。

6. 林正秋：《故都杭州研究》，中国文史出版社，1984 年。

7. 朱光亚、诸葛净、张轶群：《江南丘陵地带遗址布局研究中的方法论介绍》，载《东亚建筑遗产的历史和未来——东亚建筑文化国际研讨会·南京 2004 优秀论文集》，东南大学出版社，2006 年。

8. 〔宋〕李心传撰，徐规点校：《建炎以来朝野杂记》，中华书局，2000 年。

9. 〔清〕徐松辑，刘琳、刁忠民、舒大刚等点校：《宋会要辑稿》，上海古籍出版社，2014 年。

10. 〔宋〕潜说友：《咸淳临安志》，《宋元方志丛刊》本，中华书局，1990 年。

11. 〔宋〕周密：《武林旧事》，浙江人民出版社，1984 年。

12. 〔宋〕王应麟：《玉海》，广陵书社，2003 年。

13. 〔宋〕吴自牧：《梦粱录》，浙江人民出版社，1980 年。

14. 〔明〕田汝成：《西湖游览志》，上海古籍出版社，1980 年。

15. 〔明〕田汝成：《西湖游览志余》，上海古籍出版社，1980 年。

16. 〔宋〕周必大：《文忠集》，文渊阁《四库全书》本。

17. 〔宋〕周必大：《庐陵周益国文忠公集》，清咸丰元年（1851）欧阳棨续刊本。

18. 〔元〕脱脱等：《宋史》，中华书局，1985 年。

19. 〔宋〕礼部太常寺：《中兴礼书》，清蒋氏宝彝堂抄本。

20. 〔宋〕叶宗鲁：《中兴礼书续编》，清蒋氏宝彝堂抄本。

21. 李若水：《南宋临安城北内慈福宫建筑组群复原初探——兼论南宋宫殿中的朵殿、挟屋和隔门配置》，载《中国建筑史论汇刊》（第十一辑），清华大学出版社，2015年。

22. 〔宋〕岳珂撰，吴企明点校：《桯史》，中华书局，1981年。

23. 〔宋〕欧阳修等：《新唐书》，中华书局，1975年。

24. 〔后晋〕刘昫等：《旧唐书》，中华书局，1975年。

25. 〔唐〕王泾：《大唐郊祀录》，《适园丛书》本。

26. 李祯：《南宋临安城太庙建筑遗址复原探讨》，《华中建筑》2016年第11期。

27. 唐俊杰、杜正贤：《南宋临安城考古》，杭州出版社，2008年。

28. 徐吉军：《南宋都城临安》，杭州出版社，2008年。

29. 唐俊杰：《南宋太庙研究》，《文博》1999年第5期。

30. 刘未：《南宋太庙庙址考》，《江汉考古》2016年第2期。

31. 郭黛姮主编：《中国古代建筑史》第三卷《宋、辽、金、西夏建筑》，中国建筑工业出版社，2009年，第2版。

32. 阙维民：《杭州城池暨西湖历史图说》，浙江人民出版社，2000年。

33. 〔宋〕陈随应（陈随隐）：《南渡行宫记》，载陶宗仪《南村辍耕录》，《四部丛刊三编》影印吴县潘氏滂喜斋藏元刊本。

图书在版编目（CIP）数据

南宋临安城皇家建筑研究 / 陈易, 韩冰焱, 殷莲娜
著. -- 杭州 : 杭州出版社, 2024.2
　（杭州全书）
　ISBN 978-7-5565-2262-0

　Ⅰ.①南… Ⅱ.①陈… ②韩… ③殷… Ⅲ.①临安
(历史地名)-宫殿-古建筑-研究-南宋 Ⅳ.①K928.74

中国国家版本馆CIP数据核字(2023)第191488号

· 西湖研究报告 ·

南宋临安城皇家建筑研究
NANSONG LIN'ANCHENG HUANGJIA JIANZHU YANJIU

陈易　　韩冰焱　　殷莲娜 / 著

责任编辑	徐玲梅　刘仲喆
美术编辑	祁睿一
出版发行	杭州出版社（杭州市西湖文化广场32号6楼）
	电话：0571-87997719　邮编：310014
印　　刷	浙江全能工艺美术印刷有限公司
经　　销	新华书店
开　　本	710 mm × 1000 mm　1/16
印　　张	15.25
字　　数	278千
版 印 次	2024年2月第1版　2024年2月第1次印刷
书　　号	ISBN 978-7-5565-2262-0
定　　价	68.00元

《杭州全书》

"存史、释义、资政、育人"
全方位、多角度地展示杭州的前世今生

```
                    杭州全书
   ┌─────────┬─────────┬─────────┬─────────┬─────────┐
杭州文献集成   杭州丛书    杭州通史    杭州辞典   杭州研究报告
```

杭州文献集成	杭州丛书	杭州通史	杭州辞典	杭州研究报告
西湖文献集成	西湖丛书	西湖通史	西湖辞典	西湖研究报告
西溪文献集成	西溪丛书	西溪通史	西溪辞典	西溪研究报告
运河（河道）文献集成	运河（河道）丛书	运河（河道）通史	运河（河道）辞典	运河（河道）研究报告
钱塘江文献集成	钱塘江丛书	钱塘江通史	钱塘江辞典	钱塘江研究报告
良渚文献集成	良渚丛书	良渚通史	良渚辞典	良渚研究报告
湘湖（白马湖）文献集成	湘湖（白马湖）丛书	湘湖（白马湖）通史	湘湖（白马湖）辞典	湘湖（白马湖）研究报告

《杭州全书》已出版书目

文献集成

杭州文献集成

1.《武林掌故丛编（第1—13册）》（杭州出版社2013年出版）
2.《武林往哲遗著（第14—22册）》（杭州出版社2013年出版）
3.《武林坊巷志（第23—30册）》（浙江人民出版社2015年出版）
4.《吴越史著丛编（第31—32册）》（浙江古籍出版社2017年出版）
5.《杭郡诗辑（续辑、三辑）》（第33—40册）（浙江古籍出版社2021年出版）
6.《咸淳临安志（第41—42册）》（浙江古籍出版社2017年出版）

西湖文献集成

1.《正史及全国地理志等中的西湖史料专辑》（杭州出版社2004年出版）
2.《宋代史志西湖文献专辑》（杭州出版社2004年出版）
3.《明代史志西湖文献专辑》（杭州出版社2004年出版）
4.《清代史志西湖文献专辑一》（杭州出版社2004年出版）
5.《清代史志西湖文献专辑二》（杭州出版社2004年出版）
6.《清代史志西湖文献专辑三》（杭州出版社2004年出版）
7.《清代史志西湖文献专辑四》（杭州出版社2004年出版）
8.《清代史志西湖文献专辑五》（杭州出版社2004年出版）
9.《清代史志西湖文献专辑六》（杭州出版社2004年出版）
10.《民国史志西湖文献专辑一》（杭州出版社2004年出版）
11.《民国史志西湖文献专辑二》（杭州出版社2004年出版）
12.《中华人民共和国成立50年以来西湖重要文献专辑》
   （杭州出版社2004年出版）
13.《历代西湖文选专辑》（杭州出版社2004年出版）

14.《历代西湖文选散文专辑》（杭州出版社2004年出版）

15.《雷峰塔专辑》（杭州出版社2004年出版）

16.《西湖博览会专辑一》（杭州出版社2004年出版）

17.《西湖博览会专辑二》（杭州出版社2004年出版）

18.《西溪专辑》（杭州出版社2004年出版）

19.《西湖风俗专辑》（杭州出版社2004年出版）

20.《书院·文澜阁·西泠印社专辑》（杭州出版社2004年出版）

21.《西湖山水志专辑》（杭州出版社2004年出版）

22.《西湖寺观志专辑一》（杭州出版社2004年出版）

23.《西湖寺观志专辑二》（杭州出版社2004年出版）

24.《西湖寺观志专辑三》（杭州出版社2004年出版）

25.《西湖祠庙志专辑》（杭州出版社2004年出版）

26.《西湖诗词曲赋楹联专辑一》（杭州出版社2004年出版）

27.《西湖诗词曲赋楹联专辑二》（杭州出版社2004年出版）

28.《西湖小说专辑一》（杭州出版社2004年出版）

29.《西湖小说专辑二》（杭州出版社2004年出版）

30.《海外西湖史料专辑》（杭州出版社2004年出版）

31.《清代西湖史料》（杭州出版社2013年出版）

32.《民国西湖史料一》（杭州出版社2013年出版）

33.《民国西湖史料二》（杭州出版社2013年出版）

34.《西湖寺观史料一》（杭州出版社2013年出版）

35.《西湖寺观史料二》（杭州出版社2013年出版）

36.《西湖博览会史料一》（杭州出版社2013年出版）

37.《西湖博览会史料二》（杭州出版社2013年出版）

38.《西湖博览会史料三》（杭州出版社2013年出版）

39.《西湖博览会史料四》（杭州出版社2013年出版）

40.《西湖博览会史料五》（杭州出版社2013年出版）

41.《明清西湖史料》（杭州出版社2015年出版）

42.《民国西湖史料（一）》（杭州出版社2015年出版）

43.《民国西湖史料（二）》（杭州出版社2015年出版）

44.《西湖书院史料（一）》（杭州出版社2016年出版）

45.《西湖书院史料（二）》（杭州出版社2016年出版）

46.《西湖戏曲史料》（杭州出版社2016年出版）

47.《西湖诗词史料》（杭州出版社2016年出版）

48.《西湖小说史料（一）》（杭州出版社2016年出版）

49.《西湖小说史料（二）》（杭州出版社2016年出版）

50.《西湖小说史料（三）》（杭州出版社2016年出版）

西溪文献集成

1.《西溪地理史料》（杭州出版社 2016 年出版）
2.《西溪洪氏、沈氏家族史料》（杭州出版社 2015 年出版）
3.《西溪丁氏家族史料》（杭州出版社 2015 年出版）
4.《西溪两浙词人祠堂·蕉园诗社史料》（杭州出版社 2016 年出版）
5.《西溪蒋氏家族、其他人物史料》（杭州出版社 2017 年出版）
6.《西溪诗词》（杭州出版社 2017 年出版）
7.《西溪文选》（杭州出版社 2016 年出版）
8.《西溪文物图录·书画金石》（杭州出版社 2016 年出版）
9.《西溪宗教史料》（杭州出版社 2016 年出版）

运河（河道）文献集成

1.《杭州运河（河道）文献集成（第 1 册）》（浙江古籍出版社 2018 年出版）
2.《杭州运河（河道）文献集成（第 2 册）》（浙江古籍出版社 2018 年出版）
3.《杭州运河（河道）文献集成（第 3 册）》（浙江古籍出版社 2018 年出版）
4.《杭州运河（河道）文献集成（第 4 册）》（浙江古籍出版社 2018 年出版）

钱塘江文献集成

1.《钱塘江海塘史料（一）》（杭州出版社 2014 年出版）
2.《钱塘江海塘史料（二）》（杭州出版社 2014 年出版）
3.《钱塘江海塘史料（三）》（杭州出版社 2014 年出版）
4.《钱塘江海塘史料（四）》（杭州出版社 2014 年出版）
5.《钱塘江海塘史料（五）》（杭州出版社 2014 年出版）
6.《钱塘江海塘史料（六）》（杭州出版社 2014 年出版）
7.《钱塘江海塘史料（七）》（杭州出版社 2014 年出版）
8.《钱塘江潮史料》（杭州出版社 2016 年出版）
9.《钱塘江大桥史料（一）》（杭州出版社 2015 年出版）
10.《钱塘江大桥史料（二）》（杭州出版社 2015 年出版）
11.《钱塘江大桥史料（三）》（杭州出版社 2017 年出版）
12.《海宁专辑（一）》（杭州出版社 2015 年出版）
13.《海宁专辑（二）》（杭州出版社 2015 年出版）
14.《钱塘江史书史料（一）》（杭州出版社 2016 年出版）

余杭文献集成

湘湖（白马湖）文献集成

丛　书

杭州丛书

3.《钱塘拾遗（上下）》（杭州出版社 2014 年出版）

4.《说杭州（上下）》（浙江古籍出版社 2016 年出版）

5.《钱塘自古繁华——杭州城市词赏析》（浙江古籍出版社 2017 年出版）

6.《湖上笠翁——李渔与杭州饮食文化》（浙江古籍出版社 2018 年出版）

7.《行走杭州山水间》（杭州出版社 2021 年出版）

西湖丛书

1.《西溪》（杭州出版社 2004 年出版）

2.《灵隐寺》（杭州出版社 2004 年出版）

3.《北山街》（杭州出版社 2004 年出版）

4.《西湖风俗》（杭州出版社 2004 年出版）

5.《于谦祠墓》（杭州出版社 2004 年出版）

6.《西湖美景》（杭州出版社 2004 年出版）

7.《西湖博览会》（杭州出版社 2004 年出版）

8.《西湖风情画》（杭州出版社 2004 年出版）

9.《西湖龙井茶》（杭州出版社 2004 年出版）

10.《白居易与西湖》（杭州出版社 2004 年出版）

11.《苏东坡与西湖》（杭州出版社 2004 年出版）

12.《林和靖与西湖》（杭州出版社 2004 年出版）

13.《毛泽东与西湖》（杭州出版社 2004 年出版）

14.《文澜阁与四库全书》（杭州出版社 2004 年出版）

15.《岳飞墓庙》（杭州出版社 2005 年出版）

16.《西湖别墅》（杭州出版社 2005 年出版）

17.《楼外楼》（杭州出版社 2005 年出版）

18.《西泠印社》（杭州出版社 2005 年出版）

19.《西湖楹联》（杭州出版社 2005 年出版）

20.《西湖诗词》（杭州出版社 2005 年出版）

21.《西湖织锦》（杭州出版社 2005 年出版）

22.《西湖老照片》（杭州出版社 2005 年出版）

23.《西湖八十景》（杭州出版社 2005 年出版）

24.《钱镠与西湖》（杭州出版社 2005 年出版）

25.《西湖名人墓葬》（杭州出版社 2005 年出版）

26.《康熙、乾隆两帝与西湖》（杭州出版社 2005 年出版）

27.《西湖造像》（杭州出版社 2006 年出版）

28.《西湖史话》（杭州出版社 2006 年出版）

29.《西湖戏曲》（杭州出版社 2006 年出版）

30.《西湖地名》（杭州出版社 2006 年出版）

31.《胡庆余堂》（杭州出版社 2006 年出版）

32.《西湖之谜》（杭州出版社 2006 年出版）

33.《西湖传说》（杭州出版社 2006 年出版）

34.《西湖游船》（杭州出版社 2006 年出版）

35.《洪昇与西湖》（杭州出版社 2006 年出版）

36.《高僧与西湖》（杭州出版社 2006 年出版）

37.《周恩来与西湖》（杭州出版社 2006 年出版）

38.《西湖老明信片》（杭州出版社 2006 年出版）

39.《西湖匾额》（杭州出版社 2007 年出版）

40.《西湖小品》（杭州出版社 2007 年出版）

41.《西湖游艺》（杭州出版社 2007 年出版）

42.《西湖亭阁》（杭州出版社 2007 年出版）

43.《西湖花卉》（杭州出版社 2007 年出版）

44.《司徒雷登与西湖》（杭州出版社 2007 年出版）

45.《吴山》（杭州出版社 2008 年出版）

46.《湖滨》（杭州出版社 2008 年出版）

47.《六和塔》（杭州出版社 2008 年出版）

48.《西湖绘画》（杭州出版社 2008 年出版）

49.《西湖名人》（杭州出版社 2008 年出版）

50.《纸币西湖》（杭州出版社 2008 年出版）

51.《西湖书法》（杭州出版社 2008 年出版）

52.《万松书缘》（杭州出版社 2008 年出版）

53.《西湖之堤》（杭州出版社 2008 年出版）

54.《巴金与西湖》（杭州出版社 2008 年出版）

55.《西湖名碑》（杭州出版社 2013 年出版）

56.《西湖孤山》（杭州出版社 2013 年出版）

57.《西湖茶文化》（杭州出版社 2013 年出版）

58.《宋画与西湖》（杭州出版社 2013 年出版）

59.《西湖文献撷英》（杭州出版社 2013 年出版）

60.《章太炎与西湖》（杭州出版社 2013 年出版）

61.《品味西湖三十景》（杭州出版社 2013 年出版）

62.《西湖赏石》（杭州出版社 2014 年出版）

63.《西湖一勺水——杭州西湖水井地图考略》
（浙江人民美术出版社 2019 年出版）

64.《西溪青少年研学读本：民间故事》（杭州出版社 2021 年出版）

65.《西溪青少年研学读本：动物植物》（杭州出版社 2021 年出版）

66.《西溪青少年研学读本：民俗文化》（杭州出版社 2021 年出版）

67.《西溪青少年研学读本：人文景观》（杭州出版社 2021 年出版）

68.《西溪青少年研学读本：诗词散文》（杭州出版社 2021 年出版）

69.《西溪青少年研学读本：研学百科》（杭州出版社 2021 年出版）

运河（河道）丛书

1.《杭州运河风俗》（杭州出版社 2006 年出版）

2.《杭州运河遗韵》（杭州出版社 2006 年出版）

3.《杭州运河文献（上下）》（杭州出版社 2006 年出版）

4.《京杭大运河图说》（杭州出版社 2006 年出版）

5.《杭州运河历史研究》（杭州出版社 2006 年出版）

6.《杭州运河桥船码头》（杭州出版社 2006 年出版）

7.《杭州运河古诗词选评》（杭州出版社 2006 年出版）

8.《走近大运河·散文诗歌卷》（杭州出版社 2006 年出版）

9.《走近大运河·游记文学卷》（杭州出版社 2006 年出版）

10.《走近大运河·纪实文学卷》（杭州出版社 2006 年出版）

11.《走近大运河·传说故事卷》（杭州出版社 2006 年出版）

12.《走近大运河·美术摄影书法采风作品集》（杭州出版社 2006 年出版）

13.《杭州运河治理》（杭州出版社 2013 年出版）

14.《杭州运河新貌》（杭州出版社 2013 年出版）

15.《杭州运河歌谣》（杭州出版社 2013 年出版）

16.《杭州运河戏曲》（杭州出版社 2013 年出版）

17.《杭州运河集市》（杭州出版社 2013 年出版）

18.《杭州运河桥梁》（杭州出版社 2013 年出版）

19.《穿越千年的通途》（杭州出版社 2013 年出版）

20.《穿花泄月绕城来》（杭州出版社 2013 年出版）

21.《烟柳运河一脉清》（杭州出版社 2013 年出版）

22.《口述杭州河道历史》（杭州出版社 2013 年出版）

23.《杭州运河历史建筑》（杭州出版社 2013 年出版）

24.《杭州河道历史建筑》（杭州出版社 2013 年出版）

25.《外国人眼中的大运河》（杭州出版社 2013 年出版）

26.《杭州河道诗词楹联选粹》（杭州出版社 2013 年出版）

27.《杭州运河非物质文化遗产》（杭州出版社 2013 年出版）

28.《杭州运河宗教文化掠影》（杭州出版社 2013 年出版）

29.《杭州运河土特产》（杭州出版社 2013 年出版）

30.《杭州运河史话》（杭州出版社 2013 年出版）

31.《杭州运河旅游》（杭州出版社 2013 年出版）

32.《杭州河道文明探寻》（杭州出版社 2013 年出版）

33.《杭州运河名人》（杭州出版社 2014 年出版）

34.《中东河新传》（杭州出版社 2015 年出版）

35.《杭州运河船》（杭州出版社 2015 年出版）

36.《杭州运河名胜》（杭州出版社 2015 年出版）

37.《杭州河道社区》（杭州出版社 2015 年出版）

38.《运河边的租界——拱宸桥》（杭州出版社 2015 年出版）

39.《运河文化名镇塘栖》（杭州出版社 2015 年出版）

40.《杭州运河旧影》（杭州出版社 2017 年出版）

41.《运河上的杭州》（浙江人民美术出版社 2017 年出版）

42.《西湖绸伞寻踪》（浙江人民美术出版社 2017 年出版）

43.《杭州运河文化之旅》（浙江人民美术出版社 2017 年出版）

44.《亲历杭州河道治理》（浙江古籍出版社 2018 年出版）

45.《杭州河道故事与传说》（浙江古籍出版社 2018 年出版）

46.《杭州运河老厂》（杭州出版社 2018 年出版）

47.《运河村落的蚕丝情结》（杭州出版社 2018 年出版）

48.《运河文物故事》（杭州出版社 2019 年出版）

49.《杭州河道名称历史由来》（浙江古籍出版社 2019 年出版）

50.《杭州古代河道治理》（杭州出版社 2019 年出版）

51.《运河老字号：前世与今生》（杭州出版社 2021 年出版）

52.《百年汇昌：江南水乡滋味长》（杭州出版社 2021 年出版）

53.《孔凤春：杭粉飘香美名扬》（杭州出版社 2021 年出版）

54.《胡庆余堂：药在江南仁在心》（杭州出版社 2021 年出版）

55.《张小泉：良钢精作工匠剪》（杭州出版社 2021 年出版）

56.《王星记：悠悠古扇诉衷情》（杭州出版社 2021 年出版）

57.《都锦生：锦绣百年丝绸花》（杭州出版社 2021 年出版）

58.《知味观：闻香知是江南味》（杭州出版社 2021 年出版）

59.《方回春堂：妙手回春汉方膏》（杭州出版社 2021 年出版）

60.《西泠印社：方寸之间有乾坤》（杭州出版社 2021 年出版）

61.《奎元馆：江南面王冠天下》（杭州出版社 2021 年出版）

钱塘江丛书

28.《钱塘江游记》（杭州出版社 2014 年出版）

29.《钱塘江茶史》（杭州出版社 2015 年出版）

30.《钱江潮与弄潮儿》（杭州出版社 2015 年出版）

31.《之江大学史》（杭州出版社 2015 年出版）

32.《钱塘江方言》（杭州出版社 2015 年出版）

33.《钱塘江船舶》（杭州出版社 2017 年出版）

34.《城·水·光·影——杭州钱江新城亮灯工程》
（杭州出版社 2018 年出版）

35.《名人与钱塘江·贤宦篇》（杭州出版社 2020 年出版）

36.《名人与钱塘江·文苑篇》（杭州出版社 2020 年出版）

37.《名人与钱塘江·贤达篇》（杭州出版社 2020 年出版）

38.《名人与钱塘江·乡贤篇》（杭州出版社 2020 年出版）

39.《名人与钱塘江·梵隐篇》（杭州出版社 2020 年出版）

良渚丛书

1.《神巫的世界》（杭州出版社 2013 年出版）

2.《纹饰的秘密》（杭州出版社 2013 年出版）

3.《玉器的故事》（杭州出版社 2013 年出版）

4.《从村居到王城》（杭州出版社 2013 年出版）

5.《良渚人的衣食》（杭州出版社 2013 年出版）

6.《良渚文明的圣地》（杭州出版社 2013 年出版）

7.《神人兽面的真像》（杭州出版社 2013 年出版）

8.《良渚文化发现人施昕更》（杭州出版社 2013 年出版）

9.《良渚文化的古环境》（杭州出版社 2014 年出版）

10.《良渚文化的水井》（浙江古籍出版社 2015 年出版）

11.《建构神圣——良渚文化的玉器、图像与信仰》
（浙江古籍出版社 2021 年出版）

余杭丛书

1.《品味塘栖》（浙江古籍出版社 2015 年出版）

2.《吃在塘栖》（浙江古籍出版社 2016 年出版）

3.《塘栖蜜饯》（浙江古籍出版社 2017 年出版）

4.《村落拾遗》（浙江古籍出版社 2017 年出版）

5.《余杭老古话》（浙江古籍出版社 2018 年出版）

6.《传说塘栖》（浙江古籍出版社 2019 年出版）

7.《余杭奇人陈元赟》（浙江古籍出版社 2019 年出版）

8.《章太炎讲国学》（上海人民出版社 2019 年出版）

9.《章太炎家书》（上海人民出版社 2019 年出版）

10.《余杭老古话续编》（浙江古籍出版社 2021 年出版）

11.《余杭山水形胜》（浙江古籍出版社 2021 年出版）

湘湖（白马湖）丛书

1.《湘湖史话》（杭州出版社 2013 年出版）

2.《湘湖传说》（杭州出版社 2013 年出版）

3.《东方文化园》（杭州出版社 2013 年出版）

4.《任伯年评传》（杭州出版社 2013 年出版）

5.《湘湖风俗》（杭州出版社 2013 年出版）

6.《一代名幕汪辉祖》（杭州出版社 2014 年出版）

7.《湘湖诗韵》（浙江古籍出版社 2014 年出版）

8.《白马湖诗词》（西泠印社出版社 2014 年出版）

9.《白马湖传说》（西泠印社出版社 2014 年出版）

10.《画韵湘湖》（浙江摄影出版社 2015 年出版）

11.《湘湖人物》（浙江古籍出版社 2015 年出版）

12.《白马湖俗语》（西泠印社出版社 2015 年出版）

13.《湘湖楹联》（杭州出版社 2016 年出版）

14.《湘湖诗词（上下）》（杭州出版社 2016 年出版）

15.《湘湖物产》（浙江古籍出版社 2016 年出版）

16.《湘湖故事新编》（浙江人民出版社 2016 年出版）

17.《白马湖风物》（西泠印社出版社 2016 年出版）

18.《湘湖记忆》（杭州出版社 2016 年出版）

19.《湘湖民间文化遗存》（西泠印社出版社 2016 年出版）

20.《汪辉祖家训》（杭州出版社 2017 年出版）

21.《诗狂贺知章》（浙江人民出版社 2017 年出版）

22.《西兴史迹寻踪》（西泠印社出版社 2017 年出版）

23.《来氏与九厅十三堂》（西泠印社出版社 2017 年出版）

24.《白马湖楹联碑记》（西泠印社出版社 2017 年出版）

25.《湘湖新咏》（西泠印社出版社 2017 年出版）

26.《湘湖之谜》（浙江人民出版社 2017 年出版）

27.《长河史迹寻踪》（西泠印社出版社 2017 年出版）

28.《湘湖宗谱与宗祠》（杭州出版社 2018 年出版）

29.《毛奇龄与湘湖》（浙江人民出版社 2018 年出版）

30.《湘湖图说》（浙江人民出版社 2018 年出版）

31.《萧山官河两岸乡贤书画逸闻》（西泠印社出版社 2019 年出版）

32.《民国湘湖轶事》（浙江人民出版社 2020 年出版）

33.《清代湘湖轶事》（浙江人民出版社 2020 年出版）

34.《寻味萧山》（杭州出版社 2020 年出版）

35.《名人与湘湖（白马湖）·鸿儒大家篇》（杭州出版社 2020 年出版）

36.《名人与湘湖（白马湖）·文苑雅士篇》（杭州出版社 2020 年出版）

37.《名人与湘湖（白马湖）·贤达名流篇》（杭州出版社 2020 年出版）

38.《名人与湘湖（白马湖）·乡贤名绅篇》（杭州出版社 2020 年出版）

39.《名人与湘湖（白马湖）·御迹臣事篇》（杭州出版社 2020 年出版）

40.《湘湖百桥》（浙江摄影出版社 2021 年出版）

研究报告

杭州研究报告

1.《金砖四城——杭州都市经济圈解析》（杭州出版社 2013 年出版）

2.《民间文化杭州论稿》（杭州出版社 2013 年出版）

3.《杭州方言与宋室南迁》（杭州出版社 2013 年出版）

4.《一座城市的味觉遗香——杭州饮食文化遗产研究》
（浙江古籍出版社 2018 年出版）

西湖研究报告

《西湖景观题名文化研究》（杭州出版社 2016 年出版）

西溪研究报告

1.《西溪研究报告（一）》（杭州出版社 2016 年出版）

2.《西溪研究报告（二）》（杭州出版社 2017 年出版）

3.《湿地保护与利用的"西溪模式"——城市管理者培训特色教材·西溪篇》
（杭州出版社 2017 年出版）

4.《西溪专题史研究》（杭州出版社 2018 年出版）

5.《西溪历史文化景观研究》（杭州出版社 2019 年出版）
6.《旅游符号学视阈中的景观保护与利用研究——以杭州西溪湿地为例》
（杭州出版社 2020 年出版）
7.《杭州西溪湿地审美意象实证研究》（杭州出版社 2021 年出版）

运河（河道）研究报告

1.《杭州河道研究报告（一）》（浙江古籍出版社 2015 年出版）
2.《中国大运河保护与利用的杭州模式——城市管理者培训特色教材·
运河篇》（杭州出版社 2018 年出版）
3.《杭州河道有机更新实践创新与经验启示——城市管理者培训特色教
材·河道篇》（杭州出版社 2019 年出版）
4.《杭州运河（河道）专题史研究（上下）》（杭州出版社 2019 年出版）

钱塘江研究报告

1.《钱塘江研究报告（一）》（杭州出版社 2013 年出版）
2.《潮涌新城：杭州钱江新城建设历程、经验与启示——城市管理者
教材》（杭州出版社 2019 年出版）

良渚研究报告

《良渚古城墙铺垫石研究报告》（浙江古籍出版社 2018 年出版）

余杭研究报告

1.《慧焰薪传——径山禅茶文化研究》（杭州出版社 2014 年出版）
2.《沈括研究》（浙江古籍出版社 2016 年出版）

湘湖（白马湖）研究报告

1.《九个世纪的嬗变——中国·杭州湘湖开筑 900 周年学术论坛文集》
（浙江古籍出版社 2014 年出版）
2.《湘湖保护与开发研究报告（一）》（杭州出版社 2015 年出版）
3.《湘湖文化保护与旅游开发研讨会论文集》
（浙江古籍出版社 2015 年出版）

4.《湘湖战略定位与保护发展对策研究》（浙江古籍出版社 2016 年出版）
5.《湘湖金融历史文化研究文集》（浙江人民出版社 2016 年出版）
6.《湘湖综合保护与开发：经验·历程·启示——城市管理者
  培训特色教材·湘湖篇》（杭州出版社 2018 年出版）
7.《杨时与湘湖研究文集》（浙江人民出版社 2018 年出版）
8.《湘湖研究论文专辑》（杭州出版社 2018 年出版）
9.《湘湖历史文化调查报告（上下）》（杭州出版社 2018 年出版）
10.《湘湖（白马湖）专题史（上下）》（浙江人民出版社 2019 年出版）
11.《湘湖研究论丛——陈志根湘湖研究论文选》
  （浙江人民出版社 2019 年出版）

南宋史研究丛书

1.《南宋史研究论丛（上下）》（杭州出版社 2008 年出版）
2.《朱熹研究》（人民出版社 2008 年出版）
3.《叶适研究》（人民出版社 2008 年出版）
4.《陆游研究》（人民出版社 2008 年出版）
5.《马扩研究》（人民出版社 2008 年出版）
6.《岳飞研究》（人民出版社 2008 年出版）
7.《秦桧研究》（人民出版社 2008 年出版）
8.《宋理宗研究》（人民出版社 2008 年出版）
9.《文天祥研究》（人民出版社 2008 年出版）
10.《辛弃疾研究》（人民出版社 2008 年出版）
11.《陆九渊研究》（人民出版社 2008 年出版）
12.《南宋官窑》（杭州出版社 2008 年出版）
13.《南宋临安城考古》（杭州出版社 2008 年出版）
14.《南宋临安典籍文化》（杭州出版社 2008 年出版）
15.《南宋都城临安》（杭州出版社 2008 年出版）
16.《南宋史学史》（人民出版社 2008 年出版）
17.《南宋宗教史》（人民出版社 2008 年出版）
18.《南宋政治史》（人民出版社 2008 年出版）
19.《南宋人口史》（上海古籍出版社 2008 年出版）
20.《南宋交通史》（上海古籍出版社 2008 年出版）
21.《南宋教育史》（上海古籍出版社 2008 年出版）
22.《南宋思想史》（上海古籍出版社 2008 年出版）
23.《南宋军事史》（上海古籍出版社 2008 年出版）

24.《南宋手工业史》（上海古籍出版社 2008 年出版）

25.《南宋绘画史》（上海古籍出版社 2008 年出版）

26.《南宋书法史》（上海古籍出版社 2008 年出版）

27.《南宋戏曲史》（上海古籍出版社 2008 年出版）

28.《南宋临安大事记》（杭州出版社 2008 年出版）

29.《南宋临安对外交流》（杭州出版社 2008 年出版）

30.《南宋文学史》（人民出版社 2009 年出版）

31.《南宋科技史》（人民出版社 2009 年出版）

32.《南宋城镇史》（人民出版社 2009 年出版）

33.《南宋科举制度史》（人民出版社 2009 年出版）

34.《南宋临安工商业》（人民出版社 2009 年出版）

35.《南宋农业史》（人民出版社 2010 年出版）

36.《南宋临安文化》（杭州出版社 2010 年出版）

37.《南宋临安宗教》（杭州出版社 2010 年出版）

38.《南宋名人与临安》（杭州出版社 2010 年出版）

39.《南宋法制史》（人民出版社 2011 年出版）

40.《南宋临安社会生活》（杭州出版社 2011 年出版）

41.《宋画中的南宋建筑》（西泠印社出版社 2011 年出版）

42.《南宋舒州公牍佚简整理与研究》（上海古籍出版社 2011 年出版）

43.《南宋全史（一）》（上海古籍出版社 2011 年出版）

44.《南宋全史（二）》（上海古籍出版社 2011 年出版）

45.《南宋全史（三）》（上海古籍出版社 2012 年出版）

46.《南宋全史（四）》（上海古籍出版社 2012 年出版）

47.《南宋全史（五）》（上海古籍出版社 2012 年出版）

48.《南宋全史（六）》（上海古籍出版社 2012 年出版）

49.《南宋全史（七）》（上海古籍出版社 2015 年出版）

50.《南宋全史（八）》（上海古籍出版社 2015 年出版）

51.《南宋美学思想研究》（上海古籍出版社 2012 年出版）

52.《南宋川陕边行政运行体制研究》（上海古籍出版社 2012 年出版）

53.《南宋藏书史》（人民出版社 2013 年出版）

54.《南宋陶瓷史》（上海古籍出版社 2013 年出版）

55.《南宋明州先贤祠研究》（上海古籍出版社 2013 年出版）

56.《南宋建筑史》（上海古籍出版社 2014 年出版）

57.《金人"中国"观研究》（上海古籍出版社 2014 年出版）

58.《宋金交聘制度研究》（上海古籍出版社 2014 年出版）

59.《图说宋人服饰》（上海古籍出版社 2014 年出版）

60.《南宋社会民间纠纷及其解决途径研究》
（上海古籍出版社 2015 年出版）
61.《咸淳临安志宋版京城四图复原研究》
（上海古籍出版社 2015 年出版）
62.《南宋都城临安研究——以考古为中心》
（上海古籍出版社 2016 年出版）
63.《两宋宗室研究——以制度考察为中心（上下）》
（上海古籍出版社 2016 年出版）
64.《南宋园林史》（上海古籍出版社 2017 年出版）
65.《道命录》（上海古籍出版社 2017 年出版）
66.《毗陵集》（上海古籍出版社 2017 年出版）
67.《西湖游览志》（上海古籍出版社 2017 年出版）
68.《西湖游览志馀》（上海古籍出版社 2018 年出版）
69.《建炎以来系年要录（全八册）》（上海古籍出版社 2018 年出版）
70.《南宋理学一代宗师杨时思想研究》（上海古籍出版社 2018 年出版）

南宋研究报告

1.《两宋"一带一路"战略·长江经济带战略研究》
（杭州出版社 2018 年出版）
2.《南北融合：两宋与"一带一路"建设研究》
（杭州出版社 2018 年出版）

通　史

西溪通史

《西溪通史（全三卷）》（杭州出版社 2017 年出版）

辞　典

余杭辞典

《余杭辞典》（浙江古籍出版社 2021 年出版）

杭┃州┃全┃书